한국의 자위권

한국의 자위권

발행일	2025년 7월 31일		
지은이	김동욱		
펴낸이	손형국		
펴낸곳	(주)북랩		
편집인	선일영	편집	김현아, 배진용, 김다빈, 김부경
디자인	이현수, 김민하, 임진형, 안유경	제작	박기성, 구성우, 이창영, 배상진
마케팅	김회란, 박진관		
출판등록	2004. 12. 1(제2012-000051호)		
주소	서울특별시 금천구 가산디지털 1로 168, 우림라이온스밸리 B동 B111호, B113~115호		
홈페이지	www.book.co.kr		
전화번호	(02)2026-5777	팩스	(02)3159-9637
ISBN	979-11-7224-769-0 03340 (종이책)		979-11-7224-770-6 05340 (전자책)

잘못된 책은 구입한 곳에서 교환해드립니다.
이 책은 저작권법에 따라 보호받는 저작물이므로 무단 전재와 복제를 금합니다.
이 책은 (주)북랩이 보유한 리코 장비로 인쇄되었습니다.

(주)북랩 성공출판의 파트너

북랩 홈페이지와 패밀리 사이트에서 다양한 출판 솔루션을 만나 보세요!

홈페이지 book.co.kr • **블로그** blog.naver.com/essaybook • **출판문의** text@book.co.kr

---

작가 연락처 문의 ▶ ask.book.co.kr

작가 연락처는 개인정보이므로 북랩에서 알려드릴 수 없습니다.

국가를 지키는 가장 현실적인 권리, 자위권에 대한 이해와 전략

한국의 자위권

South Korea's right to self-defense

김동욱 지음

머리말

　필자는 30년 군 생활을 통해 우리 군의 다양한 위기 조치 업무를 경험했다. 강릉 잠수함 침투 사건, 제1연평해전, 제2연평해전, 천안함 피격 사건, 연평도 포격 도발, 북한 핵 실험 등 다양한 북한의 도발을 접하며 우리나라 자위권 행사의 문제점을 직간접으로 체감했다. 전역 후 한국해양전략연구소와 동북아역사재단 독도연구소 연구위원으로 일하며 해양 및 영토 문제를 담당했고, 지금도 한국 안보에 깊은 관심을 두고 연구에 전념하고 있다.

　1983년 5월 5일 해군사관학교 생도 3학년 때, 우수 중대 선발을 위한 조정 경기 중 요란한 사이렌 소리가 울렸다. 경기를 마치고 뉴스를 보니 중국 민항기가 춘천 미군 기지에 비상 착륙했다는 소식이었다. 본격적인 군 생활의 신호탄이었다.

　1985년 해사 졸업 후 동기생들은 해군, 해병대, 해군 항공단으로 흩어졌고, 해군 항공단 조종사 3명은 순직해 국립대전현충원에 안장되어 있다. 첫 출동지는 연평도였다. 1985년 여름, 수송함 작전관으로 보급 물자 운송을 위해 연평도에 접안했다. 하역 작업을 마치고 승조원들과 연평중학교에서 함께 축구를 하기도 했다. 그 평화로운 섬에서 25년 후, 북한이 포격 도발을 감행할 것이라고는 상상조차 하지 못했다. 고속정 부장으로 서해와 동해에서 각각 1년을 보냈다. 주로 야간 대간첩 작전에 투입되었다. 지금도 서해 격렬비열도 너머로 달이 멋지게 떠올랐던 그날의 풍경이 떠오른다.

1996년 9월 18일 강릉 잠수함 사건이 발생한 지 2년이 채 지나기 전, 북한은 또다시 잠수정을 침투시켰다. 1998년 6월 22일, 동해안 속초 인근에서 북한 유고급 잠수정이 어망에 걸렸다. 해군 UDT(수중파괴대) 긴급 점검 후, 동해항까지 예인하여 수색 결과 자폭한 승조원과 공작조 9명, 다수의 무기와 장비가 발견되었다.

잠수정 정밀수색 시, 해치를 개방하는 대신 선체를 떼어내고 내시경과 청음기로 조심스레 내부를 점검했다. 당시에는 보도되지 않았지만, 내부 조사를 위해 해치를 개방하면 폭발로 인근에 위험을 줄 수 있다는 전문가의 경고에 따른 조치였다. 얼마 후, 신임 1함대 사령관의 인사 명령이 시달되었다. 다음 날 아침 일찍, 동해시 천곡동 허름한 식당에서 이임하는 함대사령관과 참모들은 마지막 식사를 함께하고 아쉬운 마음으로 헤어졌다.

2002년 6월 29일 오전 10시 30분경, 근무 중 해군본부 위기조치반 소집령에 따라 급히 지휘통제실로 가보니 전화 통화 소리로 어수선했다.

"부상자가 발생했다고?"

박정성[1] 해군본부 정보작전참모부장과 2함대 측과 전화 통화 소리만 요란하게 들렸다.

"뭐? 고속정(PKM-357)이 가라앉았다고?"

순간 지휘통제실이 조용해졌다. 상급 부대로서 작전을 지원해야 했지만, 위기조치반 모두 멍하니 박정성 소장만 쳐다볼 수밖에 없었다.

해상 전투 다음 날인 6월 30일 강원도 속초항에서 관광객 515명을 태운 설봉호는 이상 없이 금강산을 향해 출항했고, 7월 1일 전사자 장례식은 장정길 해군 참모총장이 주관하는 '해군장'으로 경기도 성남시 국군수도병원 종합체육관에서 조용히 치러졌다.

2010년 천안함, 연평도 포격 도발 때는 해군대학 해양법 연구실장으로 국제법을 강의하며 합동성 강화 토론회에 자주 참가했다. 천안함 피격 직후, 개인적으로 '천안함 검토보고서'를 작성해 해군 내부망을 통해 해군 수뇌부 제독들에게 보냈다. 천안함 피격에 대한 자위권은 시간 경과로 인해 행사 시기를 놓쳤지만, 대안이 포함된 필자의 의견은 반영되지 않았다.

지금 생각해 보면, 국가 위기 시 소집되는 청와대 국가안전보장회의에 군에서는 국방부 장관만 참석했을 정도였으니, 해군대학 실무자의 의견이 조금이라도 반영되었으면 좋겠다고 생각한 것은 나만의 순진한 생각이었다.

연평도 포격 도발 전, 북한이 해병대 연평부대가 어느 방향으로 포를 쏘든 공화국 '영해 주권'을 침해한다고 비난하는 뉴스를 보았다. 연평도 인근 북방한계선(NLL) 수역의 남북한 영해 범위를 해도에 그어 보고 해군대학 학생 장교들과 토론하기도 했다. 모두 소령급 장교들이라 작전

---

1) 박정성 제독은 제1연평해전 당시 제2함대사령관으로 재직하였다.

과 현장 상황에 능통했다. 연평도 인근 해역은 남북한의 영해가 겹치는 지역으로 "남북한 해양 경계 미획정을 빌미로 계속 시비를 걸겠구나"라는 생각이 들었다.

부산 해군작전사령부 근무 때인 2011년 1월, '아덴만 여명작전'에 해군작전사령부 법무참모로 참가했다. 한국군의 작전 지휘권은 합참의장에게 있었지만, 멀리 소말리아 해역에서 작전 중인 최영함(DDH-981)에 대한 지휘권은 해상 작전에 정통한 해군작전사령관에게 위임되었다. 해외에서 수행되는 작전 특성상 몇 가지 국제법 검토가 필요했다. 2008년 필자가 합동참모본부 재직 때 '청해부대' 파병을 위해 합참 해외파병과, 외교부 등 유관 부서와 긴밀히 협의했던 것이 작전 수행에 도움이 되었다.

UDT 특공대가 삼호주얼리호에 진입해 해적을 제압하고 승무원 전원을 구출했다는 소식에 지휘통제실에 함께 있던 사령관과 참모 모두 일어나 만세삼창을 외쳤다. 작전 진행 중 "과연 인질 구출 작전이 성공할 수 있을까?" 하는 일말의 불안감이 있었지만 기우였다. 삼호주얼리호와 동일한 배가 부산항에 정박하고 있었는데, UDT 진입을 위한 관숙훈련[2]의 결실이었다. 학생 시절 분식집에서 홍수환 선수가 카라스키야를 '4전 5기' 끝에 KO로 승리하자 친구들과 서로 부둥켜안고 만세를 부른 이후 생애 두 번째 만세였다.

해적의 총격으로 중상을 입은 삼호주얼리호 석해균 선장은 생명이 위험한 상태였다. 오만 살랄라(Salalah)에 있는 술탄 카부스 병원(Sultan Qaboos Hospital)으로 석해균 선장을 옮길 수 있던 것은 신속하고도 긴

---

2) 관숙훈련은 주요 시설물에 대한 지형지물을 눈으로 익히고 시나리오를 설정해 반복적인 훈련을 통해 실제상황에 능숙하게 대처하는 훈련이다.

밀한 외교의 결실이었다. 특히 망망대해에서 미군 헬기(SH-60)의 환자 이송 지원은 연합작전의 백미로서 미국의 파워를 실감하기에 충분했다. 중동 국가인 오만은 과거 영국 보호령으로 중증 외상 시스템이 녹아 있었고, 영국에서 수련한 의사들 덕분에 석해균 선장의 목숨을 구할 수 있었다. 시스템의 중요성을 알게 되었다.

북한의 지속적인 군사도발과 핵 및 미사일 능력 고도화는 한국의 안보에 실존적인 위협이 되고 있다. 최근에는 북한이 남북 관계를 '적대적 교전국 관계'로 규정하면서 긴장은 더욱 고조되었다. 이러한 엄중한 안보 현실 속에서, 국제법상 국가의 고유한 권리인 자위권에 대한 깊이 있는 이해는 한국의 생존 및 국익 수호를 위한 필수적 과제다.

이 책은 필자의 실무 경험과 학문 여정의 작은 결실이다. 이 책이 복잡하게 얽혀있는 한국의 자위권을 이해하는 데 조금이라도 도움이 되었으면 한다.

2025년 여름 남한산성 자락에서
김동욱

차례

머리말　　　　　　　　　　　　　　　　　5

제1장 자위권 이해는 안보의 첫걸음　　　15

제2장 자위권의 이해　　　　　　　　　　27
    1. 자위권의 개념　　　　　　　　　　28
    2. 자위권의 요건　　　　　　　　　　31
    3. 자위권의 주체와 객체　　　　　　43
    4. 자위권의 지리적 범위　　　　　　45
    5. 선제적 자위권　　　　　　　　　　48
    6. 강대국과 약소국의 자위권　　　　53

제3장 한국의 안보 환경과 자위권　　　　61
    1. 유엔사와 정전 체제　　　　　　　62
    2. 작전 통제권과 데프콘　　　　　　65
    3. 역대 정부의 대북 정책과 자위권　73
    4. 한국군의 교전규칙과 자위권　　　95
    5. 한국 자위권 독트린 분석　　　　104
    6. 한국의 위기관리와 교전규칙　　　108
    7. 한국의 자위권 안보리 보고 사례　111

제4장 북한의 주요 도발 사례와 한국의 대응   121

1. 북한의 군사도발 추이와 양상   122
2. 당포함 피격 사건   129
3. 1.21 청와대 기습사건   133
4. 푸에블로호 납치 사건   140
5. 해군 방송선 납치 사건   148
6. 1973년 서해 사태   153
7. 제3사단 포격 사건   160
8. 해경 863함 피격 사건   165
9. 판문점 도끼 만행 사건   169
10. 미얀마 아웅산 암살 폭파 사건   176
11. 제1차 북핵 위기   180
12. 강릉 잠수함 침투 사건   185
13. 제1연평해전   189
14. 제2연평해전   196
15. 천안함 피격 사건   204
16. 연평도 포격 도발   212
17. 서부전선 포격 사건   223
18. 대북 전단과 오물 풍선   231
19. 북한의 핵실험 및 미사일 도발   238
20. 평가   243

제5장 주변국 관계와 한국의 자위권　　245

1. 미국　　247
　　1) 미국 대전략 변화와 한미동맹 관계　　248
　　2) 주한 미군 철수 논의와 한국의 안보　　254

2. 중국　　259
　　1) 중국의 안보 전략과 자위권　　260
　　2) 한중 갈등 현안　　266
　　3) 중국의 회색지대 전략　　289

3. 일본　　300
　　1) 일본의 안보 전략과 자위권　　300
　　2) 한일 갈등 현안　　316

4. 러시아　　333
　　1) 러시아의 안보 전략과 자위권　　333
　　2) 러시아-북한 협력 관계와 한국의 자위권　　337

제6장 사이버전과 자위권　　339

1. 사이버전의 개념과 특징　　340
2. 사이버 공격에 대한 자위권 행사　　345
3. 주요국의 사이버 공격 사례　　350
4. 미국의 사이버안보 전략　　356
5. 사이버안보 기본법 도입의 시급성　　357

제7장 한국의 독자 핵무장론　　　　　　　　　**359**

  1. 한국의 핵무장 배경　　　　　　　　　**360**
  2. 핵무장 필요성의 교훈　　　　　　　　**362**
  3. 미국의 확장억제에 대한 불신　　　　　**363**
  4. 박정희 정부의 사례　　　　　　　　　**366**
  5. 독자 핵무기 개발 시나리오　　　　　　**368**
  6. 핵물질 확보 전략　　　　　　　　　　**370**
  7. 퍼거슨 보고서로 본 한국의 잠재력 평가　**371**
  8. 핵무장 시 예상되는 제재의 분석과 파급 효과　**373**
  9. 한국 핵무장의 내부 난관　　　　　　　**379**
  10. 핵 추진잠수함 도입 논의　　　　　　　**382**

맺음말　　　　　　　　　　　　　　　　　　**389**

참고문헌　　　　　　　　　　　　　　　　　**394**

제1장

자위권 이해는 안보의 첫걸음

이 책은 한국의 안보 현실과 자위권의 관계를 실용적 관점에서 분석하는 것을 목표로 한다. 특히 외국 사례에 의존하기보다는 한국 고유의 상황에 초점을 맞춰 자위권의 의미와 함의를 검토한다. 한국의 자위권 문제는 독자적인 권리로 인식될 수 있으나, 실제 적용에 있어서는 복잡한 양상을 보인다. 자위권이라는 렌즈를 통해 한국 안보를 조망함으로써, 기존에 간과되었던 요소들을 식별하고 이에 대한 이해를 증진하고자 한다. 이제부터 한국의 자위권에 대하여 살펴보기로 하자.

1. 자위권 이해는 국방의 기본이다

북한의 군사도발이 중대할 경우, 대통령은 국가 위기를 관리하기 위해 국가안전보장회의를 소집하여 대응책을 강구한다. '국가의 생존'과 '사태 악화 방지'가 위기관리의 핵심이다. 자위권 행사를 위해 사전에 다양한 교전규칙을 준비해야 한다. 교전규칙은 위기관리 과정에서 대통령, 국방부 장관, 외교부 장관 등 지도부로부터 일선 부대 지휘관에 이르기까지 무력 사용에 대한 명확한 지침을 제공한다. 그런데 2010년 연평도 포격 사건에서 본 바와 같이, 자위권과 교전규칙의 관계에 대한 이해 부족은 위기관리의 저해 요인으로 작용하였다. 따라서 자위권의 정확한 이해는 위기관리의 핵심이다.

북한이 핵무기를 사용할 가능성이 농후하다고 판단될 때 북한의 핵시설을 먼저 타격하는 것이 '선제적 자위권'이다. 선제적 자위권에 대한 인정 여부에 대해서는 논쟁의 여지가 있지만, 우리나라는 '한국형 3축 체계[3]'를 도입하여 이미 군사전략에 반영하였다. 한미동맹은 공동으로 미국의 확장 억제 전략을 구체화하는 과정에서 전략과 전력 기획이 필요하다. 또한 한국은 한미동맹 차원에서 미군의 재래식, 핵 억제력의 지원을 받을 뿐만 아니라, 한국 자체의 C4I 체계[4]와 정밀 유도 무기 등을 강화할 전력 기획을 병행해야 한다.

2010년 연평도 포격 도발 사건 이후 정부는 자위권 행사 범위가 북한의 '도발 원점'과 그 '지원 세력'까지 포함된다고 천명하였다. 북한 도발 시 도발 원점과 지원 세력을 타격하는 데 필요한 전력이 '정보 감시 정찰 능력'과 '정밀 타격 능력'이다. 이러한 전력을 보강하는 것이 전력 기획이다.[5] 이렇듯 자위권에 대한 정확한 이해는 군사전략, 군사 전력 및 국방정책 수립에 기본이 된다.

---

3) 한국형 3축 체계는 킬 체인, 미사일 방어, 대량 응징 보복으로 구성된 북한 핵·미사일 대응 체계이다.
4) C4I는 지휘(Command), 통제(Control), 통신(Communication), 컴퓨터(Computer), 정보(Intelligence)의 약어로, 5가지 요소들을 유기적으로 통합하고 전산화해 지휘관의 작전 대응 능력을 지원하는 시스템이다.
5) 한용섭, 『우리 국방의 논리』 박영사(2019), 267-268쪽

2. 단호한 장수가 자위권을 행사한다

북한은 도발을 해도 한국군이 제대로 대응하지 못한다는 사실을 잘 알고 있다. 미군의 작전 통제권 보유로 한국군이 자위권을 효과적으로 행사하지 못한다는 사실, 확전을 우려하여 즉각적인 대응보다는 '예의 주시한다'라는 입장만 표명한다는 사실이 그 예이다. 이를 비유하자면, 묶여 있는 개가 야생동물 침입에 짖기만 할 뿐 물지 못하고, 겁이 많아 야생동물을 쫓아내기는커녕 두려워하는 상황과 유사하다.

몇 안 되지만, 한국군이 북한군에 강력히 대응한 대표적 사례는 1973년 제3사단 포격 사건과 2015년 서부전선 포격 사건을 들 수 있다. 두 사건 모두 용맹스러운 지휘관과 관련이 있다. 제3사단 포격 사건은 박정인 제3사단장이 북한의 공격에 대한 대응으로 유엔군 사령관의 허락 없이 북한군 진영에 포격을 가하여 북한군에 본때를 보여주었고, 결국 해임되었다. 2015년 서부전선 포격 사건은 박근혜 대통령과 김관진 안보실장, 한민구 국방부 장관의 성공적인 자위권 행사로 평가받고 있다. 박근혜 대통령은 제3야전군사령부를 방문해 각급 지휘관과 화상회의를 가지고 "군의 판단을 신뢰한다. 선조치 후보고 하라"고 지시하였다.

특히 김관진 장군은 2010년 연평도 포격 도발 사건 이후 국방부 장관으로 부임하여 북한 도발 시 '선조치 후보고'를 강조한 바 있다. '도발 원점 및 지원 세력 타격'이라는 단호하고 간결한 군사 독트린을 선언한 후, 굳건한 군사 대비 태세 유지뿐만 아니라 대북 협상에서도 주도적 자세를 유지하였다. 2011년 3월 서부전선 최전방 부대를 순시할 때의 지시는 간결하면서도 단호했다. "작전 수행 중 '쏠까요, 말까요' 묻지 말고, 선조치 후보고 하라." 북한군은 사격훈련 때, 과녁 용지에 김 장군의 얼굴을 그려 놓았을 정도로 김관진 장군에 대한 강한 반감을 드러냈다.

3. 유엔헌장에 나오지 않는 자위권: 부대 자위권

자위권은 유엔헌장에 따른 국가의 권리로서, 국민의 생명과 안전을 외부의 '무력 공격'으로부터 국가를 지키기 위해 군사력을 사용할 수 있는 국가의 권리이다. 형법이 정하는 '정당방위'와 같은 내용이다. 자위권의 주체가 국가라면, 정당방위의 주체는 개인이라는 점에서 차이가 있다.

공격이 임박한 상황에서 행사하는 선제적 자위권은 핵무기가 존재하는 현대 안보 위협의 특성상 중요한 권리이다. 또한, 현장 지휘관은 부대 방어를 위해 제한된 범위 내에서 무력을 사용하는 '부대 자위권'을 보유한다.

비무장지대나 서해 북방한계선 부근에서 발생하는 소규모 총격전이나 국지적 충돌은 국제사법재판소가 니카라과 사건(1986)에서 제시한 '무력 공격'의 중대성 기준에 미치지 못할 수 있다. 이러한 '기준 이하' 도발에 대해 국가 차원의 전면적인 자위권을 발동하기는 어렵지만, 현장 지휘관에게는 즉각적인 대응이 필요하다. 여기서 '부대 자위권' 개념의 필요성이 대두된다. 대부분 주요 국가가 이 개념을 도입하여 실제 운용하고 있고, 한국 또한 마찬가지이다.

4. 강대국과 약소국의 자위권

국제법상 모든 국가는 동등한 자위권을 보유하지만, 현실적으로는 국력의 차이에 따라 자위권의 해석과 행사 방식에서 상당한 차이가 있다. 강대국은 우월한 국력을 바탕으로 자위권의 요건을 폭넓게 해석한다. 반면, 약소국은 제한된 국력으로 인해 국제법 규범과 절차를 엄격히 준수하고 동맹이나 국제기구에 의존하는 경향이 강하다. 대한민국은 상당한 경제력과 군사력을 보유한 중견국이긴 하지만, 한미동맹, 지정학적 여건으로 인해 실제 자위권 행사 측면에서는 약소국의 딜레마에 직면하고 있다.

5. 한국의 자위권 독트린

한반도는 1953년 정전협정 체결 이후 평화조약 없이 70년 이상 지속된 '잠정적' 정전 상태라는 특수한 안보 환경에 처해 있다. 이는 법적으로 전쟁상태가 완전히 종식되지 않았음을 의미하며, 상시적인 군사적 긴장과 국지적 충돌 가능성을 내포한다. 이러한 배경에서 북한은 정전 이후 다양한 형태와 강도의 군사도발을 지속적으로 감행해 왔다. 당포함 피격, 1.21 청와대 기습, 푸에블로호 납치, 해군 방송선 납치, 아웅산 테러, 판문점 도끼 만행, 제1·2연평해전, 천안함 피격, 연평도 포격, 서부전선 포격 등 약 3,100건 이상의 군사도발을 자행하였다.

이는 한국의 자위권 행사에 대한 끊임없는 도전을 제기하며, 한국군의 교전규칙, 군사 독트린 변화에 직접적인 영향을 미쳐왔다. 특히, 북한의 핵 및 미사일 능력 고도화에 대응하여, 한국은 선제 타격, 미사일 방어, 대량응징보복으로 구성된 '3축 체계'를 구축하며 보다 능동적이고 공세적인 억제·대응 독트린을 발전시켜 왔다.

6. 역대 정부의 대북 정책과 자위권

한국의 자위권 정책과 실제 적용은 역대 정부의 대북 정책 기조 변화와 밀접하게 연관되어 있다. '포용'을 중시했던 정부 시기에는, 군사적 긴장 완화와 관계 개선 노력 속에서 교전규칙이 다소 느슨하고 방어적으로 적용되어 현장의 즉각적 대응이 제약받는 경향으로 나타났다. 또한 9.19 군사합의에서는 북한에 대한 희망적 사고에 사로잡혀 자진하여 군사 대비 태세를 완화하기도 하였다.

반면, '압박'을 강조했던 시기에는 상호주의와 함께 교전규칙을 강화하고 도발에 대한 단호한 응징을 강조하였다. 이는 남북 관계의 경색과 군사적 긴장 고조라는 결과를 수반하기도 하였다.

이러한 정책의 주기성은 자위권 정책의 일관성과 예측 가능성을 저해하고, 북한에 오판이나 전략적 이용의 여지를 제공하였다. 결국 대북 정책의 급격한 기조 변화는 교전규칙에 영향을 주어 제2연평해전에서와 같이 우리 장병들의 인명 손실을 초래하기도 하였다.

7. 간첩죄와 국정원 수사권 박탈 문제

우리나라 형법의 '간첩죄'는 북한을 위한 간첩행위만 처벌 대상이다. 그걸 악용해 중국인들이 점점 더 대담하게 국가 기밀을 탐지·수집하고 있다. 최근 평택 오산 공군기지에서 전투기 사진을 찍다 적발된 중국인들이 이틀 후 같은 장소에서 또 전투기 사진을 찍었는데도 '취미였다'라고 진술하고 경찰에서 풀려났다. 2024년 1월 미국에서 드론으로 군사시설을 촬영했다가 체포된 중국 유학생은 징역 6개월과 보호관찰 1년을 선고받고 징역살이를 한 뒤 추방됐다. 안보 측면에서 미국과 비교했을 때 대한민국의 상황은 매우 취약하다고 평가할 수 있다.[6]

또한, 간첩 활동과 같은 북한의 간접 침략에 대응하는 국가정보원의

---

6) 조선일보, 2025-5-21

대공 수사 권한이 북한에 호의적이었던 문재인 정부의 결정으로 박탈되었다. 국정원 간첩 색출의 어려움에도 불구하고 해당 기능이 상실된 것은 국가 안보에 중대한 위협으로 작용한다. 국가 안보에 중요한 한 축이 없어져 지금 한국의 대공 안보는 큰 위험에 처해 있다.

8. 한국의 자위권 안보리 보고

유엔헌장 제51조는 자위권을 행사한 회원국이 취한 조치를 즉시 안전보장이사회에 보고할 의무를 규정하고 있다. 국제사법재판소(ICJ)는 자위권 행사에 대한 회원국의 '보고 여부'를 회원국이 적절한 자위권을 행사하고 있는지를 확인하는 기준으로 판단한다. 그래서 자위권을 빈번히 행사하는 이스라엘과 이란도 안보리 보고를 충실하게 실행한다.

한국 정부는 1991년 남북한 유엔 동시 가입 이후, 제1연평해전, 천안함 피격 사건은 주요 도발 대응 조치를 안보리에 보고하였다. 그리고 연평도 포격 사건은 주유엔 미국 대표부가 안보리에 보고하였다. 반면 제2연평해전과 대청해전의 경우 자위권 행사 이후 유엔헌장이 부여한 보고의무를 이행하지 않았다.

9. 한미동맹과 자위권

한국의 자위권 행사는 한미동맹이라는 구조적 틀 안에서 제약받는다. 한국전쟁 이후 현재까지 유지되고 있는 한미연합군사령부의 작전통제권은 유사시 강력한 연합방위력을 제공하는 핵심 요소이지만, 동시에 북한의 도발에 대한 한국군의 독자적이고 즉각적인 대응을 제약하는 요인으로도 작용해 왔다.

한국전쟁 이후 한국군의 작전 통제권은 유엔군 사령관/주한 미군 사령관이 보유하고 있었다. 1994년 평시 작전 통제권이 한국으로 전환되었으나, 전시 작전 통제권은 여전히 한미 연합군 사령관이 보유하고 있다. 이러한 지휘 구조는 북한의 도발 발생 시 한국군의 독자적인 군사적 대응 결정과 실행에 제약을 가하는 경우가 많았다. 당포함 피격 사건 당시 박정희 대통령의 군사 조치 요구는 유엔군 사령관이 허락하지 않아 무산되었고, 한국군 단독 보복 공격 계획 역시 반대에 부딪혔다. 1·21 청와대 기습 사건 직후에도 박정희 대통령이 단독 보복 의사를 밝혔으나, 미국의 반대와 유류 공급 제한 등으로 실행되지 못했다. 1970년 해군 방송선 피랍사건 당시, 출동한 공군 전투기들이 북한 고속정의 납북을 저지하지 못한 배경에는 유엔사 교전규칙에 대해 지나치게 소극적인 해석과 작전 통제권 문제가 작용하였다.

2010년 연평도 포격 도발 시에도 K-9 자주포의 신속한 대응 사격에도 불구하고, 더 강력한 공중 타격 등 확전 가능성이 있는 조치는 교전규칙상의 제약을 이유로 실행되지 못했다. 결국 국방부 장관이 경질되었다. 이는 한국군이 독자적인 국지도발 대비계획이 있음에도 불구하고, '정전 관리'라는 유엔사/연합사의 우선순위와 미국의 전략적 판단에 따라 실제 자위권 행사가 제한될 수 있음을 보여준다. 이러한 '동맹 딜레마'는 한국이 북한의 반복되는 도발에 효과적으로 대응하고 억제하는 데 구조적인 한계로 작용한다. 아울러 자위권과 교전규칙은 별개의 개념으로 그 법적 성격에 대한 이해가 중요하다.

10. 주변 강대국과 자위권

주변 강대국들의 전략적 이해관계와 행동 역시 한국의 자위권 환경에 결정적인 영향을 미친다. 미국의 글로벌 전략 변화는 주한 미군 철수 논의나 방위비 분담 압박 등으로 이어지며 한국의 안보 불안을 증폭시킨다. 아울러 한국에 위협이 될 수 있는 주변 강대국의 '자위권 독트린'에 대한 이해는 한국의 국가전략, 군사전략 수립에 도움이 된다.

중국은 '핵심 이익' 수호를 명분으로 서해에서의 군사 활동을 강화하고 있으며, 회색지대 전략 구사 및 구조물 설치, 한국 군함에 대한 퇴거 요구 등 중국의 서해 활동 강화는 잠재적 군사 충돌 위험을 내포한다. 남중국해와 동중국해에서 중국과 마찰을 경험했던 베트남, 필리핀과 일본의 대응은 우리에게 중요한 시사점을 제공한다.

일본은 평화헌법 해석 변경을 통해 집단 자위권을 보유하고, '반격 능력' 보유를 추진하는 등 안보 정책의 근본적인 전환을 추구하고 있다. 일본의 보통 국가로의 행보 강화는 센카쿠, 독도, 과거사 갈등으로 인해 주변국들과 잠재적 갈등 요인을 안고 있다.

최근 러시아가 우크라이나와의 전쟁 수행 중에 북한과의 군사 협력을 통해 북한의 재래식 및 핵·미사일 능력 향상을 지원하여 한반도와 동북아의 군사적 균형을 심각하게 위협하고 있다.

주변국 위협요인을 냉정하고 객관적으로 분석하여 한정된 국방 자원을 효율적으로 사용해야 한다. 우호국을 불필요하게 과대 위협으로 분류하여 국방정책을 수립하는 과오를 막고, 위협적인 주변국에는 한국의 레드라인을 분명히 알려주고 이를 실천하는 군사전략을 수립해야 한다.

11. 사이버 전쟁과 자위권

사이버 공격, 우주 위협 등 새로운 안보 도전은 전통적인 자위권 개념의 적용에 어려움을 일으킨다. 우크라이나 전쟁에서 러시아가 사이버 작전을 재래식 군사 작전과 통합하여 사용하는 '하이브리드 전쟁(hybrid war)'은 향후 전쟁의 양상을 잘 보여준다. 러시아는 2014년 크림반도 합병 및 선거 개입, 2015년 우크라이나 전력망에 대한 사이버 공격을 통해 본격적인 재래식 전쟁 이전에 이미 전쟁을 개시하였다.

사이버 공격이 국가 전력망, 식수원, 대형 병원, 열차, 항공기 교통 시스템 등 국가 인프라에 심각한 물리적 피해를 일으킬 때 피해를 본 국가는 국제법의 자위권을 행사할 수 있다. 한국도 이를 고려하여 위기 조치에 반영해야 한다. 아울러 법·제도 정비와 기술 역량 강화가 필요하지만, 국회의 정쟁으로 관련 국가 사이버 기본법 제정조차 못 하고 있다.

12. 한국의 독자적 핵무장 논의

북핵에 대한 자위권 차원에서 대항할 수 있는 무기는 핵밖에 없다. 북한의 핵 위협이 노골화되고 고도화됨에 따라, 한국 내에서는 미국의 확장 억제 공약에 대한 신뢰도 문제와 맞물려 독자적인 핵무장 필요성 논의가 활발하게 제기되고 있다.

핵무장 찬성론은 미국의 핵우산이 유사시 제대로 작동할지에 대한 근본적 의문을 제기하며, '공포의 균형'을 통해 북한의 핵 위협을 자체적으로 억제해야 한다는 자주국방 논리를 내세운다.

반면, 반대론은 핵무장이 핵확산금지조약(NPT) 위반으로 인한 국제적 고립과 강력한 경제 제재를 초래하고, 한미동맹 파탄, 동북아 핵 도

미노 현상 및 군비 경쟁 심화 등 국가적 파멸에 이를 수 있는 위험과 비용이 잠재적 이익보다 압도적으로 크다고 경고한다.

한국은 핵무기 개발의 기술적 잠재력을 보유하고 있다. 그러나 NPT 탈퇴 및 국제사회의 강력한 제재라는 장벽을 넘어서기 어렵다. 원자력 의존도가 높고, 수출 주도의 경제 특성 때문이다. 아울러 핵무장에 성공한 인도와 파키스탄과 같이 국제제재를 감내할 만한 국민적 의지가 부족하고, 장기적으로 국가 핵 개발 프로그램을 추진할 리더십 부재가 가장 큰 문제이다. 잦은 정권 교체와 정책 변화로 일관성 있는 핵 안보 정책을 추진할 수 있는 리더가 없어, 핵무기 개발로 인한 국제제재를 논하기에 앞서 추진 동력 부재로 공염불에 그칠 가능성이 매우 높다.

'한국형 핵 억제 전략' 개념은 독자 핵무장 외에도 첨단 재래식 억제력 강화(3축 체계), 핵 잠재력 활용 등 다양한 방안을 포괄할 수 있다. 궁극적으로 '독자 핵무장'의 현실성은 낮게 평가되지만, 국가 존립이 위태로운 상황에 대비하여 이를 포함한 다양한 대응책을 진지하게 검토해야 한다.

13. 자위권 행사 역량 강화를 위한 국민 결속의 중요성

한국의 자위권은 북한의 지속적인 위협, 불안정한 정전 체제, 한미동맹의 구조적 제약, 주변 강대국과의 복잡한 관계, 그리고 새로운 안보 도전이라는 다층적인 제약과 도전 속에서 행사되고 있다.

자위권은 결국 사람이 행사한다. 굳건한 안보는 군사력이나 경제력뿐만 아니라, 위협에 굴하지 않는 국민적 단합과 강한 정신력에 달려있다. 대통령부터 전방을 지키는 국군 장병, 생업에 종사하는 온 국민이 굳은 정신으로 똘똘 뭉치면 누구도 넘볼 수 없는 강한 대한민국이 될 수 있다.

제2장

자위권의 이해

1. 자위권의 개념

정당방위가 개인에게 적용되는 국내 형법상의 개념이라면,[7] 자위권은 국제법상 국가가 불법적인 무력 공격에 대하여 무력을 사용하여 이를 물리칠 수 있는 권리를 말한다. 이는 국가의 기본적인 권리이자 국가의 생존을 보장하기 위한 필수적인 수단이다.

자위권의 법적 근거는 유엔헌장 제51조이다. "이 헌장의 어떠한 규정도 유엔 회원국에 대한 무력 공격이 발생한 경우, 안전보장이사회가 국제 평화와 안전을 유지하는 데 필요한 조처를 할 때까지 개별적 또는 집단적 자위권의 고유한 권리를 침해하지 아니한다. 회원국이 자위권을 행사하기 위해 취한 조치는 안전보장이사회에 즉시 보고되어야 하며, 이 헌장에 따라 안전보장이사회가 국제 평화와 안전을 유지 또는 회복하기 위해, 필요하다고 판단하는 조치를 언제든지 취할 수 있는 권한과 책임에 어떠한 영향도 미치지 아니한다."

---

[7] 정당방위는 자신 또는 타인의 법익에 대한 현재의 부당한 침해를 방어하기 위한 행위로서, 상당한 이유가 있는 때에는 위법성이 조각되어 처벌받지 않는 법률상의 개념이다. 이는 형법상 범죄의 구성요건에 해당하는 행위를 하였더라도, 그 행위가 위법하지 않다고 판단하여 범죄의 성립을 막는 위법성 조각 사유의 대표적인 예다.(형법 제21조)

자위권이 '고유한 권리'(inherent right)라는 것은 유엔헌장이 제정되기 이전부터 관습법으로 존재하였던 권리라는 점을 의미한다. 자위권은 유엔헌장 제2조 4항에서 규정하고 있는 '무력 사용'의 금지 원칙에 대한 중요한 조약법상 예외이다. 유엔헌장 제2조 4항은 무력 사용뿐만 아니라 '무력 사용의 위협'도 금지한다. 다른 국가에 대한 무력 공격은 국제법상 '침략 범죄[8]'에 해당한다.

유엔헌장 제51조는 개별 국가가 자신을 방어하는 '개별적 자위권'뿐만 아니라, 무력 공격을 받은 동맹국을 지원하기 위해 개입하는 '집단적 자위권'도 인정한다.

예컨대, 한미상호방위조약에 따라 동맹국인 한국과 미국은 조약 적용 범위 지역에서 집단적 자위권을 행사할 수 있다. 한반도 밖의 지역에서 대한민국이 미국에 대한 한미상호방위조약의 영토적 적용 범위는 태평양 지역에 한정되어 이라크 추가 파병동의안에서는 대한민국과 미합중국 간의 상호방위조약은 파병의 근거로 원용되지 않고 유엔 안보리에서 결의에 근거하였다. 한편, 베트남전도 베트남 정부의 요청을 근거로 하였을 뿐 동 조약은 원용되지는 않았다.[9]

유엔헌장 제51조의 '고유한 권리'는 관습 국제법[10]의 자위권 개념과 밀접하게 연관된다. 특히 1837년 영국과 미국 간의 '캐롤라인 사건[11]'은 임박한 공격에 대하여 행사하는 선제적 자위권의 요건을 논의하는 데

---

8) 국제형사재판소(ICC)는 집단 살해죄, 전쟁범죄, 반인도 범죄, 침략 범죄를 처벌할 수 있다.
9) 김동욱, 『한반도 안보와 국제법』 한국학술정보(2010), 115쪽
10) 관습 국제법(customary international law)은 조약과 함께 국제법을 이루는 주요한 법원이다. 즉, 국제법은 조약이라는 성문법과 관습 국제법이라는 불문법으로 구성된다.
11) 1837년 캐나다 반란을 배경으로, 영국령 캐나다 민병대에 의한 미국 증기선 캐롤라인 호의 미국 영토 내 공격 및 파괴는 미국 주권의 명백한 침해와 자국민 사상자 발생이라는 결과를 초래하며 미국-영국 외교 위기를 촉발하였다. 이러한 마찰은 1842년 웹스터-애슈버턴 조약 체결과 영국의 유감 표시로 해결되었다. 이 사건은 국제법상 자위권 개념 정립에 기여하였다. 특히, 당시 미국 국무장관 웹스터가 제시한 자위권 행사의 요건, '필요성, 비례성, 즉각성' 원칙은 소위 '웹스터 공식(Webster Formula)' 또는 '캐롤라인 공식(Caroline Formula)'으로 불린다. 이 공식은 오늘날 무력 사용의 적법성에 대한 판단 기준이 되었다.

있어 중요한 근거로 간주된다.

당시 미국 국무장관 다니엘 웹스터(Daniel Webster)는 영국 측의 군사 행동을 비판하며, 자위권 행사가 정당화되기 위해서는 공격의 위협이 "즉각적이고, 압도적이며, 다른 수단의 선택 여지가 없고, 숙고의 여유가 없는 상황이어야 한다"라고 주장했다. 이 '웹스터 공식(Webster Formula)' 또는 '캐롤라인 공식(Caroline Formula)'은 이후 관습법상 자위권, 특히 필요성과 임박성 요건의 기준으로 널리 인용되고 있다.[12]

따라서 관습 국제법은 유엔 헌장 제51조의 해석과 적용에 큰 영향을 미치며, 특히 헌장 본문에 명시되지 않은 자위권 행사의 요건인 필요성과 비례성 원칙의 근거를 제공한다.

자위권은 유엔의 집단안보 체제와 밀접한 관련을 맺는다. 헌장 제51조에 따르면, 자위권은 유엔 안전보장이사회가 국제 평화와 안전 유지를 위해 필요한 조처를 할 때까지만 행사될 수 있는 '한시적 권리'이다. 자위권을 행사한 국가는 취한 조치를 즉시 안전보장이사회에 '보고'해야 할 의무를 진다.

결론적으로, 자위권은 유엔헌장 제51조라는 조약법과 관습 국제법이라는 두 가지 법적 기반을 가진다. 제51조의 문언은 '무력 공격이 발생한 경우'라는 제한적인 조건을 제시하는 것처럼 보이지만, 관습 국제법은 헌장 이전의 국가 관행과 변화하는 위협 환경을 반영하여, 특히 선제적 자위권과 같이 임박한 위협에 대한 대응과 관련하여 보다 넓은 해석의 여지를 제공한다. 이러한 조약법과 관습 국제법 간의 상호작용 및 긴장 관계는 자위권 해석의 핵심적인 쟁점이며, 20세기 중반에 제정된 법규를 21세기 안보 위협에 적용하는 데 따르는 어려움을 반영한다.

---

12) David Harris, Cases and Materials on International Law, 6th edition(Thomson, 2004), p.922

2. 자위권의 요건

유엔헌장에 명시된 '무력 공격 발생'이라는 요건 외에도, 관습 국제법은 두 가지 필수적인 추가 조건을 부과한다. 바로 필요성과 비례성이다.

국제사법재판소(ICJ)[13]는 이 요건들이 관습 국제법상 확립된 규칙으로서 유엔헌장 하에서도 적용됨을 여러 차례 확인하였다. 필요성은 방어적 무력 사용이 불가피하며 비무력적 수단으로는 위협에 대처할 수 없을 때만 허용됨을 의미한다. 반면, 비례성은 사용된 총 무력의 규모가 추구하는 정당한 목적에 적절해야 함을 의미한다.

1. 무력 공격의 발생

무력 공격의 발생(if an armed attack occurs)은 유엔헌장 제51조에 명

---

13) International Court of Justice, 국제사법재판소는 상설 국제 법원으로서 유엔헌장에 따라서 1945년에 설립된 유엔 자체의 사법 기관이며 6개 주요 기관 중의 하나로 네덜란드 헤이그에 소재한다. 분쟁 당사국들이 합의하여 법원에 부탁하여야 관할권을 행사할 수 있으며, 분쟁을 국제법에 따라 재판하는 것을 임무로 한다.

시된 자위권 발동의 전제 조건이다. 국제사법재판소(ICJ)는 무력 공격을 단순한 무력 사용이나 국경 분쟁과는 구별되는 '가장 중대한 형태의 무력 사용(most grave forms of the use of force)'으로 정의하였다. 예를 들어, 타국의 육·해·공군 병력이나 선박, 항공기에 대한 공격은 명백한 무력 공격에 해당한다.

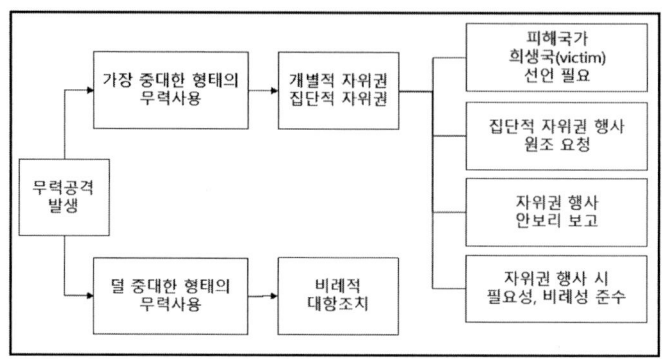

ICJ 니카라과 사건 판결문 '무력 공격' 요약도

공격의 규모와 효과(scale and effect)는 무력 공격을 구성하는지를 결정하는 핵심 기준이다. 독립된 경미한 사건은 무력 공격을 구성하지 않는다. 따라서 단순한 국경 충돌과 같은 경미한 사건은 자위권 발동의 근거가 되기 어렵다. 예컨대, 국경에서 병력이동, 반군에 대한 무기 지원, 군사고문단 파견 등은 무력 공격에 해당하지 않는다. '그 밖의 덜 중대한 무력 사용'(other less grave forms of the use of force)에는 '비례적 대항조치(proportional counter measures)'만 인정된다.[14] 예컨대, 북한의

---

14) 1986년 ICJ 니카라과 사건, para. 127, 국제사법재판소는 비례적 대응 조치에 무력 사용이 포함되는지 여부에 대해서는 밝히지 않았다. 필자는 무력 사용이 포함된다고 본다.
'비례적 대응 조치'는 국제법의 대응 조치(counter measures)와 구급되어야 한다. 국가 책임법상 대응 조치는 타국의 국제위법행위에 대응하여 피해국이 취하는 일반적으로 비강제적인 조치로서, 위법 행위국의 국제 의무 준수를 유도하기 위한 것이다. 결정적으로, 이러한 대응 조치는 무력의 위협이나 사용을 포함해서는 안 된다. 반면, '비례적인 대응 조치'란 자위권과 함께 언급될 경우, 이는 무력 공격에 대응하여 국가가 합법적으로 취하는 비례적 강제조치를 의미한다. 이러한 강제조치에는 무력 사용이 포함되기 때문에 비례성 원칙을 준수할 필요가 있다.

드론 침투도발에 대응하여, 한국도 자위권 행사 차원에서 비례적 대응조치의 하나로 무인기를 북한으로 보낼 수 있다.

비무장지대나 서해 북방한계선 부근에서 발생하는 소규모 총격전이나 국지적 충돌은 ICJ가 니카라과 사건에서 제시한 '무력 공격'의 중대성 기준에 미치지 못할 수 있다. 이러한 '기준 이하' 도발에 대해 '국가 차원의 전면적인 자위권'을 발동하기는 어렵지만, 현장 지휘관에게는 즉각적인 대응이 필요하다. 여기서 '부대 자위권'(unit self-defense) 개념이 대두된다.

이는 국가 자위권과는 구별되거나 그 하위 범주로서, 일선 부대 지휘관이 적대 행위(hostile act)나 명백한 적대 의도(hostile intent)에 직면했을 때 부대 방어를 위해 제한된 범위 내에서 무력을 사용할 수 있는 권한이다. 부대 자위권은 주로 교전규칙(rules of engagement)에 의해 규율된다. ICJ 니카라과 판결(1986)로 인해 발생한 법적 공백, 즉 국가 자위권 발동 요건에는 미치지 못하지만, 현장 대응이 필수적인 상황에 대한 법적 근거를 마련하려는 시도이다.

전면전에 이르지 않은 국지도발에 대한 대응으로 부대 자위권을 명문화하고 있는 교전규칙은 현장 지휘관에게 매우 유용하다. 그러나 부대 자위권의 남용으로 자칫 전면전으로 확대될 가능성이 있다. 이러한 가능성을 배제하기 위하여 통상적으로 교전규칙에서는 부대 자위권 행사에 대한 절차를 규정하고 있다.

한편, 무력 공격에는 정규군의 행위뿐만 아니라 국가에 의해 또는 국가를 대신하여 파견된 무장단체 비정규군 등 국가의 실질적인 관여(substantial involvement)가 있는 무장단체의 공격도 포함된다.

2. 필요성

자위권을 발동한 무력 사용은 당면한 무력 공격을 격퇴하는 데 필요한 경우에 한정되어야 한다. 즉, 자위적 무력 사용이 불가피하며 비무력적 수단으로는 위협에 대처할 수 없을 때만 허용된다.

2004년 7월 9일, 국제사법재판소는 권고적 의견을 통해, 이스라엘이 건설 중인 팔레스타인 서안 지구(West Bank)의 분리 장벽(separation wall)이 국제법에 어긋난다며 즉각 철거해야 한다고 판결했다. ICJ 재판부는 이스라엘이 두 가지 이유에서 국제법상 자위권을 행사할 수 없다고 판단했다.[15] 첫째, 위협이 이스라엘의 점령지인 팔레스타인의 서안 지구(West Bank)에서 비롯되었기 때문에 자위권을 행사할 수 없다. 즉, 국가 간 문제가 아니라는 것이다. 둘째, 이스라엘의 분리 장벽 건설은 이스라엘의 '중대하고 급박한 위험에 처한 본질적 이익'(essential interests against grave and imminent peril) 보호를 위한 조치에 해당하지 않는다고 보아 필요성을 부인하였다.[16]

또한, 2023년 10월 7일 '하마스' 대원들이 이스라엘을 공격해 약 1,200명을 살해하고 251명을 인질로 잡아갔다. 이에 대한 대응으로 이스라엘은 가자 지구에서 대규모 공습 및 지상전을 전개하여 4만 1,000여 명이 목숨을 잃었다. 이스라엘은 팔레스타인 가자 지구(Gaza Strip)에 대한 무력 사용을 하마스에 대한 자위권 행사였기 때문에 적법하다고 주장하였다. 그러나 유엔 팔레스타인 인권특별보고관[17] 프란체스카 알바네제(Francesca Albanese)는 2004년 국제사법재판소에서 결정한 이

---

15) Legal Consequences of the Construction of a Wall in the Occupied Palestinian Territory (Advisory Opinion), ICJ, 9 July 2004
16) Id, paras. 138-141
17) UN Special Rapporteur on the occupied Palestinian territories

스라엘의 분리 장벽 건설 문제를 다룬 권고적 의견을 인용하며 자위권은 국가 간에만 적용될 수 있고, 해당 지역은 이스라엘이 점령하고 있는 지역이기 때문에 이스라엘의 자위권 주장은 정당화될 수 없다고 하였다.[18]

3. 비례성

자위적 군사 조치는 발생한 무력 공격에 비례해야 한다. 그러나 비례성 평가는 생각만큼 간단하지 않다. 단순히 받은 만큼 되갚는 식의 '눈에는 눈, 이에는 이'와 같은 동종 동량(tit for tat) 식 보복적 대응은 제한적 국지도발에 적용될 수 있겠지만, 제한적 국지도발이 어떤 상황으로 발전할지는 누구도 예측하기 어렵다.

ICJ는 니카라과 사건(Nicaragua Case)에서 "자위권은 무력 공격에 비례하고 이에 대응하는 데 필요한 조치만을 정당화한다"라고 판시하였다.[19] 따라서 사용되는 무력은 진행 중인 무력 공격을 격퇴하고, 이를 중단시키며, 공격을 받은 국가의 안전을 회복하는 데 필요한 정도로 제한되어야 한다. 예를 들어, 경미한 국경 분쟁을 이유로 상대국 수도를

---

18) Francesca Albanese, UN Special Rapporteur oPt, on X, SELF-DEFENSE?
"Israel claims that what it is doing in the West Bank is justified under the law of self-defence. This claim has no validity. Twenty years ago the @CIJ_ICJ determined that Israel could not invoke self-defence under article 51 of the UN Charter to justify its Wall in the occupied Palestinian territory (oPt). This past July the Court indicated that Israel's very presence in the oPt is itself unlawful. As an ongoing unlawful use of force, Israel's occupation of the OPT cannot be justified by any claim of self-defence."
2024년 "대량 학살의 해부(Anatomy of a genocide)"라는 제목의 보고서에서, 알바네제 특별보고관은 가자 지구에서 일어난 '대량 학살'을 보고하였다.(A/HRC/55/73, 2024-3-25) 이 보고서에 따르면, 이스라엘은 많은 가자(Gaza) 주민을 '테러리스트' 또는 '테러리스트 협조자'라고 간주함으로써 전시 군사 목표물과 민간인을 구별해야 한다는 전쟁법을 위반하여 많은 주민을 죽음에 이르게 하였다.(25쪽)

19) Case Concerning Military and Paramilitary Activities in and against Nicaragua(Nicaragua v. USA), ICJ 1986 Judgement(이하 'ICJ, 니카라과 사건'으로 표기), para. 176

침공하여 점령하는 것은 비례성 원칙에 명백히 위배된다.

자위권 행사의 목표는 무력 공격의 '정지와 격퇴'인가? 아니면 그 이상으로 확장될 수 있는가? 이 비례성 원칙에 관한 질문은 이스라엘의 팔레스타인 가자 지구 공격, 레바논 헤즈볼라 공격과 같은 추가적인 자위권 행사에 관한 논의로서 다음과 같이 의견이 대립되고 있다.[20]

첫째, 자위권 행사는 침략국의 공격을 '정지와 격퇴'(halting and repelling)에 한정된다는 견해이다. 전통적인 견해로 A. Cassese, E. Cannizzaro, J. Gardam 등 많은 학자가 지지한다.[21]

그러나, 자위권 행사를 위한 무력 사용의 목적이 이를 촉발한 무력 공격의 중단과 격퇴에 한정된다는 주장은 현실과 동떨어졌다는 지적이 우세하다. 즉, 유엔 안전보장이사회라는 집단안전보장 체제가 제대로 작동하고 있지 않은 상황에서 피해국 공격의 범위를 가해국 무력 공격에 대한 '중단 및 격퇴'에만 한정하는 것은 합리적이지 않다는 것이다. 더욱이 중단 및 격퇴 이론은 침략국에게 유리한 상황을 만들어낸다. 침략국이 잃을 수 있는 최대 손실은 공격이 중단되고 격퇴되는 것이다. 무력 공격이 성공하면 목표를 달성한 것이고, 그렇지 않으면 전쟁 전 상황으로 되돌아갈 뿐이다. 그러면 침략국은 원하는 시기에 또 다른 공격을 준비할 수 있다.[22] 이러한 전통적 이론의 한계를 극복하기 위한 논리가 바로 '방아쇠 이론'이다.

둘째, 대규모 무력 공격을 받게 되면 피해국은 목표를 달성할 때까지

---

20) David Kretzmer, "The Inherent Right to Self-Defence and Proportionality in Jus Ad Bellum", The European Journal of International Law Vol. 24 no. 1(2013)
    자위권의 적법성은 그 목적, 즉 무력 공격에 대한 자위라는 정당성에 달려 있기 때문에 '수단-목적' 기준이 더 적절해 보이지만, 그러한 무력 사용의 정당한 목적에 대한 합의는 없다. 방어국은 발생한 공격을 저지하고 격퇴하는 데 국한되어야 할까? 아니면 향후 추가 공격을 억제하기 위해 무력을 사용할 수 있을까? 개전법(Jus ad Bellum)에서 비례성에 대한 '수단-목적' 기준은 주로 정당한 목적을 달성하기 위해 사용되는 수단의 필요성에 달려 있다. (236쪽)

21) Id. 261쪽

22) Id. 263쪽

전쟁을 추구할 수 있다는 것이다. 일명 방아쇠 이론(Trigger Theory)이라고 하며 요람 딘슈타인의 주장과 유사한 견해이다.[23] 방아쇠 이론에 따르면, 대규모 무력 공격이 개시되면 개전법(jus ad bellum)의 비례성은 더 이상 적용되지 않는다. 피해국은 전쟁법(jus in bello)의 규범과 군사적 필요성, 즉 군사적 목표 달성에 필요한 무력을 사용할 수 있다는 제약을 받을 뿐이다.[24] 자위권 행사하는 국가가 침략국의 공격을 '정지와 격퇴'(halting and repelling)라는 전통적 요건을 초과하여 '징벌'까지 하게 되면 상대 국가도 맞대응할 수 있기 때문에 허용될 수 없다는 비판도 있다.[25]

한편, '동종 동량' 개념을 국제법상 자위권의 비례성 원칙에 직접 적용하려는 시도는 비판받는다. 그 이유는 피침국이 공격을 효과적으로 격퇴하고 미래의 추가 공격을 방지하기 위해서는, 때에 따라 질적으로 다르거나 양적으로 우세한 무력을 사용해야 할 필요가 있기 때문이다. 즉, "침략을 당한 국가가 먼저 공격한 상대국을 물리치기 위해서는 적을 압도할 만한 무력행사가 있어야 적을 격퇴할 수 있고 미래 공격을 미연에 방지하기 위해서는 적에게 입히는 무력행사가 질적, 양적으로 동일할 수 없기 때문이다."[26]

로베르토 아고(Robert Ago)는 국가 책임에 대한 보고서에서 '이에는 이'라는 비례성 검증 방식에 이의를 제기하며, 비례성은 무력 사용의 목적을 기준으로 판단되어야 한다고 보았다.[27] 국가의 자위권 행사는 공격 격퇴 및 안보 회복이라는 목표를 가지기 때문에 "동종 동량" 기준

---

23) Id, 262쪽
24) Id. 264쪽
25) Georg Nolte, "Multipurpose Self-Defence, Proportionality Disoriented: A Response to David Kretzmer", The European Journal of International Law Vol. 24 no. 1(2013), 287쪽
26) 여영무, "9·11 후 대테러 전쟁과 국제법적 문제", 인도법 논총 제25호(2005), 144쪽
27) Kretzmer, 260쪽

은 국제법에서 비례성을 판단하는 정밀하고 유연한 법적 기준으로 기능하기에는 본질적인 한계를 지닌다.

'무력 공격을 저지하고 격퇴한다'는 목적은 본질적으로 자위권 행사에 대한 시간적 제한을 의미한다. 무력 공격이 중단되고 그 효과가 무력화되었으며, 그것이 재개될 임박한 위협이 더 이상 존재하지 않는다면, 비례성을 가장한 지속적인 강제적 자위 조치에 대한 합법적 정당성 또한 소멸한다. 이러한 목적은 진행 중이거나 임박한 위협 상황과 연결되어 있다. 공격이 격퇴되고 안보가 회복되었다면 방어 목적은 달성된 것이기 때문에, 국가는 과거에 발생한 공격을 빌미로 무기한으로 자위권 행사를 주장할 수 없다.

비례성 원칙에 관한 예를 들어 보자.[28] 2020년 5월 3일 강원도 철원군 제3사단 GP에 북한군이 14.5mm 고사포 총격을 가하자 아군도 대응 사격을 하였다. 북한군은 14.5mm 고사포 4발, 아군은 K-6 기관총을 15발씩 2차에 걸쳐 총 30발을 사격하였다. 유엔사는 북한군의 4발 사격과 30발로 대응한 한국군의 사격 역시 정전협정 위반이라고 판단하였고, 이는 유엔사 교전 규칙상 비례성 원칙을 충족하지 못했다고 보았다. 이에 국방부는 유감을 표명하였다.

앞에서 살펴본 바와 같이 자위권의 비례성 원칙은 동종 동량의 기준으로 대응하는 것을 의미하는 것은 아니기 때문에, 유엔사의 지적은 일반적인 비례성 원칙에 부합하지 않는다. 이는 유엔사가 정전협정 관리를 위해 더 엄격한 비례성 원칙을 적용하는 것으로 볼 수 있다.

---

[28] 제3장 1절 참조

4. 즉각성

자위권은 무력 공격 당시 또는 확인 후 즉각적으로 행사되어야 한다는 원칙으로 가장 논쟁적이다. 요람 딘슈타인은 무력 공격과 자위권 행사 간의 정당화된 지연(justifiable delay)에 대하여 군사적 대응이 가능하다고 본다.[29] 즉, 공격과 대응 간의 시간적 근접성은 상황에 따라 달라진다. 예컨대, 상황 파악, 의사결정 등에 걸리는 시간은 정당한 지연에 포함된다. 1990년 8월 2일 이라크가 쿠웨이트 침공 후 안보리가 무력 사용을 허가한 것은 1991년 1월 15일로, 거의 1년 6개월 후였다.[30]

캐롤라인 공식은 자위권 행사의 두 가지 핵심 요건인 필요성과 비례성을 제시하고 있다. 즉각성은 필요성의 본질적인 측면으로 이해된다. 즉각성 원칙은 자위권 행사가 실제적이고 긴급한 위협에 대한 대응임을 보장하고, 보복이나 예방전쟁과 같은 공격적 목적을 위한 구실로 남용되는 것을 방지하는 기능을 수행한다. 즉각성의 기준이 없다면, 국가는 미래에 예상되거나 추상적인 위협을 근거로 무력 사용을 정당화하려 한다. 이는 공격과 자위의 경계를 모호하게 만든다.

즉각성은 필요성을 판단하는 데 중요한 정보를 제공한다. 위협이 즉각적이지 않다면, 무력 사용 외의 다른 비강제적 수단이 여전히 사용할 수 있으며, 이는 무력 사용의 필요성을 부정하게 된다. 이처럼 필요성이 무력 사용을 최후의 수단으로 규정하지만, 즉각성은 종종 위협의 긴급성으로 인해 다른 수단이 더 이상 실행 불가능함을 보여주는 역할을 한다. 즉각적이지 않은 위협은 숙고와 대안적 조치를 위한 시간을 허용하기 때문이다.

---

29) Yoram Dinstein, War Aggression and Self Defense, Cambridge university press(2017), 288쪽
30) Id. 252쪽

필요성은 무력이 최후의 수단이어야 하고, 즉각성은 다른 선택을 할 시간이 없음을 의미한다. 사이버 공격의 특성과 대량살상 무기(WMD)의 파괴력은 임박성 기준을 낮추거나 심지어 사전 방어적 조치의 필요성을 제기한다.

5. 사례

자위권 행사의 필요성, 비례성, 즉각성과 관련된 국제사법재판소(ICJ)의 주요 판례는 다음과 같다.

첫째, 1986년 ICJ 니카라과 사건은 자위권의 법적 요건에 대한 유권해석을 통해 국제법상 무력 사용의 기준을 제시한 교과서적인 판결이다. 무력 공격의 정의와 기준, 필요성과 비례성에 대해서 이 책의 여러 곳에 언급되어 있으므로 여기서는 즉각성에 관해서만 언급한다.

재판부는 1981년 12월에 취해진 미국의 조치들이 "엘살바도르 정부에 대한 무장 반대파의 주요 공세가 완전히 격퇴된 후 수개월이 지난 시점에 이루어졌다"라고 언급했다. 미국의 대응이 니카라과 공격이 이루어지고 한참 지난 후 이루어졌다고 지적하였다.[31] 이는 초기 공격이 발생했더라도 자위권 행사는 무기한이지 않으며 공격과의 시간적 연관성을 유지해야 함을 의미한다.

둘째, 2003년 원유 시추 시설 사건[32]에서, 재판부는 필요성과 비례성에 대한 판결을 내렸다. 이란-이라크 전쟁 중, 미국이 이란의 원유 시추 시설 3개를 파괴하자 이란은 미국을 ICJ에 제소하였다. 이란은 미국이

---

31) ICJ, 니카라과 사건, paras. 237-238.
32) Oil Platforms(Islamic Republic of Iran v. United States of America), ICJ 2003 Judgement

재판 수락을 반대할 수 있는 점을 감안하여 '1955년 이란-미국 우호 영사 통상 조약'의 제소 조항에 따라 제소하였다.

1980년 이란-이라크 전쟁이 터지자 이란, 이라크 양국은 항해 금지구역을 설정하고, 상대국이 생산한 원유를 운송하는 민간 유조선을 미사일과 기뢰(mine)로 공격하기 시작하였다.[33] 미국 국기를 게양한(Re-flagging) 쿠웨이트 유조선 Sea Isle City호가 미사일 공격을 받자, 이에 대한 보복으로 미국은 이란 원유 시추 시설을 공격하였다.

1987년 10월 19일 미국의 이란 Reshadat 시추 시설 공격에 대하여, 재판부는 증거 부족으로 자위권의 필요성이 입증되지 않는다고 보았다. 또한 유조선들에 대한 일련의 공격은 자위권 행사 기준인 '가장 중대한 형태의 무력 사용'에 미치지 않는다고 보았다.[34]

1988년 기뢰에 의해 미국 군함 USS Samuel Roberts 함이 손상을 입었지만 침몰하지도 않았고 사망자도 없었음에도, 미국이 보복 작전(Operation Praying Mantis)을 통해 이란의 군함, 항공기를 격추하고 원유 시추 시설을 공격한 것은 비례성 원칙에서 벗어났다고 보았다. 또한 기뢰 설치로 인해 생길 수 있는 중립국 선박에 대한 위험성에 대해 반복적으로 미국이 이란에 항의한 것과 달리, 군사적 용도로 이용됐다고 주장하는 시추시설에 대한 항의가 없었던 점에 비추어 이를 군사 목표물로 지정하여 공격한 것은 필요성 원칙에 반한다고 하였다.[35]

이 판결문에서는 무력 사용에 관한 3가지 중요한 사항이 언급되었다. 첫째, 자위권의 필요성, 비례성의 요건을 재확인하였다. 둘째, ICJ 니카라과 사건에서 언급된 무력 공격의 높은 기준(high threshold)을 다시

---

33) 이란-이라크 전쟁 중 페르시아만에서 발생한 유조선 공격과 반격 행위를 가리키는 용어로 Tanker Wars 또는 유조선 전쟁이라고 불린다.
34) Id. para. 64
35) Id. paras. 73-77

한번 확인했다. 셋째 누적적 효과 이론(cumulative effects approach)을 채택함으로써 광범위한 분산된 공격이라도 누적되면 무력 공격에 도달할 수 있음을 확인하였다.[36]

6. 안전보장이사회 보고

유엔헌장 제51조에 따라 자위권을 행사하는 국가는 취한 조치를 즉시 유엔 안전보장이사회에 '보고'해야 한다. 이는 유엔 집단안전보장 체제상 안보리가 상황을 인지하고 국제 평화와 안전 유지라는 본연의 책임을 수행할 수 있도록 하기 위한 것이다.

---

36) Andrew Garwood-Gowers, "Case Note, Oil Platforms(IRAN vs. USA): Did the ICJ miss the Boat on the law on the use of force?", Melbourne Journal International Law, vol. 5(1), 2004, 254쪽

3. 자위권의 주체와 객체

1. 주체

자위권을 행사할 수 있는 주된 권리 주체는 국가이다. 유엔헌장 제51조에는 '국제연합 회원국'을 자위권의 주체로 명시하고 있다.

2. 객체

자위권 행사의 보호 대상은 국가의 핵심적인 권익이다. 여기에는 국가의 영토 보전과 정치적 독립을 포함한다. 또한 국가 자체뿐만 아니라 그 국민의 생명과 안전도 자위권의 중요한 보호 대상이다.

3. 비국가 행위자의 도전

9.11 테러와 같은 사건은 국가가 아닌 테러 조직 등 다양한 비국가 행

위자(non state actors)로부터 발생하는 중대한 안보 위협을 부각했다. 유엔헌장 제51조는 무력 공격의 피해자가 국가여야 함은 명시하지만, 공격의 가해자가 반드시 국가여야 한다고 명시적으로 규정하고 있지는 않다. 전통적인 국제법 해석과 ICJ의 판례는 자위권을 국가 간의 분쟁 상황에 적용되는 것으로 간주해 왔다.

4. '의지 또는 능력 부재' 독트린

이 독트린은 비국가 행위자가 특정 국가의 영토 내에서 활동하며 위협을 가하지만, 해당 영토 국가가 그 위협을 억제할 의지나 능력이 없으면, 피해국이 해당 영토 국가의 동의 없이도 자위권을 행사할 수 있다는 주장이다. 이는 비국가 행위자가 국가의 통제를 벗어나 활동하는 안보 공백 상황에 대응하기 위한 논리이지만, 영토 국가의 주권을 침해할 소지가 크기 때문에 논쟁적이다.

4. 자위권의 지리적 범위

1. 자위권 행사가 허용되는 지리적 범위

(1) 자국 영토, 영해, 영공 내에서의 방어
국가가 자국의 주권이 미치는 영토, 영해, 영공에 대한 직접적인 무력 공격에 대응하여 해당 영역 내에서 방어적 무력을 사용하는 것은 자위권 행사의 가장 기본적인 영역이다.

(2) 공해 및 국제 공역에서의 자위권
공해나 국제 공역에서 자국의 선박이나 항공기, 또는 자국 군대에 대한 무력 공격이 발생한 경우, 피해국은 자위권을 행사할 수 있다. 이는 선박이나 항공기가 비록 국가 영토 밖에 있더라도 이에 대한 공격은 해당 국가에 대한 공격으로 간주할 수 있기 때문이다.

(3) 해외 주재 국가 대표 및 자산 보호
해외에 주재하는 대사관, 영사관, 파견된 군대, 군사 기지 등은 비록 타국의 영토 내에 위치하더라도 파견국의 주권적 기능 수행과 밀접하게 연관되어 있으며, 종종 '국가의 기관'으로 간주된다. 따라서 이러한 해외 주재 공관이나 군대, 군사시설에 대한 무력 공격은 본국 영토에 대한 공격과 유사하게 취급되어, 본국이 자위권을 행사할 수 있는 근거가 될 수 있다.

2. 영토 외 자위권 행사

자국 영토나 공해상 등에서의 자위권 행사와 달리, 타국의 영토 내에서 자위권을 행사하는 문제는 국제법상 매우 민감하고 논쟁적인 영역이다.

(1) 영토 보전 및 주권 원칙

UN 헌장 제2조 4항은 모든 회원국이 타국의 영토 보전과 정치적 독립의 존중을 해치는 무력 사용을 금지하고 있다. 이는 국가 주권 평등 원칙의 핵심적인 내용이며, 타국 영토 내에서의 일방적인 무력행사는 원칙적으로 이 규정에 어긋나는 것으로 간주한다. 따라서 타국 영토 내에서의 자위권 행사는 매우 예외적인 상황에서 엄격한 요건 하에서만 정당화된다.

(2) 타국 영토 내 자위권 행사

국가의 '동의'가 있으면 그 국가의 영토에서 무력을 사용할 수 있다.

(3) 타국 영토에서 활동하는 비국가 행위자에 대한 자위권

현대 국제 안보 환경에서 첨예한 논쟁 중 하나는 비국가 행위자, 즉 테러 단체나 반군 조직 등이 타국 영토를 근거지로 하여 활동하며 무력 공격을 하는 경우, 피해국이 해당국의 동의 없이 자위권을 행사할 수 있는지 여부이다.[37]

전통적으로 자위권은 국가 간의 관계에서 발생하는 무력 공격을 상정해 왔다. 그러나 9/11 테러 이후, 알카에다(al-Qaeda)와 같은 테러 단체가 엄청난 공격을 하면서, 이들에 대한 자위권의 적용 문제가 부각되었다.

국제법상 비국가 행위자의 행위가 특정 국가에 법적으로 귀속될 수 있다면 문제가 없다. 만약 비국가 행위자가 사실상 국가의 기관으로 활동하거나, 국가의 지시 또는 통제하에 공격을 수행했다는 것이 입증된다면, 그 행위는 그 국가의 행위로 간주되어 피해국은 자위권을 행사할 수 있다.

그러나 비국가 행위자의 공격이 특정 국가에 법적으로 귀속되지 않는 경우가 문제이다. 이러한 상황에 대처하기 위해 미국을 중심으로 '의사 또는 능력 부재(unwilling or unable)' 기준이 제시되었다. 이 기준에 따르면, 만약 테러 단체가 A 국 영토에서 B 국을 향해 무력 공격을 감행하고, A 국이 이를 억제할 '의사'가 없거나 '능력'이 부족하여 방치하는 경우, 피해국인 B 국은 A 국의 동의 없이도 자위권을 행사할 수 있다는 것이다.[38] 이 기준에 대해서는 심각한 논쟁이 존재한다.

---

37) Daniel Bethlehem, "Principles on the scope of a state's right of self-defense against an imminent or actual armed attack by nonstate actors", 106 AJIL 769(2012)
38) Ashley Deeks, Unwilling or Unable: Toward an Normative Framework for Extra-Territorial Self-Defense, VJIL, vol.52, no.3(2012), p.486-487.

5. 선제적 자위권

1. 논의 배경

유엔헌장 제51조는 "무력 공격이 발생한 경우"에 자위권을 인정하고 있어, 문언상으로는 공격이 현실화한 이후에만 대응이 가능한 것으로 해석된다. 그러나 핵무기, 생화학무기 등 대량살상 무기(WMD) 공격의 경우, 공격이 실제로 발생하여 피해가 현실화한 시점에서는 이미 회복 불가능한 피해를 보거나 자위권 행사가 무의미해질 수 있다. 이러한 배경에서 공격 발생 이전에 위협을 제거하기 위한 무력의 사용, 즉, 선제적 자위권의 개념이 논의되어 왔다.

2. 개념

선제적 자위권(anticipatory self-defense)은 무력 공격이 아직 발생하지는 않았지만, 그 공격이 임박했다고 판단될 경우, 이를 막기 위해 먼저 무력을 사용하는 것을 말한다.

3. 비교되는 개념

예방적 자위권(Preemptive Self-Defense) 또는 예방전쟁(Preventive War)은 위협이 임박하지는 않았지만, 장래에 발생할 수 있는 잠재적 위협을 미리 제거하기 위해 무력을 사용하는 것을 말한다. 이는 유엔헌장 제2조 4항의 무력 사용 금지 원칙에 명백히 위배되며, 유엔헌장 제51조나 관습 국제법상의 자위권 요건을 충족하지 못하므로 국제법상 불법으로 간주된다.

2003년 미국의 이라크 침공은 논란의 여지가 있는 '선제공격' 논리로 정당화되었으나, 국제법적으로는 불법적인 예방전쟁의 사례로 비판받는다. 1981년 이스라엘의 이라크 오시라크(Osirak) 원자로 폭격 역시 임박성이 결여된 선제공격으로 간주되어 유엔 안보리에서 규탄받았다.

4. 3축 체제

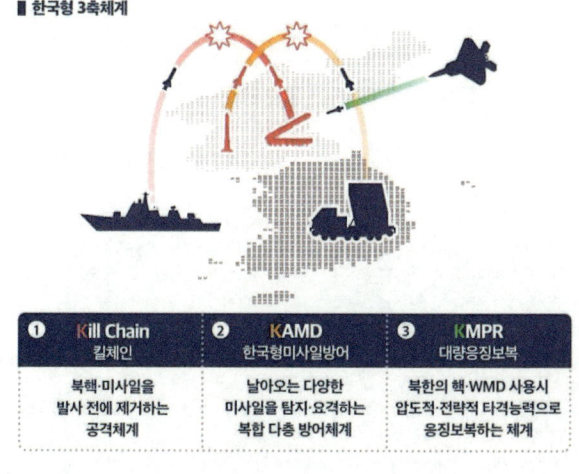

한국형 3축 체계(2023년 국가안보 전략서)

능동적 억제 전략인 한국형 3축 체계는 작계 5015에 일부 반영되었다.[39] 이 중 킬체인은 북한의 미사일 발사 징후가 임박했을 때 선제적으로 타격하는 개념이다. 킬체인 발동의 정당성은 국제법상 선제적 자위권의 요건, 즉 위협의 임박성, 무력 사용 외 다른 대안이 없는 필요성, 그리고 대응 수단의 비례성을 충족하는지에 달려있다. 미사일 방어체계(KAMD: Korea Air and Missile Defense)는 발사된 미사일을 요격하는 전통적 자위권 개념에 맞으며, 대량응징보복(KMPR: Korea Massive Punishment & Retaliation)은 공격 이후의 응징보복 개념으로 자위권의 요건 충족 여부에 대한 논의가 있을 수 있다.[40]

2004년 UN 사무총장 산하 고위급 패널 보고서는 긴박한 공격에 대항하여 유엔헌장 제51조에 따른 선제적 자위권이 보장됨을 인정하고 있다.[41] 2005년 유엔 사무총장 보고서, 『더 큰 자유 속에서: 모든 사람을 위한 안보, 개발 및 인권을 향하여』에서도 이를 인정하고 있다.[42] 한국은 3축 체계를 대항 수단으로 전력 증강에 중점을 두고 있지만, 미국은 한국의 기초 전력, 전쟁 지속능력, 전쟁 기획 능력, 실전 경험 부족에 우려하고 있다.[43]

---

39) 한겨레, 2019-10-19
   작계 5015는 북한과의 전면전에만 초점을 두고 있던 작전계획 5027을 개선한 후속 작전계획이다. 작전계획 5027를 수정하여 전시 작전통제권 반환 이후에도 전면전과 국지전, 북한의 대량살상무기에도 대응할 수 있도록 설계되었다.

40) 심상민, 임정희, "한국형 3축 체계의 국제법적 검토", 아산정책연구원, 이슈브리프 2022-27

41) A More Secure World: Our Shared Responsibility, Report of the High-level Panel on Threats, Challenges and Change,(2004) UN Doc A/59/565, paras. 188-191
   Natalino Ronzitti, "The Report of the UN High-Level Panel and the Use of Force", The International Spectator, Volume 40, Issue 1(2005), 92쪽

42) "In Larger Freedom: towards development, security and human rights for all", UN Doc. A/59/2005 para. 124

43) 김계동 외, 『현대 한미관계의 이해』, 명인문화사(2019), 367쪽

5. 적법한 선제적 자위권 사례

1967년 제3차 중동전쟁(6일 전쟁) 당시 이스라엘이 보여준 선제적 자위권 행사는 우리의 군사전략 발전에 도움이 된다.[44] 이스라엘의 기습공격에 대하여 유엔총회와 안전보장이사회의 비난 결의가 없었다는 점에서 선제적 자위권 행사의 적법성과 정당성을 인정받고 있다.

특히 인접하고 있는 이집트, 시리아, 요르단의 압도적 군사태세에 대한 이스라엘의 선제적 기습작전은 미국을 포함한 주요 국가의 군사 전문가들에게 큰 영감을 주었다. 미국은 그간 아랍 국가들과의 관계를 고려하여 이스라엘과 거리를 두어 왔었는데, 제3차 중동전에서 이스라엘의 진면목을 보고 나서 미국은 중동 지역에서 미국의 이익을 지키기 위한 '안보 파트너'로 이스라엘을 선택하였다. 미국은 이스라엘의 군사적 우위를 유지하며 중동에서 전쟁이 일어나는 것을 막으려고 구상하게 된 것이다. 미국과 이스라엘 간 활자화된 상호방위조약은 없지만, 미국은 그 어느 동맹국보다도 전폭적인 지원을 하고 있다.

이스라엘이 미국과 훌륭한 동맹관계를 유지할 수 있는 비결은 미국 내 유대인의 영향력과 로비도 있지만, 동맹은 언제든지 변할 수 있다는 인식을 하고 자주국방을 기르는 절묘한 균형감각의 외교·안보 전략을 추구한 결과라는 지적도 있다.[45]

요람 딘스타인(Yoram Dinstein)은 이스라엘의 선제적 기습을 '차단적 자위권(interceptive self-defence)'이라고 부른다.[46] 이스라엘의 선제적 자위권 행사는 9·11 사태 시 '급박한 위험에 선제적으로 대응하는' 부시

---

44) 권혁철, "선제적 자위권 행사 사례 분석과 시사점", 국방정책연구 제28(4)권(2013), 82쪽
45) 노석조, 『강한 이스라엘 군대의 비밀』, 메디치(2018), 329쪽
46) Yoram Dinstein, 212쪽

독트린(Bush Doctrine) 채택에 영향을 주었다.[47]

6일 전쟁의 종결을 위해 1967년 11월 22일 유엔 안보리 결의 제242호가 채택되었다. 안보리는 이스라엘군의 점령지 철수, 교전 중지, 중동 지역 모든 나라의 주권·영토 및 정치적 독립 존중, 난민 문제의 정당한 해결 등을 결의했다. 이스라엘의 선제적 자위권 행사를 규탄하는 내용은 없었고, 안보리 결의 제242호는 법적 구속력이 없는 권고적 성격에 그쳤다.

6. 적법하지 않은 선제적 자위권 사례

선제적 자위권과는 달리 '예방적 자위권'은 국제법상 불법으로 인정된다. 예컨대, 1981년 6월 7일 이스라엘의 이라크 오시라크 원자로(Osiraq reactor) 폭격과 같은 예방적 자위권 행사는 안보리에서 명백한 유엔헌장 위반이라고 규탄되었다.[48] 이스라엘은 이라크의 직접적인 핵무기 증거 없이, 핵연료를 구입했다는 정황증거와 사담 후세인의 과격한 언행을 타격 근거로 삼았다.

---

47) Id. 222쪽
48) UNSC Res. 487, 1981. 6. 19

6. 강대국과 약소국의 자위권

1. 차이점

국제법의 기본 원칙 중 하나인 주권 평등의 원칙에 따라 모든 국가는 동등한 권리와 의무를 지닌다. 자위권 역시 법적으로는 국가의 규모나 국력과 관계없이 모든 국가에 동등하게 보장되는 권리이다. 그러나 현실에서는 강대국과 약소국 간 자위권의 행사에 있어 상당한 차이가 존재한다. 강대국은 자국 우선주의에 따라 국제법이 준수하지 않아도 되지만, 약소국은 지킬 수밖에 없는 것이 현실이다.

2. 강대국의 자위권 행사 사례

강대국들은 자국의 안보 이익과 목표를 달성하기 위해 자위권의 법적 요건을 유연하게 때로는 넓게 해석하려는 경향을 보인다. 무력 공격의 정의를 넓게 보거나 공격의 '임박성' 요건을 완화하여 선제적 또는 예방적 자위권을 주장하는 경우가 빈번하다.

(1) 미국의 아프가니스탄 침공 (2001)

9·11 테러 직후, 미국은 알카에다 테러 조직과 이들을 비호하던 아프가니스탄 탈레반 정권에 대해 군사 작전을 개시했다. 이는 비국가 행위자인 알카에다를 비호하던 아프가니스탄 탈레반 정권을 상대로 자위권을 행사한 사례이다. 미국은 탈레반 정권이 알카에다를 통제할 '의지나 능력이 없다(unwilling or unable)'는 논리를 적용했다.

북대서양조약기구(NATO)는 회원국에 대한 공격을 전체 동맹에 대한 공격으로 간주하는 북대서양 조약 제5조(집단방위)를 사상 처음으로 발동하여 미국의 자위권 행사를 지지했다. 이에 따라 프랑스와 영국도 참가하였다. 유엔 안보리 역시 결의 1368호 등을 통해 테러 행위를 규탄하고 자위권을 인정하는 듯한 태도를 보였으며, 초기 미국의 군사 행동에 대해 국제사회는 비교적 폭넓은 지지를 보냈다.

(2) 미국의 이라크 침공 (2003)

2003년 미국 주도의 이라크 침공은 더욱 격렬한 국제법적 논쟁을 불러일으켰다. 미국과 영국 등 동맹국들은 이라크의 사담 후세인 정권이 대량살상 무기(WMD)를 개발·보유하고 있으며, 테러 조직을 지원할 가능성이 있다는 점을 침공의 주요 명분으로 내세웠다. 이들은 이를 근거로 예방적 자위권을 주장하거나, 1990년 걸프전 이후 채택된 일련의 안보리 결의들이 이미 무력 사용을 허용하고 있다고 해석했다. 그러나 이러한 주장은 국제적으로 광범위한 비판에 직면했다. 이라크로부터 미국이나 동맹국에 대한 '임박한' 무력 공격의 위협이 입증되지 않았기 때문에, 이는 국제법상 허용되지 않는 '예방전쟁'에 해당한다는 비판이 지배적이다.

(3) 러시아의 우크라이나 침공(2022)

러시아는 우크라이나 침공을 정당화하기 위해 여러 법적 논거를 제시했지만, 국제사회로부터 광범위한 비판과 규탄을 받았다.

러시아 점령지역(Congress.gov)

푸틴 러시아 대통령은 '도네츠크 인민공화국'과 '루한스크 인민공화국'의 요청에 따른 '집단적 자위권' 행사라고 주장했다. 또한, 우크라이나 내 러시아계 주민들에 대한 '집단 학살'이 자행되고 있으며, 이를 막기 위한 '인도적 개입'의 성격도 띤다고 주장했다.

아울러 NATO의 동진과 우크라이나의 NATO 가입이 러시아의 안보에 실존적 위협이 되므로, 이를 예방하기 위한 '개별적 자위권' 행사라는 논리도 펼쳤다. 러시아는 이러한 주장을 담은 서한을 유엔 안보리에 제출하며 제51조의 보고의무를 형식적으로 이행했다. 그러나 러시아의 자위권 주장은 국제법 전문가들과 대다수 국가로부터 법적 근거가 매우 취약하다는 평가를 받았다.

(4) 이스라엘, 미국의 이란 핵시설 공격(2025)

2025년 6월 13일 이스라엘은 200대 규모의 전폭기로 이란의 핵 프로그램을 무력화하기 위해 테헤란 북동부, 나탄즈(Natanz) 핵시설 및 타브리즈(Tabriz) 등의 주요 군 시설을 타격하였다.

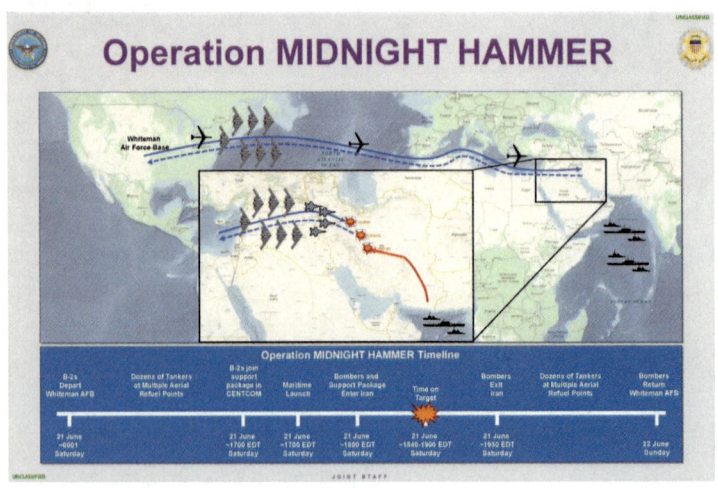

미국 B-2 이란 핵시설 폭격(미국 국방부)

이어서 2025년 6월 21일, 미국은 B-2 스텔스 폭격기 7대가 투하한 벙커버스터 폭탄(GBU-57)으로 이란 포르도(Fordo) 핵농축 시설을 공격했다. 요나스 가르 스퇴레(Jonas Gahr Støre) 노르웨이 총리는 "미국의 공습은 유엔 안보리 승인을 받지 않았고, 순수한 자위권 행사도 아니므로 국제법의 영역 밖에 있다"라고 비난했다.[49]

---

49) 조선일보, 2025-6-25

국제법이 인정하는 무력 사용은 자위권과 유엔 안보리 승인 두 가지다. 상대국 공격이 임박했다는 징후가 뚜렷할 때 선제적 자위권은 인정된다. 이스라엘과 미국이 실행한 미래에 예상될 수 있는 위협의 제거 작전은 국제법상 불법이다. 대다수의 국제 법학자는 물론 유엔 안보리는 다양한 결의를 통해 이미 예방적 자위권과 예방전쟁은 불법이라고 결의한 바 있다.

3. 약소국의 자위권 행사 사례

약소국들은 강대국과 비교하여 자위권을 행사하는 데 있어 다른 전략적 고려와 접근 방식을 취하는 경향이 있다. 제한된 국력과 자원은 이들이 국제법 규범, 동맹 관계, 그리고 국제기구에 더 크게 의존하게 만드는 주요 요인이다.

(1) 쿠웨이트(1990)

1990년 8월 2일, 이라크는 군사력을 동원하여 쿠웨이트를 전격적으로 침공하고 점령했다. 이는 유엔헌장 제2조 4항을 명백히 위반한 침략 행위였다. 쿠웨이트 정부는 즉각적으로 유엔 안보리에 이 사태를 보고하고 국제사회의 개입을 요청했다.

이라크가 계속해서 안보리 결의 이행을 거부하자, 안보리는 1990년 11월 29일 결의 678호를 채택했다. 이 결의는 이라크가 1991년 1월 15일까지 모든 관련 결의를 완전히 이행하지 않을 경우, 쿠웨이트 정부와 협력하는 회원국들이 결의 660호를 이행시키고 국제 평화와 안보를 회복하기 위해 '모든 필요한 수단'을 사용할 것을 승인했다. 이는 사실상 군사력 사용을 승인한 것으로, 유엔 역사상 헌장 제7장에 따른 집단안보 조치로서 무력 사용이 승인된 대표적인 사례이다. 이라크가 최종 시한을 넘기자, 미국 주도의 다국적군이 군사 작전을 개시하여 쿠웨이트를 해방시켰다.

(2) 니카라과(1986)

1979년 니카라과에서 산디니스타 민족해방전선이 친미 소모사 정권을 무너뜨리고 집권하자, 미국의 레이건 행정부는 좌파 산디니스타 정부를 공산주의 확산의 위협으로 간주하고 이를 전복시키기 위해 우파 반정부 게릴라 조직인 콘트라(Contras)를 적극 지원했다. CIA가 적성국이었던 이란에게 무기를 몰래 수출한 대금으로 니카라과의 우익 성향의 반군 콘트라를 지원하면서 대통령 탄핵 직전까지 갈 정도로 큰 파장을 일으켰다.[50]

미국은 콘트라 반군에게 자금, 무기, 훈련을 제공하고 군사 작전을 지휘했으며, 니카라과 항구에 기뢰를 부설하고 니카라과 영토 내 군사시설을 직접 공격하는 등 군사적, 준군사적 활동을 광범위하게 전개했다. 이에 니카라과 정부는 1984년 미국의 이러한 행위가 유엔헌장 및 미주기구(OAS) 헌장, 그리고 관습 국제법상의 무력 사용 금지, 주권 존중,

---

50) 1985년 레이건 행정부는 레바논에 억류돼 있는 미국인 인질들을 석방시키기 위해 머리를 맞댔다. 묘안이 나왔다. 레바논 테러집단의 후원자인 이란에 무기를 주고 인질을 빼오자는 것이다. 며칠 뒤 많은 무기가 이스라엘을 거쳐 이란에 수출됐고 인질들은 하나둘씩 석방됐다. 미국은 여기서 나온 돈으로 니카라과 공산정권에 대항하는 우익반군의 무장을 도왔다.
인질 석방을 위해 테러범들과 흥정하지 않는다는 당시 미 외교의 대원칙을 깬 동시에 반군에 대한 군수 지원을 금지한 법(블랜드 수정헌법)을 행정부가 나서서 위반했다는 점에서 대내외적으로 큰 파문을 일으켰다.
이란-콘트라 게이트는 레이건 행정부의 이중성을 드러낸 가장 추악한 정치 스캔들이었다. "호메이니의 주머니를 털어 니카라과 투사를 도운 것이 잘못이냐."며 당당한 태도를 보여 국가 영웅 대접을 받던 올리버 노스(Oliver North) 중령은 1991년 '화염 속에서(Under the Fire)'라는 회고록을 내고 자신이 레이건을 위한 희생양이었다고 주장했다.(서울신문, 2022-2-21)

국내 문제 불간섭 원칙 등을 위반한 것이라며 미국을 ICJ에 제소했다.

미국은 니카라과 정부가 엘살바도르, 온두라스, 코스타리카 등 주변 국들의 반군에게 무기를 공급하는 등 불법적인 무력 지원을 하고 있었기 때문에, 이들 국가를 대신하여 '집단적 자위권'을 행사한 것이라고 주장했다. 1986년 ICJ는 니카라과의 주장을 상당 부분 인용하고 미국의 행위가 국제법 위반이라고 판결했다.[51]

그러나 이 사건은 동시에 국제법의 한계, 특히 강대국의 판결 불이행 문제를 극명하게 드러냈다. 미국은 ICJ 판결을 수용하지 않고 니카라과에 대한 배상금 지급을 거부했으며, 이후 ICJ의 강제 관할권 수락 선언을 철회했다. 또한 안보리에서 거부권을 행사하여 니카라과가 판결 이행을 요구하는 결의안을 채택하지 못하도록 막았다. 이는 약소국이 국제 법정에서 법적 승리를 거두더라도, 강대국의 정치적 의지에 따라 그 판결의 실질적인 이행이 좌절될 수 있음을 보여준다.

1990년 좌파 산디니스타 정권 대신 새로 집권한 차모로 정권은 미국으로부터 거액의 원조금을 받는 대가로 1991년 ICJ 제소를 취하했다.[52]

4. 한국은 '약소국'이다.

강대국들은 자국의 안보 이익과 전략적 목표를 달성하기 위해 자위권의 법적 요건을 유연하게, 때로는 넓게 해석하려는 경향을 보인다. 예컨대, '무력 공격'의 정의를 넓히거나 공격의 '임박성' 요건을 완화하여 선제적 또는 예방적 자위권을 주장하는 경우가 빈번하다.

---

51) ICJ, 니카라과 사건, paras. 193-199, 230-238
52) 동아일보, 2009-9-24

반면 약소국들은 강대국과 비교하여 자위권을 행사하는 데 있어 다른 전략적 고려와 접근 방식을 취하는 경향이 있다. 제한된 국력과 자원으로 인해 약소국은 국제법 규범, 동맹 관계 그리고 안보리 등 국제기구에 더욱 의존한다.

한국개발연구원(KDI)에 따르면, 2024년 기준으로 대한민국의 경제력 순위는 12위고, 2024년 미국 글로벌파이어파워(GFP)의 보고서에 따르면 한국은 전 세계 145개국 중 군사력 순위 5위다. 국력 지표들을 종합적으로 고려할 때, 대한민국은 약소국의 범주를 명백히 넘어서지만, 국제 체제를 주도적으로 형성하거나 전 세계적 영향력을 행사하는 강대국의 지위에는 이르지 못한다. 대한민국은 상당한 국력을 보유하고 국제사회에서 중요한 역할을 수행하지만, 동시에 강대국 정치와 지정학적 환경에 민감하게 영향을 받는 '중견국(middle power)'으로 분류되곤 한다.[53]

대한민국과 같은 중견국은 자위권 행사 시 주권적 권리, 동맹과의 현실적 필요성 및 제약, 그리고 국제법 준수 의무 사이에서 끊임없는 균형점을 찾아야 하는 딜레마에 직면한다. 자위권은 국가의 고유한 주권적 권리이지만, 그 행사는 국제법적 요건(필요성, 비례성 등)을 충족해야 하며, 현실적으로는 동맹국인 미국과의 긴밀한 협의와 동의 없이는 중대한 군사적 조치를 실행하기 어렵다.

중견국으로서 한국은 억제력 확보와 국내적 정당성 요구를 충족시키기 위해 단호한 대응 의지를 보여야 하지만, 동시에 확전을 피하고, 핵심 동맹국과의 관계를 유지하며, 국제법적 정당성을 확보해야 하는 복잡한 방정식을 풀어야 한다. 자위권 행사 측면에서, 한국은 약소국에 해당한다.

---

[53] 강선주, "중견국 외교 전략: MIKTA의 외연 확장을 중심으로", 정책연구과제 2014-14, 국립외교원 외교안보연구소, 2쪽

제3장

한국의 안보 환경과 자위권

1. 유엔사와 정전 체제

1. 정전 체제의 특수성

  1953년 7월 27일 체결된 한국 정전협정은 한반도 안보 환경을 규정하는 가장 근본적인 법적·정치적 제도이고 그 자체로 매우 독특하고 불안정한 특성을 보인다. 정전협정은 적대행위의 '일시적 정지'를 목적으로 체결된 군사적 합의이며, 전쟁의 완전한 종식을 의미하는 평화조약과는 법적으로 구별된다. 법적으로 한반도는 여전히 전쟁상태에 있다고 해석된다.

  정전협정은 1953년 7월 27일, 유엔군 총사령관 Mark W. Clark, 조선 인민군 최고사령관 김일성, 중국 인민지원군 사령원 펑더화이(彭德懷)에 의해 서명되었다. 한국 정부는 정전협정에 직접 서명하지 않았는데, 이는 당시 이승만 정부가 통일을 위해 휴전에 강력히 반대했기 때문이다. 북한은 이를 근거로 평화협정은 북미 간에 체결되어야 한다고 주장해 왔으나, 실질적 교전 당사자로서 한국의 지위는 남북기본합의서 등 후속 합의와 국제 관행을 통해 인정받고 있다는 해석이 우세하다.

  정전협정은 이행 감시를 위해 군사정전위원회와 중립국감독위원회를 설치했다. 그러나 북한의 일방적인 조치로 군정위는 사실상 기능이 마비되었고, 중감위 역시 북측 지역에서의 활동이 중단되어 제한적인 역할만 수행하고 있다. 정전협정에 규정된 군비 증강 제한, 비무장지대 관리 규정 등 많은 조항이 제대로 지켜지지 않거나 사문화되었다. 현재 실질적인 효력을 유지하고 있는 것은 군사분계선(MDL) 설정, DMZ 설치 및 적대행위 금지, 특정 연안 도서 관할권 등 극히 일부 조항에 불과하다.

이처럼 70년 이상 지속된 정전 상태는 완전한 평화도, 그렇다고 전쟁도 아닌 특수한 안보 환경을 조성했다. 이는 상시적인 군사적 긴장과 국지적 충돌 가능성을 내포한다. 이러한 환경은 자위권 규범의 적용과 교전규칙 수립 및 운용에 있어 독특한 어려움을 야기한다.

정전협정의 잠정성과 대한민국의 서명 불참, 관리기구의 마비 등은 한반도 안보의 독특하게 취약하고 법적으로 복잡한 기반을 형성한다. 이러한 모호성은 항구적 평화 구축 노력을 복잡하게 만들고, 무력 사용 및 자위권 관련 사건의 관리 및 해석 방식에 영향을 미친다. 정전협정을 평화협정으로 대체하려는 노력은 계속되고 있지만 북한 비핵화 연계와 맞물려 난제로 남아있다.

2. 정전협정과 유엔군 사령부

1953년 7월 27일 체결된 한국 정전협정은 "최종적인 평화적 해결이 성취될 때까지 한국에서의 모든 적대행위와 모든 무력 행위의 완전한 중지를 보장"하기 위한 목적을 가졌다. 이는 본래 항구적 평화를 향한 잠정적 조치로 설계되었으나, 그 목표는 현재까지도 미완으로 남아있다. 1950년 7월 24일 창설된 유엔군 사령부(UNC)는 초기 북한의 침략을 격퇴하는 임무를 수행했으나, 정전협정 발효 이후에는 협정의 주요 이행자로 역할이 전환되었다.

1950년 6.25 전쟁 발발 직후, 대한민국 국군의 지휘 체계가 통일되지 않아 효율적인 전쟁 수행에 어려움이 있었다. 이에 이승만 대통령은 1950년 7월 14일, 통일적인 전략·전술 조정을 위해 국군의 작전 지휘권을 당시 미 극동 사령관 겸 유엔군 사령관으로 임명된 더글러스 맥아더 장군에게 이양하였다.

한미상호방위조약 체결 후, 한국군에 대한 '지휘권'이 '작전 통제권'으로 명칭만 바뀌었을 뿐 실질적인 통제권은 미국 측에 유지되었다. 이는 안보 지원을 대가로 군사 주권의 일부를 양보하는 '비대칭 동맹'의 전형적인 모습이다.

정전협정을 관리하고 한국군의 작전 통제권을 보유한 미국은 한국군의 의사 결정 체계에 절대적 영향을 미쳤다. 유엔군 사령부와 작전 통제권은 한국 안보의 역사와 현재를 관통하는 핵심 개념이다. 6.25 전쟁 중 이승만 대통령의 작전 지휘권 이양으로 시작된 이 관계는 한미상호방위조약 체결, 한미연합사 창설, 평시 작전통제권 환수, 그리고 현재의 전시 작전 통제권 전환 논의에 이르기까지 복잡한 변천 과정을 거쳐왔다.

유엔군 사령관은 정전협정의 효과적인 준수를 위해 유엔사 인원이 지켜야 할 필요 사항으로 정전 시교전규칙(AROE)을 제정하였다. 유엔사 규정 525-4가 바로 '정전 교전규칙'이다. AROE의 목적은 정전협정의 효과적인 준수를 보장하고, 우발적인 교전이 대규모 충돌로 확대되는 것을 방지하는 데 있다. 유엔사/연합사 정전 교전규칙(AROE)은 오랜 기간에 걸쳐 한국군 무력 사용의 지침이 되었다.

2. 작전 통제권과 데프콘

1. 작전 통제권

유엔사(UNC)/한미 연합군사령관(CFC)은 지정된 한국군 부대에 대하여 작전 통제권을 행사한다. 작전통제는 작전계획 및 작전명령에 명시된 특정 임무 및 과업을 수행하기 위해 지휘관에게 위임된 제한적인 권한이다. 이는 지정된 부대에 대한 임무 및 과업 부여, 부대 전개 등을 의미하며, 행정, 군수, 군기, 내부 편성, 부대 훈련 등에 대한 권한은 포함되지 않는다. 쉽게 말하면 미국은 한국 방위를 위해 지정된 한국군 부대를 작전 운용하지만, 행정 및 군수의 책임은 한국군에 있다.

1980년 5·18 당시 투입 부대였던 특수전사령부 소속 제3, 7, 11공수여단과 제20사단의 지위에 관해, 대한민국 국방부와 미국 정부의 공식 입장은 특수전사령부, 수도경비사령부, 그리고 제20사단이 1978년 한미연합사령부(CFC) 창설 당시부터 CFC의 작전 통제권(OPCON)에서 이미 제외되었다는 것이다.[54] 이에 반해 미국의 작전 통제권 아래에 있던 이

---

54) 국방부의 한 관계자는 "78년 당시 한미연합사령관의 작전통제를 받는 한국군 부대에 대한 목록을 작성하면서 수도경비사령부, 특전사 및 수도권에 있는 20사단 등 소위 '충정부대'는 경호 및 대정부 전복 작전 시 긴급출동 등의 이유로 한미연합사령관의 작전통제 부대에서 제외했었다"고 말했다. "5.18 당시 20사단 이동, 미국 승인 권한 없었다", 조선일보, 1996-3-4

들 부대를 미국이 한국군 작전 지원을 위해 작전통제에서 해제했다는 의견도 있다.[55]

2. 데프콘

(1) 개요

한반도에서 북한의 지속적인 도발에도 불구하고 한국과 주한 미군의 방어준비태세인 데프콘(DEFCON)이 4단계 이상으로 격상된 사례가 드물다. 데프콘 3단계는 한미동맹의 전략적 이익이나 인력에 대한 극단적인 위협이 발생했을 때만 극히 예외적으로 발령되었다.

시간이 흐르면서 대응 메커니즘은 점차 발전하여, 일상적인 도발 관리는 주로 정보 감시 태세인 워치콘(WATCHCON)과 국지도발 대비 태세인 '진돗개'를 통해 이루어지고 있으며, 데프콘 격상은 광범위한 분쟁 가능성이 명확한 상황으로 한정되는 경향을 보인다. 데프콘 3단계 발령 시 작전 통제권(OPCON)이 한미연합사령부로 이양된다는 점은 중요한 전략적 의미를 지닌다.

(2) 데프콘의 정의

데프콘(DEFCON: Defense Readiness Condition)은 방어준비태세를 의미한다. 데프콘은 미국의 방어준비태세를 의미하는 용어로, 5단계의 경보 수준을 통해 군사 위협에 대비한다. 데프콘 5단계("FADE OUT")는

---

55) 일명 '팀 쇼록 파일'

전쟁 위험이 없는 평시 상태를, 데프콘 1단계("COCKED PISTOL")는 전쟁이 임박했거나 이미 시작된 최상위 준비 태세를 의미한다. 데프콘은 총 5단계로 구성된다.

① 데프콘 5(Fade Out): 전쟁 위험이 없는 상태이다.
② 데프콘 4(Double Take): 평시보다 강화된 정보 감시 및 보안 조치가 요구되는 '대비' 상태. 한국은 6·25 전쟁 휴전 이후 대부분 데프콘 4를 유지해 왔다.
③ 데프콘 3(Round House): '준전시 상태'로, 적의 개입이 우려되는 상황에 발령된다. 이 단계에서 한국군의 작전권은 한미연합사령부로 이양되며, 전군의 출타가 금지된다.
④ 데프콘 2(Fast Pace): 전쟁 준비를 가속하는 단계로, 전면전 또는 국지전 발생 가능성이 농후할 때 발령된다. 부대 편제 인원이 100% 충원되고, 개인에게 탄약이 지급된다.
⑤ 데프콘 1(Cocked Pistol): 전쟁 돌입이 확실시되는 전시 상태로, 동원령이 선포되고 국가 전체가 전시 태세에 들어간다.

한국에서 6·25 전쟁 이후 데프콘 1단계나 데프콘 5단계가 발령된 적이 없다. 전 세계적으로도 미국이 데프콘 1단계를 발령한 사례는 보고된 바 없다. 1962년 쿠바 미사일 사태 시 미국은 데프콘 3(전략 공군사령부: 데프콘 2)을 선포한 바 있다. 제4차 중동전쟁(The Yom Kippur War, 1973), 판문점 도끼만행 사건(Operation Paul Bunyan, 1976), 9.11테러(the September 11 attacks, 2001) 시 미국 정부는 데프콘 3을 선포한 바 있다.[56]

---

56) Darrick Leiker, "A Brief History of the DEFCON System", 2025-5-21

(3) 데프콘 3단계 격상의 중요성

데프콘이 3단계로 격상되면 지정된 한국군 부대에 대한 작전 통제권은 한미 연합군사령관에게 이양된다. 이는 위기 상황에서 지휘통제를 단일화하여 통합된 대응을 하기 위한 것이다. 데프콘 3단계에서의 작전 통제권 이양은 단순한 절차적 단계를 넘어, 심각한 전쟁 위협에 직면했을 때 한미 연합군의 통합된 작전 수행 의지와 준비 태세를 보여주는 중요한 전략적 신호이다. 한미동맹이 현 상황을 얼마나 심각하게 받아들이고 있으며, 일사불란하게 행동할 준비가 되어 있는지를 북한에 경고하는 억제 메시지 역할을 한다.

(4) 구별 개념

가) 워치콘 (WATCHCON): 대북 정보 감시 태세
워치콘은 북한의 군사 활동을 감시하고 도발 가능성을 평가하기 위해 한미 연합군이 사용하는 5단계의 정보 기반 감시 태세이다. 이는 적절한 데프콘 수준을 결정하는 주요 근거가 된다. 워치콘 단계가 격상되면 첩보 위성, 정찰기 등 정보 자산의 운용이 증가하고 북한의 동향 및 통신에 대한 분석이 강화된다.

나) 진돗개: 국지도발 대응 태세
'진돗개' 경보는 주로 무장 공비 침투, 간첩 상륙, 또는 한국 영토 내에서의 제한적인 직접 공격과 같은 국지적 도발에 대응하여 발령되는 한국군의 준비 태세이다. 이는 전면전 가능성에 대비하는 데프콘과는 구별된다. '진돗개 하나'는 최고 등급으로, 확인된 침투나 공격 발생 시 해당 지역의 군경 합동 작전을 통해 수색 및 격멸 작전 또는 방어작전을

전개한다.

진돗개 경보 체계는 한국군이 국지적인 북한의 도발에 대해 한반도의 방어 태세를 데프콘 3단계로 격상하지 않고도 신속하고 결정적으로 대응할 수 있도록 한다. 이는 위기관리의 유연성을 제공한다. 북한의 도발은 대부분 전면전의 징후라기보다는 해안 침투나 비무장지대 사건과 같이 국지적인 성격을 띤다. 모든 국지적 사건에 대해 데프콘 3단계를 발령하면 과도한 혼란과 의도치 않은 긴장을 고조시킬 수 있고, 경제적으로도 부담이 크다. 진돗개 경보는 이러한 국지적 위협을 신속하게 통제할 수 있는 적합한 대응이다.

(5) 데프콘 3단계 격상 사례

데프콘 수준이 3단계로 격상된 사례들은 모두 2건이다. 이는 준전시 태세로의 전환을 의미한다. 판문점 도끼 만행 사건(1976)[57], 아웅산 묘소 암살 폭탄 테러 사건(1983)[58]은 모두 인명에 대한 직접적인 공격과 관련이 있다. 이러한 사건들은 경미한 DMZ 교전이나 침투 활동과 같은 일반적인 북한의 도발 수위를 넘어선 것이었다.

---

57) 8월 19일 유엔군 사령관은 미국 합동참모본부(JCS)의 승인을 받아 데프콘 3을 발령했다. 한국군 제1군사령부와 한미 제1군단의 작전통제를 받는 부대들은 8월 21일 데프콘 2를 선포했다. 이 데프콘 2는 48시간 이내에 데프콘 3으로 환원되었다. 국방부 군사 편찬연구소, 국방사건사 제 1집(2012), 286-287쪽

58) 당시 전두환 전 대통령의 보복을 포기한 배경엔 미국도 있었다. 아웅산 테러 직후 미국은 한반도에 전력을 증강하고, 데프콘 3단계를 발령했다.(중앙일보, 2021-11-23) CSIS, "Record of North Korea's Major Conventional Provocations since 1960s"(2010-5-25), 앞의 두 자료에도 불구하고 Rangoon Bombing 시 데프콘 설정에 관한 미국의 공식 자료는 발견되지 않는다.

(6) 데프콘 3단계 격상되지 않은 사례

가) 1999년 제1연평해전

'데프콘 3단계에 준하는 태세'와 워치콘 2단계가 선포되었다. 워치콘 2단계 발령 시 병사들은 군장을 꾸리고, 전사 시 신원 확인을 위해 손톱과 머리카락을 채취했으며, 유서를 작성했다. 모든 병력은 개인 전투장비를 착용한 채 대기 상태였다.

나) 북한 핵 실험

워치콘 2단계가 발령되었고, 데프콘 4단계가 유지되었다. 핵 실험은 전략적으로 불안정을 야기하지만, 전쟁 태세로의 전환(데프콘 3단계)을 요구하는 즉각적인 교전 사유로 취급되지는 않았다. 대응은 정보 및 외교적 조치에 초점을 맞추었으며, 이는 직접적인 군사적 위협이나 공격이 수반되지 않는 한, 핵 실험 자체만으로는 데프콘 격상 기준을 넘지 않았음을 나타낸다. 핵 실험은 중대한 전략적 도발이지만 반드시 즉각적인 군사 공격을 의미하지는 않는다. 즉각적인 조치는 핵 실험에 대한 정보를 수집하고 외교적 대응을 조율하는 것이다. 워치콘 2단계는 '중대한 위협' 또는 '주요 도발의 명확한 징후'에 대응하여 정보 수집을 강화하기 위해 고안되었다. 북한의 추가 군사 행동 없이 단지 핵 실험에 대응하여 준전시 태세인 데프콘 3단계로 격상하는 것은 과도하게 긴장을 고조시키는 것으로 비칠 수 있다.

다) 2010년 천안함 피격 사건

당시 워치콘 2단계가 발령되었고, 데프콘 4단계가 유지되었다. 상당한 인명 피해를 야기한 한국 해군 함정에 대한 전쟁 행위에도 불구하고 데프콘은 격상되지 않았다. 이는 데프콘 3단계 발령 기준이 극도로 높다는 것을 시사하는 중요한 사례이며, 확전 관리, 공격의 은밀한 성격, 또는 기타 지정학적 고려 사항의 영향을 받은 것으로 보인다.

천안함 침몰은 북한의 한국 군함에 대한 고의적이고 치명적인 공격이었으며, 이는 중대한 도발이자 침략 행위이다. 그러나 데프콘은 3단계로 격상되지 않았다. 그 이유로는 공격이 은밀하여 진상 파악이 필요했기 때문이었다.

라) 2010년 연평도 포격 도발

진돗개 하나, 워치콘 2단계 선포, 데프콘은 4단계가 유지되었다. 군인과 민간인 사상자를 낸 한국 주권 영토에 대한 직접적인 포격 공격에도 불구하고 데프콘 3단계 격상은 이루어지지 않았다. 대응은 국지적 진돗개 경보와 워치콘 2단계를 통한 정보 강화로만 관리되었다.

이는 데프콘 3단계 발령 기준이 극도로 높다는 점과, 국지전이 반드시 전면전의 전조로 인식되는 것은 아니고, 심각한 군사 공격의 경우에도 다른 경보 메커니즘을 먼저 사용하려는 경향을 보여준다. 미군 사상자가 직접 발생하지 않으면 상황을 관리하려는 미국의 입장이 영향을 미쳤을 가능성도 있다.

(7) 데프콘 격상 결정에 영향을 미치는 요인

위 사례 분석 결과, 1976년 판문점 도끼 만행 사건과 같이 미군 사상자를 초래한 공격은 데프콘 3단계 발령의 강력한 요인이었다. 한국 지도부를 겨냥한 국가 주도 테러(1983년 아웅산 묘소 암살폭파 사건) 또한 기준을 넘었다.

반대로, 천안함 피격 사건, 연평도 포격 도발과 같이 한국 군함이나 영토에 대한 직접적이고 치명적인 공격조차도 자동으로 데프콘 3단계를 발령시키지 않았으며, 이는 확전 통제, 사건의 국지적 성격, 미군 직접 사상자 부재와 같은 요인들이 크게 작용하였을 보여준다.

(8) 억제 및 위기관리에서 경보 체계의 역할

데프콘, 워치콘, 진돗개와 같은 다양한 경보 장치는 한미동맹에 억제 및 대응을 위한 유연한 도구로 작용한다. 데프콘이 궁극적인 전쟁 준비 태세를 나타내지만, 워치콘과 진돗개는 북한의 다양하고 빈번한 도발에 대해 보다 절제된 대응을 가능케 한다.

수많은 도발에도 불구하고 데프콘 4단계를 기준선으로 유지하고, 워치콘 수준을 선택적으로 사용하는 것은 최악의 시나리오에 대한 준비를 보장하면서 확전을 방지하려는 억제 및 위기관리 전략의 일환이다. 이는 미국이 데프콘 3단계로 격상하기 위해 명확하고도 높은 기준을 확립했음을 보여준다.

3. 역대 정부의 대북 정책과 자위권

1. 대북 정책 변화

한국의 대북 정책은 국내외 환경과 남북 관계에 따라 지속적으로 변화해 왔다. 특히 1988년 이후, 냉전 종식이라는 국제 질서의 급격한 변화와 북한의 핵 개발이라는 새로운 안보 위협에 직면하면서, 역대 정부는 각기 다른 이념과 전략을 바탕으로 대북 접근법을 모색해 왔다.

대북 정책의 기조에 따라 자위권 행사의 기준도 변화했다. 북한의 대남 도발은 정전협정 체결 이후 현재까지 대한민국 모든 정부에 걸쳐 지속적으로 발생해왔다. 그러나 그 유형과 목적은 국제 정세, 남북 관계, 북한 내부 상황에 따라 변화하는 양상을 보여왔다.

대북 유화 정책에 초점을 둔 진보정권 시기에도 북한의 도발은 멈추지 않았다. 김대중·노무현 정부의 햇볕정책으로 남북 간 화해 협력 분위기가 조성된 시기에도, 북한의 도발은 근절되지 않았다. 제1, 2연평해전과 같이 서해 북방한계선(NLL)을 중심으로 한 국지적 군사 충돌이 발생했으며, 급기야 2006년에는 제1차 핵 실험을 감행하였다.

2010년대 김정은 집권 이후 북한은 핵·미사일 능력의 고도화를 최우선 목표로 삼고, 전례 없는 빈도와 강도로 핵 실험과 탄도미사일 시험 발사를 감행했다. 천안함 피격 사건, 연평도 포격 도발과 같은 고강도 군사도발을 통해 한반도 긴장을 극도로 끌어올리는 한편, 핵 무력 완성을 통해 미국과의 직접 대결 구도를 형성하고 국제사회의 제재에도 굴하지 않겠다는 의지를 과시했다.

〈역대 정권 대북 정책〉

정부	대북 정책 기조	자위권 관련 함의
김대중	햇볕정책 (포용, 교류 협력)	자위권 행사보다는 대화를 위해 위기관리와 확전 방지에 중점
노무현	평화번영정책 (햇볕정책 계승)	비핵화 협상 진전을 위해 군사적 긴장 완화 노력. 북핵 위협 현실화에 따른 자위권 및 억제력 강화 필요성 인식 시작
이명박	비핵·개방3000 (압박, 상호주의)	단호한 대응 강조. 연평도 포격 이후 교전규칙 강화 및 자위권 행사 의지 표명.
박근혜	한반도 신뢰프로세스 → 강경 압박 전환	북핵 위협 고도화에 대응한 3축 체계(킬체인 등) 개념 구체화 자위권 개념 확장(선제적 대응 포함)
문재인	한반도 평화프로세스 (대화, 협력)	남북관계 개선 및 군사적 긴장 완화 노력 3축 체계 용어 순화 (예: '전략적 타격체계'). 자위권 행사 시 확전 방지 및 위기관리 중요성 부각
윤석열	힘에 의한 평화 (억제, 동맹 강화, 원칙 대응)	3축 체계 등 자위권 기반 대응 능력 강화. 북한 도발 시 즉각적, 압도적 대응 원칙 천명

(1) 노태우

1988년 출범한 노태우 정부는 냉전 체제의 해체라는 시대적 전환기를 맞아 북방정책과 기존의 적대적 대북 인식에서 벗어나 북한을 민족공동체의 일원이자 대화와 협력의 파트너로 포용하려는 정책적 전환을 시도했다.

(2) 김영삼

김영삼 정부는 노태우 정부의 통일 정책을 계승하여 '민족공동체 통일방안'을 발표하고, 민족공동체 건설을 위한 3단계 통일론(화해·협력 단계 → 남북 연합 단계 → 통일국가 완성 단계)을 제시했다.

이 시기 남북 관계는 1994년 북한의 핵확산금지조약(NPT) 탈퇴 선언으로 촉발된 제1차 북핵 위기로 인해 심각한 도전에 직면했다. 미국과의 긴밀한 공조 하에 위기관리에 나섰으나, 북미 간 직접 협상으로 제네바 합의가 타결되는 과정에서 한국의 역할이 제한되는 '코리아 패싱' 논란을 겪기도 했다. 이 과정은 북핵 문제가 단순한 남북 관계를 넘어 국제적 차원의 문제이며, 해결을 위한 국제 공조, 특히 미국과의 협력이 필수적임을 명확히 보여주었다.

(3) 김대중

김대중 정부는 이전 정부들과는 확연히 다른 '햇볕정책'이라는 이름의 대북 포용 정책을 추진했다. 이는 북한에 대한 일방적인 흡수 통일이나 봉쇄가 아닌, 평화 공존과 교류 협력을 통해 북한의 점진적인 변화를 유도하고 한반도 긴장을 완화하는 것을 목표로 했다.

정책의 핵심은 경제, 사회, 문화 등 비정치적 분야에서의 협력을 우선 추진하여 상호 신뢰를 쌓고, 이를 바탕으로 정치, 군사 분야로 협력을 확대해 나가는 기능주의적 접근 방식이었다. 이러한 노력은 2000년 6월, 분단 이후 최초의 남북정상회담 개최와 6.15 남북공동선언 채택이라는 성과로 이어졌다. 그러나 햇볕정책은 북한의 '외투'를 벗기는 데 실패했다.

(4) 노무현

노무현 정부는 김대중 정부의 햇볕정책을 계승·발전시킨 '평화 번영 정책'을 추진했다. 이는 남북 관계를, 한반도를 넘어 동북아시아 전체의 평화와 번영이라는 더 큰 틀 속에서 접근하려는 시도였다. 노무현 정부는 2005년 9.19 공동성명, 2007년 2.13 합의 등 북핵 문제 해결을 위한 6자회담의 진전을 위해 노력했다. 2007년 10월 4일에는 제2차 남북정상회담을 개최하고 남북 관계 발전과 평화 번영을 위한 선언을 채택했다.
그러나 임기 중 2006년 북한의 제1차 핵 실험이 감행되고, 미국의 부시 행정부 출범 이후 강경해진 대북 정책 기조 속에서 북미 간 갈등이 재점화되면서, 평화 번영 정책 역시 추진 동력을 확보하는 데 어려움을 겪었다.

(5) 이명박

이명박 정부는 이전 10년간의 포용 정책 기조에서 벗어나 '상생·공영의 대북 정책'과 '비핵·개방·3000' 구상을 제시하며 상호주의를 원칙에 기반한 대북 접근을 강조했다.
'비핵·개방·3000'은 북한이 핵을 완전히 폐기하고 개방의 길로 나설 경우, 10년 이내에 북한 주민의 1인당 소득을 3,000달러 수준으로 높일 수 있도록 국제사회와 협력하여 지원하겠다는 구상이었다. 이는 북한의 비핵화를 남북 관계 진전 및 경제 지원의 명확한 선결 조건으로 설정한 것으로, 포용 정책의 기능주의적 접근과는 달리 북핵 문제 해결을 최우선 과제로 삼고 다른 모든 남북 관계를 이에 연계시키는 통합적 접근 방식이었다.

그러나 북한이 비핵화 조처를 하지 않으면서 '비핵·개방·3000'은 실질적인 정책으로 이어지지 못했고, 천안함 피격 사건(2010년)과 연평도 포격 도발(2010년) 이후 남북 관계는 급격히 경색되었다.

(6) 박근혜

박근혜 정부는 이명박 정부 시기의 남북 관계 경색 국면을 타개하고 새로운 관계 설정을 모색하기 위해 '한반도 신뢰 프로세스'를 대북 정책 기조로 제시했다. 이는 '튼튼한 안보'를 바탕으로 남북 간 인도적 문제 해결, 교류 협력 등을 통해 작은 신뢰를 쌓아나가고, 이를 기반으로 남북 관계 발전, 한반도 평화 정착, 통일 기반 구축을 단계적으로 추진하겠다는 구상이었다.

초기에는 이산가족 상봉 재개 등 일부 성과도 있었으나, 북한의 지속적인 핵·미사일 도발, 특히 2016년 1월 제4차 핵 실험과 장거리 미사일 발사는 신뢰 프로세스의 동력을 완전히 상실시켰다. 이에 박근혜 정부는 개성공단 전면 중단이라는 초강경 조치를 단행하여 대북 압박 수위를 높였다.

(7) 문재인

문재인 정부는 이전 보수 정부의 대북 압박 기조에서 벗어나 다시 대화와 협력을 통한 문제 해결을 추구하는 '한반도 평화 프로세스'를 추진했다. 남북 관계 개선을 통해 북핵 문제 해결의 선순환 구조를 만들겠다는 구상하에, 2018년 평창 동계올림픽을 계기로 남북 대화의 물꼬를 텄다. 같은 해 세 차례의 남북정상회담(판문점, 평양)이 개최되었고, 2018년 4월 27일 '판문점 선언'과 '9.19 군사합의' 등이 채택되었다.

9.19 군사합의는 한국군의 감시정찰 능력과 군사 대비 태세를 실질적으로 약화해 안보 공백에 대한 심각한 우려를 낳았다. 이는 합의 준수가 오히려 한국의 안보를 위협한다는 역설적인 상황을 초래했고, 결국 합의 파기 압력으로 작용했다. 문재인 정부는 싱가포르와 하노이에서 열린 북미 정상회담을 적극 중재하며 한반도 비핵화와 평화 체제 구축을 위한 외교적 노력을 기울였다.

그러나 2019년 2월 하노이 북미 정상회담이 합의 없이 결렬되면서 한반도 평화 프로세스는 심각한 교착상태에 빠졌다. 북한은 남측의 중재 역할에 불만을 표하며 대남 비난 수위를 높였고, 2020년 6월에는 개성 남북공동연락사무소를 폭파하는 등 남북 관계는 다시 악화 일로를 걸었다. 국제사회의 강력한 대북 제재가 유지되고 코로나19 팬데믹으로 인한 국경 봉쇄까지 겹치면서, 문재인 정부가 추진하려 했던 남북 교류 협력 사업들은 대부분 실현되지 못했다.

문재인 정부는 '희망적 사고'에 의존하여 대북 정책을 전개하였다. 문재인은 북한과의 대화와 종전 선언에 매달렸다. 북한의 '전략적 결단'에 의존하고 평양의 호의를 기대한 정책은 결국 북한의 핵 능력 고도화와 함께 남북한 관계의 주도권을 빼앗기고 북한에 끌려가는 구도를 낳았다.

남북 대화와 화해 협력에 집착한 문재인 정부의 북한 도발 및 우리 국격 훼손에 대한 미온적인 대응은 결국 우리 정체성과 이익에 대한 희생으로 나타났다. 2019년 11월 동료들을 살해한 혐의를 받는 탈북 선원 2명에 대한 강제송환은 그 대표적 사례 중 하나이다. 2020년 6월 우리가 건설비용을 부담한 개성의 남북 공동연락사무소가 북한의 일방적인 폭파에도 이에 대한 북한의 책임을 묻지 못했다. 2020년 9월 서해상에서 해양수산부 공무원이 피살된 사건에 대해서도 진상규명을 요구하지도 않았다. 대북 전단 살포 금지를 규정한 2020년 12월의 '남북관계발전법' 개정 역시 표현의 자유 제한에 대한 논란에도 불구하고, 북한의 대북 전단 관련 반발을 고려하여 일방적으로 처리하였다.[59]

2. 포용과 압박 정책의 주기적 왕복

역대 정부 대북 정책의 변화 과정을 살펴보면 몇 가지 중요한 함의를 도출할 수 있다. 첫째, 한국의 대북 정책은 국내 정치 지형의 변화에 따라 '포용'과 '압박'이라는 두 가지 상반된 기조 사이를 주기적으로 왕복하는 경향을 뚜렷하게 보여준다. 김대중-노무현 정부의 포용 정책, 이명박-박근혜 정부의 압박 정책, 문재인 정부의 평화 프로세스, 그리고 윤석열 정부의 원칙 기반 접근으로 이어지는 흐름은 정권의 이념적 성향이 대북 정책 방향 설정에 결정적인 영향을 미침을 보여준다.

진보정권은 남북 간 대화와 협력을 통해 점진적인 변화와 신뢰 구축을 우선시하는 경향이 있지만, 보수 정권은 북한의 비핵화를 선결 조건으로 내세우며 원칙과 압박을 통한 태도 변화를 강조하는 경향을 보인다.

---

59) 차두현, "윤석열 정부의 대북 정책 제언", 아산정책연구원, 이슈브리프, 2022-17

이러한 정책의 주기성은 대북 정책의 일관성과 예측 가능성을 저해하는 요인으로 작용할 수 있으며, 북한에게는 남한의 정책 변화를 활용하여 협상 국면을 유리하게 이끌거나 시간을 벌려는 전략적 여지를 제공할 수도 있다. 따라서 장기적이고 지속 가능한 대북 전략을 수립하고 추진하기 위해서는 이념적 대립을 넘어선 국내적 합의 형성과 초당적인 접근이 필수적이다.

둘째, 한국의 대북 정책은 독자적인 노력만으로는 성공을 담보하기 어려우며, 북미 관계, 미·중 관계 등 주변 강대국과의 관계 및 국제제재 환경이라는 외부 변수에 의해 크게 영향을 받는 종속적인 특성을 보인다.

김대중 정부 햇볕정책의 초기 성공 배경에는 당시 개선되었던 북미 관계가 있었고, 부시 행정부 출범 이후 북미 갈등이 심화하자 정책 추진에 어려움을 겪었던 사례가 이를 방증한다. 이명박-박근혜 정부의 압박 정책 역시 국제사회의 대북 제재 강화 흐름과 맥을 같이하며 추진되었다. 문재인 정부의 평화 프로세스는 북미 협상 중재에 큰 노력을 기울였으나, 하노이 회담 결렬 이후 급격히 동력을 상실했다.

이는 한국이 한반도 문제의 당사자임에도 불구하고, 독자적으로 남북 관계를 주도하거나 북한의 전략적 선택을 변화시키는 데에는 명백한 한계가 있음을 보여준다. 미국의 대북 정책 기조 변화, 중국의 전략적 역할, 유엔 안보리를 중심으로 한 국제제재의 강도 등이 한국 대북 정책의 성패를 좌우하는 결정적인 외부 요인으로 작용한다.

따라서 한국의 대북 정책은 주변국과의 긴밀한 협의와 조율을 바탕으로 국제 공조를 확보할 때 그 효과를 극대화할 수 있으며, 동시에 국제적 제약 속에서도 독자적인 정책 공간을 확보하고 주도성을 발휘하기 위한 창의적이고 능동적인 외교적 노력이 요구된다.

3. 대북 정책과 자위권의 관계

(1) 햇볕정책과 자위권

햇볕정책은 기본적으로 남북 간의 군사적 대결 구도를 완화하고 평화적 공존의 기반을 마련함으로써 자위권 행사의 필요성 자체를 줄이려는 목표를 가지고 있다. 대화 채널 구축, 교류 협력 증진, 정상회담 개최 등은 실제로 일정 수준의 긴장 완화와 관계 개선 효과를 가져왔으며, 이는 안보에 긍정적인 기여를 한 측면으로 평가될 수 있다.

그러나 햇볕정책의 포용적 기조는 자위권의 행사 방식과 인식에 직접적인 영향을 미쳤다. 특히 북한의 도발에 직면했을 때, 대화 분위기 유지와 확전 방지라는 정치적 고려는 초기 교전규칙을 소극적으로 만들고 군의 즉각적이고 효과적인 대응을 제약하는 요인으로 작용했다.

또한 '주적 개념' 삭제와 같은 상징적 조치는 국내외적으로 안보 태세 약화에 대한 우려를 낳기도 했다. 한미동맹 관계에서도 정책적 이견이 발생하며 공조 체제에 부담을 주기도 했다.

반대로, 자위권 확보라는 안보적 현실은 햇볕정책의 추진 과정과 성과에 지속적인 제약을 가했다. 북한의 핵 개발과 제1, 2연평해전과 같은 군사적 도발은 햇볕정책의 근본적인 전제, 즉 포용을 통해 북한의 변화를 유도하고 평화를 정착시킬 수 있다는 믿음을 지속해서 시험했다. 이러한 도발들은 햇볕정책에 대한 국내 비판 여론을 격화시키는 주요 원인이 되었으며, 결국 교전규칙 개정과 같은 정책 수정으로 이어졌다. 이는 포용 정책을 추진하더라도 자위권 확보와 단호한 대응 의지가 뒷받침되지 않으면 그 효과가 제한적일 수밖에 없음을 보여준다.

<역대 정부의 주적 개념>

대통령	주적 개념
김영삼 (1993-1998)	1995년 국방 백서 '북한군은 주적' 처음 사용(1994년 북한 박영수 '서울 불바다' 발언 대응)
김대중 (1998-2003)	'북한군은 주적' 개념 미언급 (1998-2002 국방정책 보고서)
노무현 (2003-2008)	(북한군은 주적 표현 삭제) 직접적 군사 위협 심각한 위협으로 대체 (2004년 국방백서) 현존하는 북한의 군사적 위협 (2006년 국방백서)
이명박 (2008-2013)	북한의 직접적이고 심각한 위협 (2008년 국방백서)
박근혜 (2013-2017. 3.10)	북한 정권과 북한군은 우리의 적 (2010~2016년 국방백서)
문재인 (2017. 5.10-2022. 5.9)	('북한은 우리의 적' 삭제) 대한민국의 주권, 국토, 국민, 재산을 위협하고 침해하는 세력을 적으로 간주(2018년 국방백서)
윤석열 (2022. 5.10-2025. 4.4)	북한 정권과 북한군은 우리의 적 (2022년 국방백서)

햇볕정책 시기 이후 한국의 자위권은 북한의 군사력 건설 방향에 대응하여 더 적극적이고 공세적으로 변화해 왔다. 이는 북한의 핵·미사일 능력 고도화라는 실질적인 위협 증가와 2010년 천안함·연평도 사건과 같은 충격적인 경험에 대한 반응이다. 선제적 자위권 개념과 연계된 킬체인(kill chain) 전략의 발전은 이러한 변화를 상징적으로 보여준다.

순수한 포용 정책만으로는 북한의 위협을 효과적으로 관리하기 어려웠으며, 동시에 순수한 압박과 억지만으로는 평화적 관계 개선과 근본적인 문제 해결을 기대하기 어렵다는 교훈을 남겼다. 북한의 행동이 남한의 정책 변화에 크게 좌우되지 않는 경향을 보인다는 점은, 남한이 독자적으로 또는 한미동맹 차원에서 취할 수 있는 정책의 효과에 구조적인 한계가 있음을 시사한다.

포용 정책은 평화 관리와 변화 유도라는 잠재력을 지니지만, 북한의 위협을 증대시키거나 안보 태세를 약화할 수 있다는 위험 부담을 안고 있다. 반대로 강경정책은 억제력 강화에 기여할 수 있으나, 긴장을 고조시키고 외교적 해결 가능성을 차단할 위험이 있다. 역사적으로 어느 한 가지 접근법만이 일관되게 성공을 거두었다고 보기 어려우며, 북한의 핵 보유는 이러한 딜레마를 더욱 심화시켰다. 또한, 미국, 중국 등 주변 강대국들의 역할과 국제 정세 변화가 한반도 대북 정책에 결정적인 영향을 미쳤다.

따라서 향후 대한민국의 대북 정책 및 안보 전략은 햇볕정책 시대의 경험과 교훈을 바탕으로 '억지'를 기본으로 '포용'과 최적 균형점을 끊임없이 모색해야 한다. 이는 북한의 위협 변화에 대한 정확한 평가, 굳건한 한미동맹 기반 위에서의 효과적인 억제력 유지 및 발전, 필요시 단호하게 자위권을 행사할 수 있는 능력과 의지 확보, 그리고 장기적인 평화 구축을 위한 대화와 협력 노력의 지속이라는 다양한 과제를 포괄한다.

(2) 9.19 군사합의와 대비 태세

9.19 군사합의는 한국의 대비 태세를 약화한 최악의 자충수였다. 군사 대결 밀도가 세계 최고인 한국의 군사적 긴장을 완화하기 위하여 남북한 군사적 신뢰 구축과 긴장 완화 노력은 필요하다. 그러나 9.19 군사합의는 북한에 일방적인 양보라는 점에서 문제가 심각하다.

9.19 군사합의(국방부)

가) 정보, 감시, 정찰(ISR) 능력 및 군사 대비 태세 약화

비행금지구역 설정으로 인해 한국군의 ISR[60] 능력이 심각하게 제한되었다. 합의에 따라 군사분계선 인근 상공에 설정된 10~40km 폭의 비행금지구역은 한국군과 주한 미군이 보유한 우월한 공중 감시정찰 자산의 운용을 제약했다. 특히 북한의 장사정포 진지나 전방부대 이동

---

60) ISR은 정보(Intelligence), 감시(Surveillance), 정찰(Reconnaissance)의 약자로, 군사, 안보 및 위기 대응 작전에서 의사 결정을 지원하기 위해 정보를 수집, 분석 및 공유하는 체계적인 과정이다. 그 주된 목적은 전장에서 전투원과 지휘관이 최상의 결정을 내리는 데 필요한 상황 인식을 제공하는 것이다.

등 군사적 위협 징후를 사전에 탐지하고 평가하는 데 필수적인 전술적 수준의 공중 정찰 활동이 크게 위축되었다.

또한, 지상 및 해상 완충 구역 내에서의 포병 사격훈련 및 연대급 이상 야외 기동훈련 금지 조항은 한국군의 실전적 훈련 기회를 박탈하여 전투 준비 태세를 약화했다. 특히 북한의 견고한 지하 시설 등을 타격하기 위한 정밀 타격 훈련이나 서북 도서 방어를 위한 해상 사격훈련 등이 제한되면서 유사시 대응 능력이 저하되었다.

9.19 군사합의 체결 이후, 서북 도서에 주둔하는 해병대 제6여단과 연평부대는 합의문에 명시된 지상 및 해상 완충 구역 내에서의 포병 실사격 훈련을 더 이상 실시할 수 없게 되었다. 이에 따라 해당 부대들은 K-9 자주포, 천무 다연장 로켓, 스파이크 미사일, 전차 등 주요 화력 장비의 실사격 훈련을 위해 병력과 장비를 육상 훈련장으로 이동시키는 '순환훈련' 방식을 도입하여 시행했다.

이러한 육지 이동 훈련은 단순한 장소 변경을 넘어 상당한 군수 지원 능력과 계획을 요구하는 작전이었다. 특히 K-9 자주포(중량 47t)와 같은 중장비의 해상 및 육상 수송은 시간 소요가 크고, 이동 중에 발생할 수 있는 사고나 보안 문제 등 잠재적 위험 요소를 내포하였다.

또한, 훈련 기간 동안 주둔 부대의 부재로 인한 일시적인 방어 태세 약화를 방지하기 위해 대체 전력을 투입해야 한다는 점은, 이 훈련 방식이 재정적 비용 외에도 작전적 부담과 잠재적 취약점을 수반했다.

서북 도서 해병부대의 포사격 훈련 방식이 변경되면서 연간 20억 원 이상, 총 100억 원가량의 추가적인 국방 예산이 소요되었다.[61]

---

61) 조선일보, 2022-9-19

나) 상호주의 위배

9.19 군사합의는 한국에 일방적으로 불리한 '비대칭적 합의'였다. 한국의 ISR 능력, 공군력 우위 등 실질적인 군사적 이점이 제약받는 동안, 북한은 이미 우위를 점하고 있는 지상군 전력(특히 장사정포)이나 비대칭 위협(핵·미사일)에 대해서는 별다른 제약을 받지 않았다. 특히 비행금지구역 설정은 1992년 남북기본합의서 체결 당시부터 북한이 지속적으로 요구해 온 사안으로, 이를 수용한 것은 한국의 핵심적인 공중 우세를 양보한 것이었다.

서해 평화수역 설정 역시 NLL의 지위를 약화하거나 사실상 북한의 NLL 거부 입장을 수용한 것이었다. 북한은 NLL을 공식적으로 인정한 적이 없으며 지속적으로 무력화를 시도해 왔는데, 완충 수역 설정이 이러한 북한의 입장에 힘을 실어주는 결과를 초래했다.

더 나아가 합의 과정에서 군비 통제의 기본 원칙인 투명성, 상호주의, 등가성 등이 제대로 지켜지지 않았다. 특히 검증할 수 있는 조치보다는 상호 신뢰에 의존하는 경향이 강했고, 군비통제 역사상 유례를 찾기 힘든 '정찰 활동 금지 조항' 등은 오히려 불확실성을 높이고 안보 불안을 초래했다. 북한의 과거 합의 위반 전력을 고려할 때, 검증 체계가 미흡한 상태에서 한국만 일방적으로 합의를 준수하게 되었다.

감시초소[62](GP, Guard Post)의 수는 우리보다 북한이 훨씬 많은데도 폐기 GP 수를 남북 양측 같게 합의한 것도 심각한 문제였다. 그마저도 북한 GP의 불능화는 전혀 이뤄지지 않았다. 사실상 북측은 160개이고 우리는 60여 개인데, 상호 11개씩을 없애기로 합의해 결과적으로는 우리가

---

[62] 비무장지대 내부에 존재하는 남/북의 최전방 감시초소이다. 일반적인 감시초소가 아니라 직경 50~200mm 정도로 두껍게 지어진 철근 콘크리트 방벽 건물로 사실상 요새나 다름없다. 벙커를 포함하며 약 4~50명가량이 상주한다. 여기엔 육군의 각 보병 병력 중 정예 병력인 수색 중대가 교대로 투입된다. 소초장은 소초에 투입된 수색 소대장이 겸직한다.

훨씬 더 큰 손해를 본 것이다. 이에 더해 지역 단위로 GP를 없애기로 했지만, 북한은 지상 시설만 폭파하고 지하 시설은 그대로 보존했다.

북측은 우리 군 검증단의 접근도 이런저런 사유를 들어 틀어막았다. 우리는 11곳의 GP를 폭파했지만, 북한은 지하 시설이 온전해 지난해 11월 군사합의 전면 파기 선언 후 단기간에 복구할 수 있었다. 이는 전쟁 초기 방어작전을 수행하는 국군에는 치명적이며, GP의 군사적 중요성이 정치적 목적을 위해 희생되었다.

당시 군은 폭파 대상 북한 GP 지하 시설에 접근조차 못 한 군 검증단 팀장들에게 '북한 GP 불능화 달성'이란 거짓 결론을 담은 보고서에 서명하도록 강요하고 DMZ를 관할하는 유엔군 사령부에 '경계 작전상 제한이 없다'는 거짓 보고를 했다.[63]

GP 폭파(국방부)

결정적으로, 북한의 비핵화에 대한 실질적인 진전이 없는 상황에서 한국이 먼저 재래식 군사 분야에서 스스로 능력을 제약하는 것은 국가 안보를 저해하는 행위였다.

---

63) 문화일보, 2025-4-25

다) 한미 연합 방위 태세에 악영향

9.19 군사합의는 한미 연합 방위 태세에도 부정적인 영향을 미쳤다. 한국군의 단독 훈련 제약은 자연스럽게 한미 연합훈련의 기회와 범위에도 영향을 미쳐, 양국 군의 상호운용성 및 연합 작전 수행 능력 저하로 이어졌다. 또한, 한국군의 ISR 자산 운용 제한은 한미가 공유하는 대북 정보 자산의 공백을 초래하여 연합 정보 분석 및 상황 판단 능력에 영향을 주었다.

로버트 에이브럼스 전 한미 연합군사령관은 9.19 군사합의의 비대칭성과 한국군 대비 태세 약화 가능성에 대해 우려를 표명하였다.[64] 비록 미국 측은 합의 체결 전 한국과 사전 협의를 진행했고, 다른 전략자산을 통해 ISR 공백을 메울 수 있다고 언급하기도 했지만, 합의로 인한 전술적 제약과 연합 방위 태세에 대한 우려는 한미 양측에서 꾸준히 제기되었다.

라) 종합

우리의 외교·안보 정책의 문제점은 대북 정책의 혼선이다. 한국의 과거 우리 외교·안보 정책이 혼선과 파행을 거듭해 온 데에는 잘못된 대북 정책에서 비롯된 바 크다. 실제로 국익과 안보를 희생한 채 남북 관계에만 몰두했던 정권들이 얻어낸 건 무의미한 합의문 몇 장뿐이었다.

미국의 대표적 지한파 브루스 클링너 헤리티지재단 선임연구원은, 한국 진보 정부에게 "북한과의 협상 테이블에 앉기도 전에 너무 많이 양보하지 말고, 상대가 칼을 내려놓지도 않았는데 방패를 거두지 말라"고 충고한 바 있다.[65]

---

64) 동아일보, 2020-7-2
65) 조선일보, 2025-7-2

북한의 눈치 보기와 퍼주기로 환심을 사서 피상적으로 남북 관계를 진전시키려는 정책으로는 비핵화도 평화도 이룰 수 없고 평화통일도 불가능하다. 가장 큰 원인은 일부 집권 세력의 안이한 인식 때문이다. 북한의 위협을 과소평가하며 적화통일이라는 북한의 대남전략이 근본적으로 변한 적이 없다는 사실을 간과한다.

북한을 대상으로 "아무리 나쁜 평화라도 전쟁보다는 낫다"라는 사고는 위험하다. 이는 곧 북한의 핵미사일 도발에 굴복하여 평화적으로 적화 통일되는 것이 전쟁보다 낫다는 주장과 크게 다르지 않다.[66] '전쟁이냐, 평화냐'라는 질문은 잘못된 것이다. '굴종이냐 번영이냐'가 옳은 질문이다.[67]

4. 국정원 대공 수사권 문제

무력을 사용한 북한의 군사 침략은 한국의 군사 대비와 한미동맹으로 억지한다. 간첩과 국가전복 세력의 간접 침략에 대해서는 국가정보원의 대공 수사권이 억지의 핵심 기능이다. 그 때문에 국정원의 대공 수사권은 강력한 군사대비태세와 함께 대북 억지 전략 패키지의 일환으로서 전략적 의미를 지니고 있다. 그런데 문재인 정부의 국정원 대공 수사권 폐지는 그동안 한국을 성공적으로 지켜온 억지 전략을 뿌리째 흔들고 약화시켰다.[68]

---

66) 김충남, 『대통령의 안보 리더십』 플래닛미디어(2022), 327-328쪽
67) 박은식, 『당신을 설득하고 싶습니다』 기파랑(2024), 24-25쪽
68) 이병호, 『좌파 정권은 왜 국정원을 무력화시켰을까』 기파랑(2024), 272-275쪽

(1) 간첩의 위력

1998년 전 미 국방성 장관 캐스퍼 와인버거는 그의 저서 '더 넥스트 워(The Next War)'에서 "만약 대한민국이 멸망한다면 간첩과 주사파의 공작에 의한 내전에 의해서 일 것이다"라고 전망했다.

황장엽 전 북한노동당 비서는 1997년 한국 망명 당시 "남한 내에 고정간첩 5만 명이 암약하고 있으며, 권력 핵심부에도 침투해 있다. 우연히 김정일 집무실 책상 위에 놓인 서류를 보았더니 그날 아침 여권 핵심 기관의 회의 내용과 발언 내용이 상세히 기록돼 있었다."라고 밝혔었다.[69] 그만큼 우리 사회에 간첩이 많이 퍼져 있다는 증거다.

북한은 과거 남한의 민주화 운동 세력을 보조적 역량으로만 인식했지만, 민주화 투쟁 이후 이를 더욱 조직화해 혁명을 주도할 수 있는 확고한 대남 혁명 역량으로 만들어야겠다고 인식하게 되었다.[70]

간첩은 한 국가를 멸망시킨다. 장개석(蔣介石) 국민당군 최고 지휘관인 후쭝란(胡宗南)의 부관 슝샹후이(熊向暉)는 중국 공산군의 간첩이었다. 국민당군 기밀 정보도 다음 날이면 모택동 책상 위에 오를 정도였다. 훗날 타이완으로 쫓겨난 장개석은 "나는 군사에서 패배한 것이 아니라 정보에서 졌다"라며 한탄하였다.[71]

(2) 간첩죄 개정 요원하다

"적국을 위하여 간첩행위를 하거나 적국의 간첩을 방조, 기밀 누설한

---

69) 뉴데일리, 2010-12-12
70) 박수유, 『남한의 민주화에 대한 북한의 대남 인식과 전략: 1980년~1990년대를 중심으로』 박사학위논문 (2022), 북한대학원대학교, 210쪽
71) 고영주, 장영관, 『대통령이 된 간첩』 북저암(2024), 615쪽

자는 사형, 무기 또는 7년 이상의 징역에 처한다." 형법 제98조가 정하는 '간첩죄'이다. 여기서 적국은 북한이다. 그럼, 중국을 위해 간첩행위를 한 자를 간첩죄로 처벌할 수 있나?

2024년 국군정보사 기밀누설 사건에서 정보사 군무원은 1억 6,000만 원을 받고 중국 요원에게 군사 기밀을 유출했지만, 간첩죄로는 처벌하지 못했다. 중국 요원에 기밀을 전달한 정보사 군무원은 군형법상 일반이적죄, 특정범죄가중처벌법의 뇌물죄, 군사기밀 보호법 위반으로 징역 20년, 벌금 12억 원, 추징금 1억 6,205만 원이 선고됐다. 간첩죄는 적용되지 않았다. 첨단 반도체 기술 산업스파이, 군사 기지 촬영을 중국 등 '외국'에 넘겨도 간첩죄는 적용되지 않는다. 2024년 1월 미국에서 드론으로 군사시설 촬영으로 체포된 중국 유학생은 징역 6개월과 보호관찰 1년을 선고받고 징역형을 살고 추방됐다.

2024년 11월 국회 법제사법위원회 법안심사소위에서 형법 일부 개정 법률안이 의결됐다. 그러나 간첩 처벌 범위를 '북한'에서 '외국'으로 넓히자는 형법 개정안은 아직도 계류 중이다. 더불어민주당은 '국정원 권한 남용으로 간첩 혐의자를 양산하고 민간 사찰 등 인권 침해가 우려된다'라는 시민단체의 주장에 호응하여 움직이지 않았다. 국정원 대공 수사권이 이미 경찰로 이관되어 수사권이 없는 국정원을 내세워 재야 시민단체의 주장에 동조하는 것은 어불성설이다.

(3) 국정원 대공 수사권 폐지

국정원의 대공 수사권은 단순히 간첩 잡는 기능만을 의미하지는 않는다. 간첩 침투는 나라에 대한 안보 위협의 한 축인 간접 침략의 일환이다. 문재인 정부의 '큰 업적' 중 하나인 국정원 대공 수사권을 폐지하는 개정 국정원법은 2024년 1월 1일부터 시행되었다.

2020년 12월 13일 국회 본회의에서 당시 더불어민주당 주도로 국가정보원법 전부 개정안이 재석 187, 찬성 187로 통과됐다. 1961년 6월 10일 중앙정보부 출범 이래 63년간 이어온 국정원의 간첩 수사권이 폐지됐다. 국정원의 간첩 수사권이 폐지되면서 대한민국의 간첩 수사 역량은 반토막 났다. 북한이 지난 70년 내내 국가보안법 폐지, 국정원 해체를 주장해 왔는데 문재인 정부는 북한의 소원을 스스로 실행해 북한에 헌납하였다.[72]

2011년부터 2017년까지 6년간 적발된 간첩 사건은 26건이다. 그러나 문재인의 집권 5년간은 단 3건이다. 이 3건도 이전 정부에서 혐의가 인지되고 많은 증거가 쌓여 더 이상 뭉갤 수 없던 것이고 문재인 정부에서 새로 수사를 착수한 것은 없었다.[73]

2024년 11월 6일 법원은 석모 전 민노총 조직쟁의국장을 비롯한 전 민노총 간부들의 간첩행위에 석 씨에게 징역 15년과 자격정지 15년을 선고하였다. 석 씨는 2018년 10월부터 2022년 12월까지 총 102회에 걸쳐 북한의 지령문을 받거나, 북한에 보고문을 보내는 등 간첩 활동을 한 혐의를 받는다. 2017년 9월과 2018년 9월엔 중국과 캄보디아 등 해외에서 직접 북한 공작원을 접선한 것으로도 조사됐다. 캄보디아 접선 장면도 국가정보원에 촬영되었다.

판결문에 따르면, 석 씨는 민노총 내부에 비밀조직을 만들었고 '지사장'으로 불렸다. 김 씨는 '강원 지사장', 양 씨는 '2팀장'으로 각각 불렸다. 북한 공작원과는 일종의 은어를 주고받았는데 김정은은 '총회장님', 북한 문화교류국은 '본사', 자신들이 만든 비밀조직은 '지사', 민노총은 '영업1부'라고 했다. 민노총 홈페이지 게시판과 유튜브 동영상 댓글도

---

72) 이병호, 273-274쪽
73) 고영주, 장영관, 594쪽

대북 연락 수단으로 활용한 것으로 조사됐다.

북한은 2018~2022년 민노총 총파업, 2022년 대선, 미국 바이든 대통령 방한, 한미 연합훈련, 이태원 핼러윈 참사 등을 전후해 석 씨에게 '정치투쟁으로 승화', '반미·반일 투쟁 분위기 고조', '반(反)보수 감정 확산', '윤석열 퇴진' 등 활동 방향을 담은 지령을 내린 것으로 조사됐다. 재판부는 이런 사실을 인정하며 "지령문과 보고문의 내용들은 모두 단 하나의 목표인 '대한민국 자유민주주의 체제의 전복'으로 귀결됐다"라고 했다.[74]

당초 민변, 참여연대, 한국진보연대 등으로 구성된 '국정원 감시 네트워크'는 정부의 국정원 대공 수사권 이관의 이유로 인권 보호를 내세웠다. 그러나 북한의 대남 공작 강화 및 종북세력 확산으로 우리나라는 복합적 안보 위기에 직면해 있어 대공 수사 체제 약화는 안보 해체로 직결될 가능성이 크다.

(4) 명분과 실리, 무엇이 우선인가?

국정원 대공 수사권의 경찰 이관은 국정원의 과거 권한 남용 문제를 해결하고 민주적 통제를 강화하려는 명분으로 추진되었으나, 국가 안보 및 대공 수사 역량 측면에서 상당한 우려와 취약점을 노출하고 있다.

개혁의 핵심 목표였던 국정원의 정치적 중립성 확보 및 인권 침해 가능성 차단이라는 긍정적 측면에도 불구하고, 대공 수사라는 고도의 전문성이 요구되는 기능을 이관받은 경찰의 준비 부족 문제가 심각하게 제기되고 있다. 경찰 자체 평가 결과와 이관 직후 초기 8개월간의 단독 간첩 검거 실적 부재 등은 이러한 우려를 뒷받침한다. 특히, 수십 년간

---

74) 조선일보, 2024-11-12

축적된 국정원의 전문성, 해외 정보망, 인적 네트워크 등을 경찰이 단기간 내에 대체하기는 현실적으로 어렵다.

또한, 국정원과 경찰 간의 유기적인 협력 체계 구축 역시 중요한 과제로 남아있다. 정보 공유의 병목 현상, 기관 간 불신, 보안 문제 등은 효과적인 대공 수사를 저해할 수 있는 잠재적 위험 요소이다. 결과적으로, 현재까지의 상황을 종합해 볼 때, 대공 수사권 이관은 의도했던 민주적 개혁 효과와 별개로, 단기적으로는 '안보 공백' 우려를 현실화하며 대한민국의 대공 수사 역량에 부정적인 영향을 미치고 있다. 경찰의 노력에도 불구하고, 시스템 전환에 따른 구조적 문제와 전문성 격차를 극복하기 역부족이다.

4. 한국군의 교전규칙과 자위권

1. 교전규칙과 자위권의 관계

　연평도 포격 도발 시 한국군은 제대로 자위권을 행사하지 못했다. 결국 국방부 장관이 경질되었다. 정전 시 교전규칙에 지나치게 얽매여 사상 초유의 영토 포격에 자위권을 제대로 행사하지 못해 국민의 비난을 받았다.
　자위권은 국제법상 국가 자신을 방어하기 위한 고유한 권리이고, 교전규칙은 군사 작전 임무 수행을 위한 지침이기에 양자는 서로 다른 개념이다.[75] 통상적으로 교전규칙에는 자위권 행사에 지장을 주지 않는다는 문구를 포함한다.
　정전 시 교전규칙은 한국 작전지역 내 모든 우군에 적용된다. 정전 시 교전규칙에서 무력 사용은 '적성 선포'된 외국의 함정, 비행기, 인원에 대한 경우와 '자위권' 행사를 위해 필요한 경우 두 가지로 제한된다. 적성 선포 권한자가 어떠한 위협 세력에 대하여 적성을 선포하면 예하 부대

---

[75]　기윤서, 『한반도 교전규칙』 한국학술정보(2013), 30쪽

는 적국의 적대행위, 적대 의도를 확인할 필요 없이 곧바로 교전할 수 있다. 한국의 적성선포 사례는 1986년 포항함(PCC-756)의 북한 공작선 격침 사건을 들 수 있다. 1986년 4월 24일, 동해 NLL 남방 5마일, 거진 동방 30마일 해역해서 정선 명령을 무시한 북한 공작선에 대하여 포항함장은 적성 선포를 하였다. 공작선이 북으로 도주 중 우리 군함에 대하여 선제사격을 가하자, 포항함은 대응 사격으로 이를 격침시켰다.[76]

연평도 포격 사건의 경우 적성 선포가 없었고, 대한민국의 영토가 침략당해 인명이 살상되고 재산이 파괴되었으므로 자위권을 행사할 수 있다. 자위권 행사를 위해 정전 유지와 전력 제공이 주-임무인 유엔사/연합사의 승인이 필요한 것은 아니다. 앞에서 언급하였듯이 자위권은 국제법이 인정하고 있는 국가 고유의 권리이기 때문이다.

적의 도발이 우발적이라면 교전규칙에 따를 필요가 있다. 남북 간 발생한 우발적 사건을 방치하게 되면 확전으로 이어질 수 있어서 유엔군사령관으로서는 교전규칙으로 이를 관리할 필요가 있는 것이다. 그러나 그 도발이 계획적이라면 자위권 행사의 대상이 된다. "적이 도발했을 경우, 자위권을 행사할 때는 모든 가용 수단과 방법으로 대응할 수 있도록 지휘관의 고유 권한과 의무를 제한하지 않는다"라는 유엔사/연합사 정전 시 교전규칙에 따라서 적의 도발을 분쇄할 수 있도록 즉각적이고 단호한 자위권을 행사하면 된다.

그런데 연평도 포격 도발 시 우리 군은 교전규칙을 잘못 이해하여 단호한 대응에 실패하였다.[77] 6·25 전쟁 이후 북한의 대남 도발은 모두 사전에 계획된 도발이었다.[78] 따라서 북한의 모든 도발은 자위권의 대상이다.

---

76) 윤 연, 『바다, 해군 그리고 나』 애경(2022), 177-184쪽
77) 오병흥, 『나비와 천안함』 지성의 샘(2016), 65-66쪽
78) "남북 간 '우발적 충돌'이란 없다." 동아일보, 2024-8-26

미군에 대한 과도한 의존성으로 습관적으로 연평도 포격 도발에도 교전규칙에 얽매어 자위권을 행사하지 못한 측면도 상당하다. 미군과 달리 한국군은 실전에 있어서 전쟁 기획의 경험이 적다. 특히 전구 작전의 경험 부족으로 대간첩작전과 국지도발에 단편적으로 대응하는 데 그쳐왔다. 이로 말미암아 위기관리가 제한되어 자위권을 행사할 수 있는 기회를 경험하지 못한 것도 한몫했다.

2. 한국군 교전규칙의 변화

연평도 포격 도발 이후 대한민국 군의 교전규칙은 확전 방지 위주에서 벗어나, 북한의 도발을 사전에 억제하고 도발 시에는 단호하게 응징하는 방향으로 개념의 전환을 맞이했다. 이는 북한의 도발 의지를 사전에 꺾고, 도발 시에는 확실한 대가를 치르게 함으로써 추가 도발을 막겠다는 적극적 억제 개념에 기반한다. 이러한 변화는 다음과 같은 구체적인 교전규칙 개정으로 나타났다.

첫째, 비례성 원칙의 재해석이다. 기존의 '동종·동량'의 무기로 대응한다는 소극적 비례성 원칙에서 벗어나, '충분성'의 원칙을 강조하게 되었다. 이는 단순히 공격받은 만큼만 대응하는 것이 아니라, 적의 위협을 완전히 제거하고 추가 도발 의지를 꺾을 수 있을 만큼 '충분하게' 응징한다는 개념이다. 이를 위해 필요하다면 적이 사용한 무기와 다른 무기(예: 포격 도발에 대한 항공기 공격)를 사용하는 것도 가능하며, 대응 규모도 도발 규모의 3~5배 수준으로 상향 조정되었다. 이러한 변화는 북한에 도발의 대가가 이전과는 비교할 수 없이 커질 것임을 명확히 전달하려는 의도이다.

둘째, '선조치 후보고' 원칙 강조이다. 명백한 적의 도발이 있을 경우,

현장 지휘관이 상부의 지시를 기다리지 않고 즉각적으로 필요한 조처를 한 뒤 사후에 보고하도록 권한을 위임하는 원칙이 강조되었다. 이는 연평도 포격 당시 지적되었던 대응 시간 지연 문제를 해결하고, 현장의 즉응성을 높이려는 조치였다.

셋째, 응징 대상 확대이다. 대응 공격의 목표를 단순히 도발 원점에 국한하지 않고, 이를 지원하는 세력 및 지휘 세력까지 포함할 수 있도록 개념을 확장했다. 이는 도발의 근본적인 뿌리까지 타격하여 재발을 방지하겠다는 의지를 반영한다.

넷째, 북한의 공격으로 민간인 피해 발생 시 차등 대응이다. 군사 목표물에 대한 공격과 민간인에 대한 공격을 구분하여, 민간인 피해 발생 시 더욱 강력한 수준으로 대응할 수 있도록 기준을 마련했다.

이러한 변화를 제도적으로 뒷받침하기 위해, 2013년 합동참모본부는 독자적인 '합참 교전규칙'을 제정하여 시행하게 되었다. 이는 평시작전통제권을 행사하는 합참의장이 한국군 자체의 교전규칙을 갖게 되었다는 점에서 의미가 크다. 이는 한국군이 평시 위기 상황에서 더 주도적이고 자율적으로 대응할 수 있는 기반을 마련하려는 노력의 일환이다.

그러나 기존의 유엔사/연합사 정전 시 교전규칙이 폐지된 것이 아니라 병존하는 형태가 되면서, 두 교전규칙 체계 간의 관계 설정 및 적용 우선순위에 대한 문제가 남게 되었다. 이와 더불어 정부 차원에서도 국지도발 발생 시 민간인 보호, 피해 복구 등을 위한 법적 근거를 강화하기 위해 민방위기본법, 비상대비자원 관리법 등의 개정을 추진했다. 또한, 2013년에는 한미 간 '공동 국지도발 대비계획'에 서명하여 북한의 국지도발 시 한미 양국 군의 공동 대응 절차를 구체화하고, 한국군의 자위권 행사와 미군의 지원 및 확전 방지 노력을 연계하는 틀을 마련했다.

3. 유엔사 정전 관리와 자위권

(1) 비례성 원칙 vs. 충분성 원칙

정전협정을 관리하는 유엔군 사령관과 국가 고유의 권리인 자위권을 주장하는 한국의 입장이 갈등을 빚는다. 한국군은 2010년 이후, 연평도 포격 사건을 계기로 "충분성 원칙"을 강조하기 시작했다. 이는 비례성 원칙의 엄격한 준수가 효과적인 억제와 대응에 부적절하다는 인식에서 비롯되었다.

합동참모본부는 2013년경 북한의 도발을 "충분히 응징한다"라는 취지로 교전규칙에 "충분성 원칙"을 공식적으로 추가했다. "충분성 원칙"은 정전 안정과 확전 방지를 위해 비례성을 우선시하는 유엔사/연합사 정전 시 교전규칙(AROE)과 잠재적인 긴장 관계를 형성한다. 정전협정 안정 유지 필요성에 기반한 유엔사/연합사 정전 시 교전규칙(AROE)에서 강조하는 비례성 원칙은 한국 합참의 "충분성 원칙"과 충돌할 수 있다. 이는 특히 "즉강끝"(즉시, 강력히, 끝까지 응징) 독트린에서 두드러지는데, 여기서 강력히 응징하는 것이 유엔사로서는 비례성을 벗어난 정전협정 위반으로 간주될 수 있다.

<비례성 원칙 비교>

명칭	주체	원칙	내용	목표
유엔사 규정 525-4	유엔사/연합사	비례성 원칙	위협 제거 목적에 국한된 과도하지 않은 무력 사용	정전 유지
유엔사 규정 525-4(이전)	유엔사/연합사	동종 동량	동일 종류, 동일 양의 무기로 대응	정전 유지
합참 교전규칙	한국 합참	충분성 원칙	도발을 충분히 응징하여 추가 도발 억제	강력한 억제/응징
유엔헌장 제51조	국가	비례성 원칙	무력공격 격퇴에 필요한 무력사용	국가 생존 및 방어

(2) 사례

가) 무인기 사건 (2022-23)

유엔사는 북한 무인기의 영공침범이 정전협정 위반이라고 판단했다. 동시에, 이에 대응하여 남측이 무인기를 북측으로 보낸 것 역시 별개의 정전협정 위반이라고 결론 내렸다. 북한 무인기를 무력화하려는 남측의 시도는 교전규칙에 부합한다고 인정했지만, 보복성 비행은 위반으로 간주했다.

이러한 구분은 한국이 정전협정하에서 무엇을 할 수 없는지를 알려준다. 이는 한국의 더욱 강력한 보복 정책의 변화는 여전히 유엔사가 유지하려는 정전협정과의 조화를 이루어야 함을 의미한다.

나) 연평도 포격 사건 (2010)

유엔사는 북한의 포격이 정전협정 위반이며, 한국군의 대응 사격은 정전협정 틀 내에서 정당한 자위권 행사라고 결론 내렸다. 첫째, 북한의 포격이 '의도적이고 계획적인' 공격이었으며, 한국 국민과 한국군에 대한 적대행위·무력행사이자 정전협정 위반이다. 둘째, 북한의 포격 이전에 실시된 한국군의 해상 사격훈련은 북한에 대한 적대행위나 무력행사, 정전협정 위반에 해당하지 않는다. 셋째, 한국 해병대의 무도 및 개머리 지역에 대한 대응 사격은 정당한 자위권 행사로, 정전협정, 유엔헌장, 관습 국제법에 부합한다고 평가했다.

다) DMZ 총격 사건 (2020년 5월)

2020년 5월 3일 오전 07시 41분, 북한군이 강원도 철원군 군사분계선 중부 전선에 있는 제3사단 감시초소(GP)에 14.5mm 고사총 총격을 가하자 아군도 대응 사격하였다.

첫 조준사격은 처음 충격음을 들은 지 32분만, 총알에 맞은 흔적 3개를 발견한 지 22분 만에 나왔다. 이 상황에서 GP장이 바닥에 떨어진 탄두를 발견해 확인한 결과 북한군 14.5㎜ 고사총으로 확인하였다. 오전 8시 18분, 제3사단 사단장이 북한군 고사총과 같은 종류의 화기인 K-6 수동 사격을 지시했고, 북한군 GP 감시소를 향해 15발로 2차 대응 사격했다. 두 차례 총 30발을 조준 사격하였다.[79]

유엔사는 북한의 최초 사격이 정전협정 위반이라고 판단했지만, 북한군의 4발의 사격에 대해 30발로 대응한 한국군의 대응 사격 역시 정전협정 위반이라고 결론내렸다. 이는 유엔사 교전 규칙상의 '비례성 원칙'을 충족하지 못했다고 보았다.

유엔사는 "북한군 총격이 고의적인지 우발적인 것인지 확신할 수 없다"라고 밝혔다.[80] 국방부는 유엔사가 북한의 도발에 대한 실질적인 조

---

79) 조선일보, 2020-5-13

80) "However, the investigation was unable to definitively determine if the four rounds were fired intentionally or by mistake." UNC Press Release(2020-5-27)

사 없이 결과를 발표한 것에 유감을 표명하며, 한국군의 대응은 대응 매뉴얼에 따른 적절한 조치였다고 주장했다.

(3) 유엔군 사령관, 한국 주권과의 긴장 관계

1978년 한미연합군사령부가 창설된 이후, 유엔군 사령부는 '정전협정 관리 업무'만 수행하며, 한미 연합군사령관은 '외부 침략의 억지'와 '전시 전력 제공 임무'를 수행한다. 한미 연합군사령관과 유엔군 사령관은 미군 대장인 주한 미군 사령관이 이를 겸직한다. 유엔군 사령부는 UN에 보고해야 하고, 한미 연합군사령관은 미국 정부에 보고할 책임을 지고 있다. 따라서 양자는 같은 사람이 업무를 수행하더라도 법적으로나 현실적으로 전혀 다르다.

천안함, 연평도와 같은 북한의 주요 도발을 겪은 한국 정부는 즉각적인 억제와 '충분성'을 우선시하는 교전규칙이나 대응 원칙을 채택하였다. 하지만 이는 정전협정 유지를 위해 유엔사가 중시하는 엄격한 비례성과 같은 원칙과의 마찰을 예고하였다.

근본적인 긴장은 정전협정 틀 내에서 완전히 해결될 수 없다. 정전협정 자체의 한계이다. 이를 극복하기 위해서는 전쟁상태를 공식적으로 종료하고 지속 가능한 평화 체제를 구축하기 위한 노력이 필수적이다.

(4) 3개의 모자

한미연합사령관은 통상적으로 세 개의 중요한 직책을 동시에 수행하는데, 이를 흔히 '세 개의 모자(three hats)'를 쓴다고 표현한다. 이 세 가지 직책은 다음과 같다.

첫째, 한미 연합군사령관(Commander, ROK-US Combined Forces Command, CFC)은 한미 양국 군대로 구성된 연합사를 지휘하며, 한반도 유사시 연합 방위 작전을 총괄하는 전시 전투사령관이다.

둘째, 유엔군 사령관(Commander, United Nations Command, UNC)은 1953년 체결된 정전협정의 유지와 관리를 책임지며, 유사시 유엔 회원국들의 전력 제공을 조율하는 역할을 수행한다.

셋째, 주한 미군 사령관(Commander, United States Forces Korea, USFK)은 대한민국에 주둔하는 모든 미군을 지휘한다. 일부에서는 여기에 더해 '주한 미군 선임 장교' 또는 미 합참 대표의 역할까지 포함하여 '네 개의 모자'로 언급하기도 하지만, 통상적으로는 위의 세 가지가 핵심적인 겸직 구조로 인식된다.

DMZ 출입은 정전협정 상 유엔군 사령관의 승인을 받아야 한다. 한국 대통령은 물론 군인과 정부 관리들이 DMZ로 들어가고, 군사분계선(MDL)을 왕래할 때 유엔군 사령관으로부터 승인을 받아야 한다. 또한 북한으로 통행하는 차량도 유엔사의 승인 없이는 이동할 수 없다. 2018년 8월 문재인 정부 때, 남북의 북측 구간 철도 현지 공동 조사가 무산된 바 있다. 당시 유엔사는 열차 연료로 쓰기 위해 경유를 싣고 방북하는 것을 문제 삼았다. 휘발유·경유·등유 등 정유 제품의 대북 공급량은 유엔 안보리 제재 결의에 따라 연간 50만 배럴로 제한되어 있다.[81]

---

81) 연합뉴스, 2019-02-16

5. 한국 자위권 독트린 분석

1. 역대 정부 기조

이명박 정부는 연평도 포격 도발 직후 북한 도발 시 '도발 원점과 지원 세력'을 타격하겠다고 천명하였다. 이러한 기조는 박근혜 정부에도 계승되었다. 문재인 정부는 대화에 중점을 두어 이전 보수 정부의 독트린과는 크게 차이를 두었다. 윤석열 정부도 표현은 다르지만 '즉강끝(즉각, 강력히, 끝까지)' 원칙을 내세워 북한 도발을 강력하게 억제하는 기조를 이어나갔다.

연평도 포격 도발 직후 취임한 김관진 전 국방부 장관은 2010년 12월부터 북한 도발에 대응하는 3단계 전략을 세웠다. 도발한 북한 부대에 대한 원점 타격, 지원 부대에 대한 타격, 지휘 세력 타격 등이다. 당시 북한 지휘 세력이란 서해안에서 도발한 핵심 부대로 황해도 해주실 옥계동에 있는 북한군 4군단 사령부다. 김관진의 3단계 전략은 북한이 도발하면 굴복할 때까지 응징하는 개념이다.[82]

---

82) 조선일보, 2023-5-10

윤석열 정부 신원식 국방부 장관은 2023년 10월 7일 취임 직후부터 대북 도발 시 군사 대응 방안으로 '즉강끝'을 강조하였다. 김관진 장관의 대응 전략을 이어받아 국방부 장관으로서 "국방력은 응징력이다. 순수한 방어만 할 수 있다는 것은 적의 억제에 크게 도움 되지 않는다. 응징력을 갖춰야 억제를 할 수 있다. 창을 가지는 게 응징이고, 응징을 통해 억제가 달성돼야 한다"라고 언급했다.[83]

2. 독트린 법적 검토

첫째, 필요성 검토이다. 무력 사용은 평화적 수단이 부적절하거나 효과가 없을 때 공격을 격퇴하는 데 필요한 최후의 수단이어야 한다. 지원 및 지휘 세력 타격이 과연 특정 도발을 격퇴하는 데 필요한 조치인지 분석이 요구된다.

둘째, 비례성 검토이다. 대응은 공격의 규모와 중대성에 비례해야 하며, 공격을 중단시키거나 격퇴하는 데 필요한 정도를 넘어서는 안 된다. 경미한 도발에 대해 지원 및 지휘부를 타격하는 것은 비례성 원칙에 위배될 소지가 크다. 특히 민간인 피해 발생 가능성을 최소화해야 한다. 지원 및 지휘 세력을 타격하는 것은, 특히 제한적인 도발에 대한 대응일 경우, 비례성 원칙에 본질적인 도전을 제기한다. 이는 공격을 단순히 격퇴하는 데 필요한 수준을 쉽게 넘어설 수 있기 때문이다.

셋째, 즉시성 검토이다. 대응은 공격 발생 후 합리적인 시간 내에 이루어져야 하지만, 준비나 조사를 위한 지연은 허용될 수 있다.

그러나 더 이상 북한의 군사도발을 좌시하지 않고 단호하게 대응한

---

[83] 문화일보, 2024-5-13

다는 메시지 선포에 중점을 두는 조치라고 이해한다면 요건 분석은 의미가 없다.

3. 제약 요인

위에서 언급한 한국의 보복 교리와 이를 효과적이고 자율적으로 실행할 수 있는 실제 능력 사이에는 상당한 격차가 존재한다. 이는 기술적 한계(표적 식별)와 미국의 전시 작전통제권(OPCON)으로 인한 제약 때문이다. 이 교리는 여러 종류의 표적(원점, 지원, 지휘)을 실시간으로 정확하게 식별해야 한다. 그러나 연평도 포격 도발 사건은 원점 식별에 필요한 대포병 레이더와 같은 핵심 시스템의 실패를 드러냈다. 특히 지휘본부 타격과 같이 확전 가능성이 높은 타격의 실행은 작전통제권(OPCON)에 따라 미군 주도의 한미연합군사령부와의 협의 및 승인이 필요할 가능성이 높다.

4. 핵무기와 확전 위험

재래식 보복 타격조차도 우발적으로 북한의 핵 확전을 촉발할 수 있는 높은 위험을 야기한다. 대한민국 교리는 대량응징보복/원점 타격을 통해 지휘부를 타격하는 것을 포함한다. 북한의 2022년 핵 무력 정책법은 지도부나 핵 지휘통제소가 공격받을 경우, 심지어 재래식 공격이라도 핵 사용을 명시적으로 허용한다. 위기 상황에서 북한의 권한 위임 또는 자동화된 핵 지휘통제 시스템은 이러한 인식에 기반한 신속한 확전 위험을 더욱 증가시킬 수 있다. 이는 재래식 보복에 초점을 맞춘 대한민국 자위권 독트린의 한계로 지적된다.

5. 독트린 제언

대한민국 자위권 독트린은 내재한 확전 위험을 줄이기 위해 교리의 자동성('즉강끝')과 범위(지원/지휘 타격)를 조정할 필요가 있다. 첫째, 특정 도발에 맞춰 명확히 방어적이고 비례적인 대응에 초점을 맞추어야 한다. 둘째, 원점 타격의 정확성과 적시성을 개선하기 위해 감시(ISR) 및 표적화 능력에 투자하되, 지원/지휘 타격의 한계를 인정하고, 방어 조치(KAMD, 국경 안보) 및 비군사적 대응 옵션(사이버, 정보 작전, 제재 집행)을 강화한다. 셋째, 잠재적 타격 및 핵 시나리오를 포함한 확전 관리에 관한 실시간 위기 협의를 위해 핵 협의그룹(NCG) 및 소통 채널을 강화한다. 넷째, 현재 작전 통제권(OPCON) 구조하에서 대한민국의 보복 타격에 관한 협의 및 의사 결정을 위한 보다 명확한 프로토콜을 개발하여, 대한민국의 자율성 요구와 미국의 확전 우려 사이의 균형을 맞출 필요가 있다. 마지막으로 남북한 간 핵 균형을 위해 핵무장을 고민해야 한다.

6. 한국의 위기관리와 교전규칙

1. 상호 관계

위기관리란 국가의 주권, 영토, 국민의 생명·재산 등 중요한 국가 위기에 대처하는 총체적 활동을 말한다. 자위권을 행사할 때 '국가의 이익 보호'와 '사태의 악화 방지'가 국가 위기관리의 핵심이다. 특히 군사에 대한 위기관리는 군사적 위협에 대한 국가적 대응이며, 교전규칙은 이러한 대응 과정에서 군사력 사용을 합법적이고 효과적으로 통제하는 필수적인 도구이다.

2. 위기관리 시 교전규칙의 역할

교전규칙은 위기관리 시 대통령, 국방부 장관 등 지도부로부터 일선 부대 지휘관에 이르기까지 무력 사용에 대한 명확한 지침을 제공한다. 군 통수권자의 무력 사용을 통제하는 수단으로 작용하며, 특히 평시에서 전시로 전환되는 과정이나 위기 상황에서 의도하지 않은 확전을 방지하는 데 중요하다. 교전규칙(ROE)은 군사력 사용의 명확한 한계와 조건을 설정함으로써, 우발적인 사건이나 오판이 더 큰 규모의 분쟁으로 비화하는 것을 막는 핵심적인 통제 장치로 기능한다. 특히 긴장이 고조된 대치 상황이나 적대행위의 의도가 불분명한 경우, 교전규칙은 현장 지휘관과 병력에 허용되는 행동과 금지되는 행동을 명확히 제시하여 절제된 대응을 유도한다.

우리나라 위기관리에는 대통령과 총리 간에 적절한 역할 분담이 필요하다. 대통령은 국군통수권자로서 국가 안보가 관련된 위기에 집중하고, 국내에서 발생한 재난과 안전사고에 대응하는 책임은 총리에게 전적으로 위임하는 것이 바람직하다.[84]

3. 교전규칙의 딜레마

교전규칙 제정에 있어 핵심적인 딜레마인 국가 이익 보호와 사태 악화 방지 문제는 국가 지도자와 야전군 사령관 사이 갈등을 야기한다. 교전규칙에서 무기사용 준칙을 너무 까다롭게 만들면 아군 병력 보호가 취약해지고, 너무 느슨하게 만들면 위기가 확대될 수 있기 때문이다.[85]

예컨대, 2002년 6월 29일 제2연평해전에서 참수리-357호정이 침몰함으로써 전사 6명, 부상 19명 등 큰 피해가 발생하였다. 제2연평해전에서는 1999년 제1연평해전과 같이 5단계 교전규칙 [경고 방송 - 시위 기동 - 차단 기동 - 경고사격 - 격파 사격]으로 대응하였다. 당시 한국의

---

84) 천영우, 『대통령의 외교안보 어젠다』 박영사(2022), 305쪽
85) 윤태영, "해외 안보 위기관리와 교전규칙: 주요국 사례와 시사점", 2011년 한국국제정치학회 자료집, 153쪽

교전규칙을 역이용한 북한의 기습 선제공격으로 제2연평해전에서 우리 군이 심각한 타격을 입자, 2004년 해군은 신속한 대응을 위해 3단계 [경고 방송 - 경고사격 - 격파 사격]로 교전규칙을 개정하였다.

  1962년 10월 미국과 소련 간 발생한 쿠바 미사일 위기 사태 때 미국은 전쟁을 불사한다는 각오로 소련의 핵무기 반입을 저지하였다. 당시 미국 합참은 소련 핵무기를 실은 화물선의 진입을 금지하기 위하여 교전규칙을 발령하였다. 그 교전규칙은 쿠바로부터 500해리 이내로 들어오는 선박에 대하여 정선 명령을 위한 시각신호/경고 방송-경고사격-격파 사격을 규정하였다. 결국 미국은 단호한 대응으로 소련의 쿠바 핵무기 반입을 저지하였다.

7. 한국의 자위권 안보리 보고 사례

1. 안보리 보고 현황

유엔헌장 제51조에 따르면, 회원국은 자위권을 행사하는 데 취한 조치를 즉시 안전보장이사회에 보고해야 한다.[86] 국제사법재판소(ICJ)는 자위권 행사에 대한 회원국의 보고 여부를 회원국이 적절한 자위권을 행사하고 있는지를 확인하는 기준으로 판단한다. 유엔헌장 제51조에 따른 자위권 행사 사실 보고의 구체적인 형식, 내용, 시점 등에 대한 통일된 기준은 없으며, 국가들의 관행을 통해 형성되고 있다.

1991년 9월 17일, 남북한 유엔 가입 이후 우리 정부는 자위권 행사의 사실을 유엔에 보고해 왔다. 1999년 제1연평해전, 2010년 천안함 피격 사건, 2010년 연평도 포격 사건에 대하여 정부는 북한의 무력 공격이나 도발 행위가 발생했을 때, 그 사실과 함께 대응조치 내용을 안보리에 보고해 왔다. 그러나 2002년 제2차 연평해전, 2009년 대청해전 발발

---

[86] "Measures taken by Members in the exercise of this right of self-defence shall be immediately reported to the Security Council"

시 한국 정부는 이 사실을 안보리에 보고하지 않았다.

2. 안보리에 보고하지 않은 경우

(1) 2002년 제2차 연평해전

2002년 6월과 7월의 유엔 안전보장이사회 공식 회의 기록에는 6월 29일 발생한 제2연평해전과 관련된 의제가 없다. 해당 기간 안보리(UNSC)는 보스니아 헤르체고비나, 아프가니스탄, 중동 문제, 콩고민주공화국, 키프로스 등 다른 국제 현안들을 주로 다루었다. 이러한 안보리(UNSC)의 공식적인 자료 부재는 이후 2010년 천안함 피격 사건이나 연평도 포격전 당시의 대응과 비교된다.

남한 측은 햇볕정책 기조로 사태의 확산을 피하고 남북 관계의 파국을 막으려는 정치적 고려가 있었을 가능성이 높으며, 북한 측은 NLL 자체를 인정하지 않는 입장에서 안보리의 개입을 원치 않았을 것으로 보인다. 이처럼 서로 다른 동기에도 불구하고 양측 모두 안보리 보고를 선택하지 않음으로써, 이 사건은 국제정치 무대에서 공식적으로 다뤄지지 않게 되었다.

김대중 정부는 제2연평해전이라는 심각한 군사적 도발에 직면했음에도 불구하고, 햇볕정책의 기본 원칙을 유지하려 노력했다. 이는 북한과의 군사적 긴장 고조를 피하고, 어렵게 쌓아온 남북 대화와 협력의 동력을 유지하려는 의도에서 비롯된 것으로 보인다. 정부는 전사자 추모 및 부상자 위로, 북한에 대한 경고 메시지 전달 및 사과 요구, 그리고 해군 교전규칙 재검토 등의 조치를 했지만, 사건을 국제 문제화하여 안보리에 부치는 등의 강경한 외교적 대응은 선택하지 않았다.

이러한 정부의 신중한 대응은 국내적으로 상당한 비판에 직면했다. 특히 월드컵 기간 중 발생한 사건임에도 불구하고 정부의 초기 대응이 미흡했다거나, 햇볕정책의 실효성에 대한 의문, 그리고 국가 안보보다 남북 관계 개선을 우선시하였다는 비판이 제기되었다. 김대중 대통령이 사건 직후 예정대로 일본에서 열린 월드컵 결승전에 참석한 것도 국민의 정서와 동떨어진 행보라는 비판을 받았다.

찰스 프리처드 전 미국 대북 특사는 당시 "한국은 남북 교전의 결과를 무시하고 7월 10일 평양회담을 계속 추진하라고 촉구했다. 한국의 담당자에게 한국 시민들이 이제 곧 평양을 대할 때 평상시와는 다른 대응을 요구할 텐데 괜찮겠냐고 물었다. 아니나 다를까, 제2연평해전 전사자들의 장례식이 TV로 생방송 될 때 김대중 대통령이 일본에서 열린 한일 월드컵 폐막식에 참석하자 우려했던 국민들의 분노가 터져 나왔다."고 회고한 바 있다.[87] 이는 햇볕정책에 매몰된 당시 정책 입안자의 인식이 얼마나 일반 국민의 인식과 동떨어졌는지를 보여준다.

(2) 2009년 대청해전

2009년 11월 10일 오전 11시 27분경, 북한 해군 소속 경비정 1척(383호, 상해급)이 서해 대청도 동방 NLL을 침범하여 남하하기 시작했다. 북한은 NLL을 인정하지 않으므로, 이러한 월선 행위는 이전에도 빈번하게 발생했다. 해당 경비정은 NLL 이남으로 약 1.2 해리까지 남하했다.

인근 해역에서 경계 임무 중이던 대한민국 해군 고속정들은 국제상선 통신망 등을 통해 북한 경비정에 수차례 경고 통신을 발송하며 즉시 북상할 것을 요구했다. 그러나 북한 경비정은 이러한 경고를 무시하

---

87) 찰스 프리처드(서보혁, 김연철 옮김), 『실패한 외교』, 사계절(2008), 65쪽

고 남하를 계속했다. 해군은 교전규칙에 따라, 반복된 경고에도 북한 경비정이 불응하자 추가 경고 통신 후 경고사격을 했다. 참수리-325호정이 오전 11시 36분경 북한 경비정 전방 1km 해상을 향해 20mm 벌컨포 4발의 경고사격을 가했다. 경고사격 직후인 오전 11시 37분경, 북한 경비정 383호는 참수리-325호정을 향해 85mm 함포와 기관포 등으로 50여 발의 조준사격을 가했다. 이 공격으로 참수리 325호정의 좌현 함교와 조타실 부근 외벽에 15발의 총알에 맞은 흔적이 발생했다.

북한의 조준 사격에 대응하여, 참수리-325호정을 포함한 대한민국 해군 고속정들(325정, 328정 등)과 지원 함정(울산급 호위함 전남함 등)은 즉각적인 대응 사격을 개시했다. 자동화된 사격 통제 시스템을 이용하여 40mm 함포와 20mm 벌컨포 등으로 4,000발가량 집중사격을 가했다.

이 사건에 대한 안보리 차원의 공식적인 조치나 기록된 논의가 없다는 사실은, 대청해전이 국제 평화와 안보에 대한 심각한 위협으로 간주되어 안보리의 즉각적인 개입을 요구하는 수준에는 이르지 못했음을 의미한다. 2009년 4월 북한의 미사일 발사나 2010년 3월 천안함 피격 사건과 비교할 때, 대청해전은 그 정치적 파장이나 위협의 심각성 측면에서 안보리 이사국들의 개입을 촉발할 만한 임계점을 넘지 못한 것으로 해석할 수 있다. 대한민국 측 인명 피해가 없었으며, 교전 자체가 비교적 짧은 시간 안에 종료되었다는 점 등이 복합적으로 작용했을 것으로 보인다.

또한, 남북한 양측 모두 이 사건을 안보리로 가져가지 않았다는 점은 주목할 만하다. 대한민국은 전술적 승리를 거두었고 인명 피해가 없었기에, 사태를 국제적 분쟁으로 확대하기보다는 국내적으로 승리를 강조하고 군사적 대비 태세를 강화하는 방향을 선택했을 수 있다. 반면, 교전에서 패배하고 사상자가 발생한 북한으로서는 안보리에서 자신들에게 불리한 논의가 진행될 가능성을 우려하여 문제를 제기하지 않았을 수 있다.

3. 안보리에 보고한 경우

(1) 제1연평해전

제1연평해전 발발 당일인 1999년 6월 15일, 주유엔 대한민국 대표부는 유엔 안전보장이사회 의장에게 공식 서한을 발송했다.[88] 서한의 제목은 "유엔 주재 대한민국 대표가 안전보장이사회 의장에게 보낸 1999년 6월 15일 자 서한, 북한의 북방한계선 침범"으로 명시되어 있어, 그 내용이 제1연평해전과 그 배경이 된 북한의 NLL 침범 행위에 관한 것임을 명시하고 있다.

정부의 이러한 신속한 외교적 대응은 현장에서의 군사적 대응과 긴밀히 연계된 전략의 일환으로 해석될 수 있다. NLL 침범에 대해 '밀어내기 작전'과 같은 물리적 대응을 강화하기로 한 것과 동시에, 안보리에 즉각적으로 사건을 보고하고 입장을 개진한 것은 군사적 억제력과 외교적 정당성 확보를 동시에 추구하려는 의도를 반영한다. 이는 북한 역시 안보리 서한 발송(미군 증강 비난, 한국전쟁 당시 미군 만행 주장 등)을 통해 외교적 대응을 시도했지만, 그 내용과 초점이 달랐다는 점과 대비된다. 따라서 1999년 6월 15일의 안보리 서한 발송은 NLL 문제에 대한 대한민국의 군사적·외교적 통합 대응 전략의 중요한 한 축을 이루었다고 평가할 수 있다.

정부가 1999년 6월 15일 제1연평해전 관련 서한을 안보리 의장에게

---

[88] S/1999/695

제출했음에도 불구하고, 안보리 차원에서 이 사건을 논의하기 위한 공식 회의가 소집되거나 관련 결의안 또는 의장성명이 채택되지 않았다. 당시 안보리는 코소보 사태 및 이라크 문제 등 다른 국제적 현안에 집중하고 있었다.

이는 2010년에 발생한 천안함 피격 사건 및 연평도 포격 도발 사건 당시의 상황과 뚜렷한 대조를 이룬다. 천안함 사건 이후 대한민국 정부는 적극적인 외교 노력을 통해 안보리에서 이 문제를 공론화했으며, 비록 중국과 러시아의 반대로 북한을 직접적으로 명시하지는 못했지만, 공격 행위를 규탄하고 우려를 표명하는 내용의 의장성명을 끌어냈다. 또한 2010년 연평도 포격 도발 직후에는 러시아의 요청으로 안보리 긴급회의가 소집되기도 했지만, 공동성명 채택에는 실패했다.

NLL을 둘러싼 남북 간의 오랜 군사적 대치 역사 속에서 1999년 대한민국의 안보리 보고가 NLL 문제 해결이나 이후의 사건 전개에 미친 직접적인 영향은 제한적이었다. 실제로 서한 발송 후, 1999년 9월 북한은 NLL 무효화를 주장하며 일방적으로 '서해 해상 군사분계선'을 선포했다. 이는 대한민국의 외교적 노력이 북한의 NLL 무력화 시도를 근본적으로 억제하지 못했음을 보여준다. 이후 2002년 제2연평해전, 2009년 대청해전 등 NLL 인근에서의 군사적 충돌은 계속되었다.

(2) 천안함 피격 사건

2010년 6월 4일 유엔 주재 대한민국 대표부가 안전보장이사회 의장에게 공개서한을 발송하였다[89]. 이 문서는 특히 호주, 스웨덴, 영국, 미국 등 국제 전문가들이 참여한 합동조사단의 조사 결과를 첨부하여

---

89) S/2010/281

주장의 객관성과 신뢰성을 뒷받침했다. 대한민국 정부는 북한의 천안함 공격이 유엔헌장 및 남북 간 합의를 명백히 위반했다고 주장했다.

이러한 주장은 북한의 행위가 한반도의 불안정한 평화 유지 체제를 근본적으로 훼손하는 고의적인 도발임을 강조한다. 단순히 개별적인 군사 충돌이 아니라, 정전협정과 남북 기본합의서, 그리고 유엔 헌장 모두를 무시한 행위로 규정함으로써, 대한민국 정부는 이 사건의 심각성을 부각하고 안보리의 개입 필요성을 역설했다. 이는 사건을 단계적으로 심각한 위반 행위로 묘사하여, 안보리에 제소할 충분한 근거가 있음을 보여주려는 의도로 풀이된다.

북한은 2010년 6월 8일 자 공개서한을 통해 공식 입장을 밝혔다.[90] 북한은 합동조사단의 결과를 전면 거부했으며, 자신들의 전문가들이 조사 결과를 검증할 것을 제안했다. 또한, 이 문제가 안보리 의제에 상정될 때 '심각한 결과'가 초래될 것이라고 경고했다. 북한의 신속하고 전면적인 부인과 자체 조사 제안, 그리고 위협적인 언사는 국제사회의 비난에 대응하고, 조사 결과에 대한 의구심을 확산시키며, 안보리의 단합된 조치를 지연시키려는 전형적인 외교적 대응으로 볼 수 있다. 이는 천안함 사건이 단순한 사실 규명을 넘어 첨예한 정치적 공방의 대상이 되었음을 보여준다.

안보리는 2010년 7월 9일 회의를 개최하고 의장성명을 채택했다[91]. 이 성명에서 안보리는 다음과 같은 입장을 표명했다.

첫째, 2010년 3월 26일의 공격과 천안함 침몰 및 46명의 인명 손실을 개탄한다. 둘째, 5개국 전문가가 참여한 대한민국 주도의 합동조사단이 북한의 책임을 결론 내린 조사 결과에 대해 깊은 우려를 표명한다.

---

90) S/2010/294
91) S/PRST/2010/13

셋째, 사건과 관련이 없다는 북한의 입장을 포함한 다른 관련 당사국들의 반응에 주목한다. 넷째, 천안함 침몰로 이어진 공격을 규탄한다. 다섯째, 정전협정의 완전한 준수를 촉구하고, 평화적 수단을 통한 문제 해결 및 조속한 대화 재개를 권장한다. 여섯째, 향후 유사한 공격이나 적대행위 방지의 중요성을 강조하였다.

안보리의 대응은 공격 자체를 규탄하고 합동조사단의 조사 결과에 우려를 표명하면서도, 최종적인 규탄 문구에서는 북한을 직접적인 책임 당사자로 명시하지 않았다. 또한, 제재와 같은 구체적인 징벌 조치를 부과하지 않았다. 이는 안보리 내 상임이사국 간의 정치적 의견 차이와 역학 관계, 그리고 사태 악화를 우려하는 신중론 등이 작용한 결과로 평가된다. 즉, 대한민국이 공개서한을 통해 제시한 증거와 주장이 심각하게 받아들여졌음에도 불구하고, 북한에 대한 직접적인 책임 규정과 강력한 조치를 위한 완전한 합의에는 도달하지 못했다.

(3) 연평도 포격 도발 사건

2010년 12월 19일, 유엔 주재 미국 대표부는 유엔 사무총장에게 공개서한을 발송하였다[92]. 공개서한에는 유엔군 사령부가 작성한 '특별 보고서'가 첨부되어 있다. 특별 보고서는 2010년 11월 23일 대한민국 연평도에서 발생한 조선인민군 포병부대와 대한민국 해병대 간의 포격 교전 사건에 대한 특별 조사를 다루고 있다. 이 문서는 유엔 안전보장이사회 결의 제84호에 따른 유엔군 사령부의 보고 의무 이행의 하나로 안전보장이사회에 공식 제출되었으며, 이는 해당 사건에 대한 유엔군 사령부의 공식적인 조사 결과와 입장을 담고 있다.

---

92) S/2010/648

왜 한국 정부가 아닌 미국 정부가 보고했을까? 유엔 안보리 결의 제84호 제6항은 통합사령부(유엔사)의 활동에 대한 안보리 보고 주체를 명확히 미국으로 지정했다. 이는 유엔사의 임무 수행, 특히 정전협정 관련 사안에 대해 미국(유엔사 대표)이 안보리에 직접 보고하는 채널을 확립한 것이다. 유엔사는 이 채널을 통해 정기적으로(연례 보고) 또는 특별한 사안 발생 시(예: 연평도 사건) 안보리에 보고해 왔다. 이러한 보고 메커니즘은 1950년에 수립된 법적 구조를 따르는 동시에 정치적 현실을 반영한다. 안보리 상임이사국이자 대한민국의 핵심 동맹국인 미국이 정전협정 관련 사안의 소통 흐름을 관리하는 구조이다. 이는 법적 절차와 미국의 전략적 이해관계 및 동맹 관리가 결합한 형태라고 볼 수 있다. 즉, 미국은 결의 제84호에 따른 법적 의무를 이행하는 동시에, 상임이사국으로서의 외교적 영향력을 활용하고 동맹국인 대한민국과 긴밀히 공조하며 정전협정이라는 틀 안에서 사건을 관리할 수 있는 위치에 있다. 따라서 이 보고 채널의 선택은 단순한 법적 의무 이행을 넘어 전략적 정렬과 외교적 편의성을 반영한 결과로 해석될 수 있다.

여기서 중요한 점은, 안보리 결의 제84호에 따른 유엔사/미국의 보고 채널은 유엔 회원국이 자국의 안보 관련 사안을 안보리에 직접 통보할 수 있는 고유한 권리와는 구별된다. 유엔사 채널은 한국전쟁 관련 위임 사항 및 정전협정 집행과 관련된 통합사령부의 조치와 책임에 국한된 특수한 보고 경로이다. 연평도 포격 사건은 유엔사에 의해 정전협정 위반으로 조사되었으므로, 그 조사 결과를 보고하는 것은 결의 제84호의 위임 범위 내에 명확히 해당한다.

유엔 안전보장이사회에 제출된 공개서한에는 2010년 11월 23일 발생한 연평도 포격 사건에 대한 유엔군 사령부의 특별 조사 결과를 담고 있다. 보고서의 핵심 결론은 조선인민군의 연평도 포격이 정전협정을 심각하게 위반한 고의적이고 계획적인 도발 행위이며, 이에 대한 대한민국 해병대의 대응 사격은 국제법과 정전협정의 틀 내에서 이루어진 정당한 자위권 행사였다고 평가하였다.

그러나 이 보고서가 유엔 안전보장이사회 차원의 통일된 국제적 대응을 끌어내지는 못했다는 점은, 한반도 문제 해결에 있어 국제정치, 특히 강대국 간의 이해관계가 미치는 복잡한 영향을 여실히 보여준다. 연평도 포격 사건과 그 후속 조치들은 여전히 불안정한 정전 체제에서 한반도의 평화와 안정을 유지하는 것이 얼마나 어려운 과제인지를 상기시킨다. 이 문서는 향후 한반도 관련 유사 사건 발생 시 참고할 수 있는 중요한 선례이자, 정전협정 체제의 작동 방식과 그 한계를 이해하는 데 기여하는 자료로 평가된다.

제4장

북한의 주요 도발 사례와 한국의 대응

1. 북한 군사도발 추이와 양상

1. 북한 군사도발의 개념과 협상 병행 전략

군사도발은 군사적 수단을 이용한 모든 위협 행위를 말한다. 이는 편의상 1968년 청와대 기습 사건, 1976년 판문점 도끼 만행 사건, 2010년 연평도 포격 도발과 같이 확전의 위험이 있는 고강도 도발과 일반적인 침투와 같은 중저강도 도발로 나눌 수 있다. 자위권의 행사 대상은 주로 고강도 군사도발이지만, 중저강도 군사도발 또한 자위권의 대상이 될 수 있다. 즉, 자위권 대상 판단은 군사력 사용 여부이지, 확전 위험이 기준이 될 수는 없다. 따라서 비무장지대(DMZ)에서 북한의 대남 초소 사격에 대한 대응 사격도 자위권의 일환이며, 포격에 대한 대응 포격도 자위권 범주에 속한다. 하지만 단순한 군사분계선 침범은 자위권의 대상이 아니며 비례적 대응 조치의 대상이다.

북한은 대남 군사도발을 통해 외부 위협을 조장하고 경제적 어려움을 감수하게 하며 그들의 통치를 정당화한다.[93] 1990년대 초 탈냉전이라는 급변 상황 속에서 북한은 군사 협상 추진으로 자생할 수 있는 시간을 확보하는 한편, 대외 관계에 부담이 덜한 저중강도 수준의 대남

---

93) 이미숙, "군사 협상과 군사도발 병행 형태를 통해 본 북한의 대남 전략", 통일정책연구 제20권 2호(2011), 141쪽

군사도발을 강행하여 내부 통제와 체제 결속을 강화하며 체제를 유지해 나갔다. 1990년대 이전과 달리 군사 협상과 군사도발을 병행한 것은 큰 변화였다. 2000년대에는 제2연평해전, 핵 실험, 탄도미사일 발사 등 중·고강도 도발과 함께 실리를 챙기기 위한 군사 협상을 병행하였다. 북한은 군사 협상과 상관없이 군사도발을 지속하고 있는데, 이는 북한이 군사 협상보다 군사도발을 중시하고 있음을 보여주며, 북한 인민의 경제적 어려움보다 체제 존속을 중시함을 시사한다.[94]

2. 북한 군사도발의 역사적 추이

2022년 국방백서에 따르면, 북한의 군사도발은 총 3,121건으로 1960년대에만 1,336건을 차지할 정도로 '군사적 모험주의' 시기였다.

(1) 1960년대 : 군사적 모험주의 시기

1960년대 후반은 북한의 후계자 경쟁, 경제난으로 인한 주민 불만을 잠재우고 체제 결속의 필요성이 그 어느 때보다 더 요구되던 시기였다. 특히 베트남 전쟁과 박정희 정권의 강력한 반공 정책, 한일 관계 정상화 등 열악해진 대내외 환경에 대한 압박감은 남한에 대한 적대적 자세로 표출되었다. 북한은 1960년대부터 한반도와 국제 정세를 변화시키기 위해 대담하고 공세적인 행동을 취했다.
1964년 중국의 핵 실험, 1971년 10월 25일 중국 안보리 상임이사국 지위 획득 등 1970년대 전후하여 한반도에는 극심한 안보 불안 상황이

---

94) Id. 152쪽

이어졌다. 베트남전에 참전한 미국이 한반도 안보에 집중할 수 없었고, 한국 또한 베트남에 파병하자 북한은 그 틈을 놓치지 않고 공세적 행보를 취하였다. 1968년 1·21 청와대 기습사건, 1·23 푸에블로호 나포 사건, 10·30 울진·삼척 무장 공비 120명 침투 사건, 미국 EC-121 정찰기 격추 등 초강경 군사 공격이 그 예이다. 1960년대 북한의 군사도발은 매우 공격적이었다. 1966년 1월부터 비무장지대 군사도발을 감행하여 많은 한미 장병이 희생되었다. 1967년 4월에는 40~60명의 북한군이 군사분계선(MDL)을 넘어, 6시간의 교전을 벌여 유엔군 사령부는 정전협정 체결 이후 최초로 포병 공격을 감행했다.[95]

(2) 1970년대 : 미·중 데탕트와 군사적 모험주의 자제

1969년 7월 닉슨 독트린이 발표되면서 해외 주둔 미군 규모 축소와 동맹국 방위책임 증대를 반영한 미국의 대외 전략 변화가 나타났다. 이에 따라 닉슨 행정부는 1971년 3월 미국 7사단 병력을 철수시켰다. 주한 미군 철수를 저지하기 위해 한국 정부는 로비를 시도했으나, 이 사건은 '코리아게이트'로 명명되며 한국의 이미지를 실추시키고 카터 행정부의 주한 미군 철수 정책을 촉진했다. 1971년 4월 미·중 데탕트가 시작되면서 한국은 미중유의 안보 불안을 경험하게 되었다. 한국통일부흥위원단(UNKURK)과[96] 유엔사 해체 가능성이 대두되자 박정희 정권은 자주국방과 핵무장을 추진했다. 그러나 카터 대통령의 철군 시도는 미 군부와 의회의 반대로 철회되었다.

---

95) 박시영, 『1960-70년대 북한의 군사적 모험주의 연구: 위협 인식과 전략적 선택』 박사학위논문(2015), 북한대학원대학교, 116쪽

96) 한국통일부흥위원단(UNCURK: United Nations Commission for the Unification and Rehabilitation of Korea)는 한국전쟁으로 파괴된 한국 재건을 목적으로 1951년 세워진 유엔의 기구이다.

1970년대에는 서해 사건을 통해 NLL 무효를 주장하고 1976년 판문점 도끼 만행 사건을 일으키기도 했다. 그러나 미·중 데탕트로 중국에게 한반도 안정화가 중요해졌고, 북한 또한 중국의 요청에 화답하면서 1970년대 들어 김일성은 도발 공세를 줄이고 군사적 모험주의를 자제하는 모습을 보이기 시작하였다.

(3) 1980년대 : 테러리즘의 시기

1980년대에는 남한의 고도 경제성장과 올림픽 개최를 방해하기 위하여 1983년 아웅산 테러, 1987년 KAL기 폭파 사건과 같은 테러를 감행하였다. 이라크 바그다드에서 출발한 대한항공 858편이 인도양 상공에서 북한 공작원에 의해 공중 폭파되어 탑승객 115명이 전원 사망했다. 북한은 사건 직후 남한의 자작극이라고 발표했지만, 이러한 시도는 한국과의 경쟁에서 불리해진 상황을 타개하고 반격을 도모하기 위한 북한의 고육지책이었다. 그러나 이러한 시도는 북한의 입장을 더욱 악화시켰고 결국 수세에 몰리게 되었다. 1988년 미국 국무부는 북한을 테러 지원국으로 지정했다.[97]

(4) 1990년대 이후 : 방어적 '벼랑 끝 외교'와 비대칭 도발

1990년대 이후 북한의 정책 목표는 방어적으로 전환되어 체제 유지와 경제 지원 획득 등이 목표가 되었다. 북한 '벼랑 끝 외교'의 역사를 긴 안목으로 살펴보면, 시간이 지나면서 군사 전략적 목표의 중요성이 감소했지만, 정치·경제적 목표의 중요성이 높아졌다. 1968년 푸에블로

---

97) 미치시타 나루시게(이원경 옮김), 『북한의 벼랑 끝 외교사』 한울(2014), 371쪽

호 사건, EC-121 격추 사건의 주요 목적이 미국의 첩보 활동 방해와 북베트남 지원과 같은 군사적인 것이었다면, 1990년대 이후 핵미사일 외교의 주요 목적은 미국과의 관계 개선 및 경제 지원을 위한 정치·경제적인 것이었다.[98] 또한 북한은 정전 체제를 무효로 하려는 목적으로 JSA, DMZ, 그리고 서해상에서 군사 활동을 벌였다. 북한의 핵미사일 외교 결과 미국과 일본의 미사일 방어 등 대응 조치가 가속화되었다. 1999년 제1연평해전을 통해 정면 대결로는 한국군을 이길 능력이 없다는 것이 확인되자, 2002년 제2연평해전 및 2010년 천안함 폭침, 연평도 포격 도발과 같은 기습 공격에 의존하는 전술을 취하게 되었다.[99]

3. 북한 군사도발의 변화 양상

북한의 군사도발의 강도와 사상자 수는 시간이 갈수록 감소하였다. 그리고 북한의 군사도발은 군사적 우위를 기반으로 하였다.

첫째, 1960년대 북한은 야심 찬 목표를 갖고 직접적이고 강도 높은 노력을 행사했고 이 때문에 많은 한국인과 미국인이 사상당했다. 그러나 1970년대 북한에서 협력적인 정책 목표가 등장하면서 군사 행동으로 인한 사상자 수는 감소했고, 북한은 군사 행동과 외교 활동을 연계시키면서 제한적이고 간접적인 형태로 군사력을 사용하였다. 이는 한반도의 긴장을 완화하고 안정을 추구하겠다는 미·중 데탕트의 묵시적인 합의가 작동되고 있었기 때문이다.

1980년대에는 한국의 대내외적인 성공에 초조해진 북한의 잇따른 테

---

98) Id. 372쪽
99) Id. 35쪽

리 공격을 감행해 사상자 수가 일시적으로 증가했지만, 1990년대에는 북한의 정책 목표가 방어적으로 전환되면서 직접적인 무력행사는 자취를 감추고 강요를 목적으로 하는 간접적인 군사 행동이 눈에 띄게 되었다. 그 결과 떠들썩한 핵 외교와 미사일 외교가 전개되었음에도 북한의 군사 행동에 따른 사상자 수는 감소했고, 특히 미국 및 미국인에 대한 직접적인 무력행사는 완전히 사라지게 되었다.[100]

둘째, 북한은 군사적 우위를 기반으로 군사 균형이 우세할 때 군사도발을 적극적으로 감행했다. 1960년대 DMZ 공격, 푸에블로호 사건, EC-121 격추 사건 등은 '당의 군사 노선'에 따른 북한의 대규모 전력 증가를 배경으로 하고 있었다. 1970년대 서해 사건은 북한이 1960년대 후반 미사일 고속정을 도입하는 등 해군력을 증강했기에 가능했다. 그리고 1990년대의 핵미사일 외교는 북한이 1980년대 본격적으로 추진한 핵미사일 개발의 성과였다.[101]

셋째, 북한의 군사 균형이 변화하자 군사도발의 장소도 바뀌었다. 1960년대에는 DMZ 주변과 동해안에 집중되었던 북한의 도발이 DMZ에서 한미 방어 태세가 강화되자 1970년대에는 군사 균형이 우위에 있던 서해 5도 주변에서 활발해졌다. 이에 대하여 한국은 서해 5도의 요새화와 해군력을 증가시켰고, 해상에서의 균형이 한국에 유리해지자 북한은 무대를 서해 5도로부터 JSA로 옮겨 판문점 도끼 만행 사건을 일으켰다. 1990년대 들어서 북한은 핵과 미사일을 개발하여 활발한 '벼랑 끝 외교'를 전개했다.[102]

넷째, 2000년대 김정은 시기에는 탄도미사일 전략 도발이 압도적으로 높다. 그러나 전략 도발의 빈도수가 많다 보니 대남 핵 강압의 효과는 크

---

100) Id. 372쪽
101) Id. 377-378쪽
102) Id. 378쪽

지 않으며, 한국인들이 피로감을 느끼는 양상이다. 북한은 무인기, 대대적인 오물 풍선 살포와 서해 북방 도서 인근 지역에서의 GPS 교란 등 회색지대 도발을 결합하며 전략 도발의 시도를 증대시키고 있다.

4. 분석

북한의 군사도발은 단순한 무력 행위가 아니라, 시대적 상황과 내부적 필요성에 따라 전략적으로 변화해 온 복합적인 대남·대외 전략의 일환이다. 1960년대 체제 결속과 군사적 우위를 바탕으로 한 고강도 직접 도발에서 시작하여, 1970년대 미·중 데탕트 속에서 모험주의를 자제하고, 1980년대에는 테러리즘을 통해 남한의 발전을 방해하였다. 1990년대 이후에는 군사적 우위가 약화하면서 핵·미사일 개발과 같은 비대칭 전력을 활용한 '벼랑 끝 외교'로 전환되었으며, 김정은 시기에는 전략 도발의 빈도와 회색지대 도발을 결합하여 복합적인 위협을 조성하고 있다. 이는 북한의 군사도발을 이해하고 대응하는 데 중요한 시사점을 제공한다.

첫째, 북한의 도발은 그 자체로 목적이 아니라, 궁극적으로 체제 유지와 정치·경제적 목표 달성을 위한 수단이다. 둘째, 북한의 군사도발은 군사적 균형의 변화에 민감하게 반응하며, 도발 장소와 방식 또한 변화한다는 점을 고려하여 맞춤형 억제 및 대응 전략을 수립해야 한다. 셋째, 최근 김정은 시기 '회색지대 도발'의 증가는 기존의 군사적 대응만으로는 해결하기 어려운 새로운 안보 과제를 제시하고 있음을 시사한다. 따라서 향후 북한의 군사도발에 관한 연구는 변화하는 도발 양상에 대한 지속적인 분석과 함께, 비군사적·외교적 대응 방안을 포함하는 포괄적인 안보 전략 모색에 집중해야 한다.[103]

---

103) 이호령, "북한의 복합 도발 특징과 함의", 글로벌 NK 논평, 2024

2. 당포함 피격 사건

1. 사건 경위

1967년 1월 19일, 강원도 고성군 NLL 인근에서 명태잡이 선단을 보호하는 임무를 수행 중이던 당포함(PCE-56, 650톤급 초계함)이 북한군 해안포 280여 발을 받아 침몰하였다. 전체 승조원 79명 중 39명이 사망, 30명이 부상하였다.

침몰 중인 당포함

당포함 피격은 북한의 계획된 기습 도발이었다. 당시 북한 경비정 2척이 우리 어선을 납치하려고 접근하자, 당포함은 이를 저지하기 위하여 북방한계선을 넘었고 북한은 사전 경고 없이 해안포 공격을 가했다. 북한 경비정이 퇴각한 직후인 오후 1시 55분경, 수원단 부근 북한 해안포 진지에서 당포함을 향한 기습적인 포격이 시작되었다. 북한군은 10여 문의 122mm 해안포를 동원하여 일제히 포격을 가했다. 포격은 매우 정확하고 집중적으로 이루어졌다. 불과 몇 분 사이에 당포함의 주요 부위가 연속적으로 피격당하며 함정은 급속도로 전투 능력을 상실해 갔다.

1966년 7월 29일에도 북한 무장 선박 9척이 어선으로 가장해 북방한계선 남쪽에 침범한 이후 해군 초계정 PCS-202호를 나포하려고 시도하였지만, 교전 결과 북한 선박 1척이 침몰하기도 하였다. 1966년 11월 22일 동해상에서 초계 중인 우리 해군 함정을 향해 해안포 40발을 발사하였고, 11월 29일에는 우리 어선 2척에 기관총 사격을 가하고 어선과 어부 8명을 납치해 갔다. 이 같은 일련의 해상충돌 과정에서 북한의 보복 공격으로 당포함 사건이 발생했다.[104]

2. 남북의 주장

북한 측은 1967년 1월 21일 제239 군사정전위원회에서 남한 경비함이 북한 영해를 불법 침입하여 갑자기 북한 측에 선제사격을 가하고 해안을 향해 수십 발의 함포사격을 퍼붓는 명백히 적대적인 행동을 저질렀다고 강변했다. 북한은 당포함이 영해 깊숙이 침입하여 자위권 차원에서 무력을 행사했다고 주장했다. 그러나 해군 경비함은 북한 해안에서 5.5해리 떨어진 곳에서 어선들을 지키고 있었고, 북한 해안 4해리 지점에서 침몰당했다. 당시 북한은 12해리 영해를 주장하고 있었다. 1982년 제3차 UN

---

104) 이신재, 『한 권으로 읽는 북한사』 오름(2016), 263-264쪽

해양법협약 채택 이전에는 3해리 영해 제도가 일반적이었으나, 1960년대 이미 많은 국가가 12해리 영해를 채택하고 있었다. 과도기 시절에 해군이 당포함을 북한 연안에 가까이 경비하도록 지시하였다면, 이는 당시 국제법의 변화를 인지하지 못한 결과로 평가할 수 있다.

3. 침몰 후 상황

당포함이 침몰한 후, 현장에 도착한 동급 초계함 한산함(PCE-53)과 인근 어선들이 즉각적인 구조 활동을 펼쳤다. 차가운 겨울 바다에 빠진 승조원들은 구명정이나 부유물에 의지한 채 구조를 기다렸다. 1월 20일 오전까지 총 79명의 승조원 중 51명이 구조되었다. 하지만 구조된 인원 중 11명은 중상을 입어 결국 사망했다. 함장 김승배 중령을 포함한 중상자들은 미군 수송기 편으로 서울 해군병원으로 후송되어 치료받았다. 침몰 6일째인 1월 25일에는 포탄 파편 자국이 선명한 당포함의 25인승 구명보트가 인근 어선에 의해 발견되어 인양되기도 했다.

사건 직후, 정부는 어로 보호임무를 해군에서 농림부와 내무부로 이관하는 조치를 발표했다. 또한 침몰한 당포함을 대체하기 위해 미국으로부터 동급의 초계 호위함을 인수하여 '거진함'으로 명명하고 전력 공백을 메웠다. 동해안 지역에 제트기 운용이 가능한 공항 신설 계획도 발표되었으나, 이후 원주공항으로 변경되었다.

자신들을 보호하다 희생된 해군 장병들을 기리기 위해 동해안 어민들이 자발적으로 성금을 모아 1970년 강원도 고성군 거진항 인근 언덕에 '당포함 전몰장병 충혼탑'을 건립했다. 매년 1월 19일 해군 제1함대 사령부 주관으로 추모식이 거행되고 있다.

4. 유엔사의 군사 조치 거부

당시 박정희 대통령은 찰스 본스틸 주한 미군 사령관이자 유엔군 사령관에게 군사 조처를 할 것을 요구하였지만 상부의 승인이 없다는 이유로 거절당하였고, 한국군 단독의 보복 공격에도 반대하였다. 작전권이 없었던 한국군으로서는 단독 보복을 할 수 없었다. 이 사건으로 인해 정부는 기존의 어로한계선보다 남쪽으로 새로운 어로한계선을 설정하여 조업을 통제하게 되었다.

5. 평가

동해 NLL은 정전협정 당시 명확히 합의되지 않아 분쟁의 소지가 남아 있는 경계선이었다. 특히 NLL 인근 해역이 풍부한 명태 어장이었기 때문에, 생계를 위해 위험을 무릅쓰고 북상하는 남한 어선들과 이를 저지 및 보호하려는 해군, 그리고 이를 빌미로 도발하는 북한군 사이에 긴장이 끊이지 않았다. 대한민국 정부는 어민들의 요구와 안보 상황에 따라 어로한계선을 여러 차례 조정하기도 했으나, 근본적인 갈등 해결에는 이르지 못했다. 당포함 사건은 이러한 NLL 해역의 불안정성과 어로 활동의 위험성이 극적으로 표출된 사례였다.

당포함 사건 이후에도 북한은 1967년 6월 어선 나포 시도 및 침몰, 1968년 1월 어선 침몰 및 납북 등 동해 NLL 인근에서 지속적으로 어선들을 위협하고 해상 도발을 감행했다. 이는 NLL 무력화 및 해상 통제권 강화라는 일관된 목표를 가지고 있었음을 보여준다.

3. 1·21 청와대 기습사건

1. 사건 배경

1·21 사태는 단순한 암살 시도를 넘어, 당시 북한이 처한 복합적인 상황에서 나온 전략적 도발이었다. 한일 국교 정상화와 베트남 파병을 통한 한국의 군사력 강화 등 점증하는 위협인식과, 베트남 전쟁으로 인한 미국의 군사력 분산이라는 기회 인식이 결합한 결과물이다. 북한은 박정희 대통령 제거를 통해 남한 사회를 극심한 혼란에 빠뜨리고, 베트남 전쟁에 대한 한국의 추가 지원을 차단하며, 동북아시아에서 강화되는 반공 연대를 와해시키려는 다목적 효과를 노렸다. 즉, 이 사건은 단순한 암살 기도가 아니라, 1968년이라는 특정 지정학적 맥락 속에서 절박함과 기회주의가 결합한 고위험과 고수익의 전략적 선택이었다.

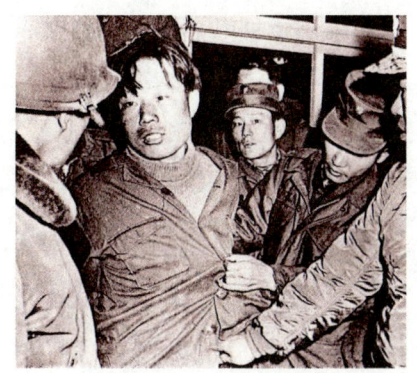

체포된 무장 공비 김신조

제4장 북한의 주요 도발 사례와 한국의 대응 133

2. 북한 특수부대 서울로 침투하다

　1968년 1월 21일에 북한 무장 공비 31명이 청와대를 기습하여 대통령 박정희를 암살하려다 미수에 그쳤다. 북한은 남한의 대통령을 살해하고 사회 혼란을 조성하기 위해 특별히 양성한 124군 부대 소속 특수부대원 31명을 침투시켰는데, 유일하게 생포되었던 김신조의 이름을 따서 '김신조 사건'이라고도 부른다.

　1월 17일 밤 휴전선을 넘은 무장 공비들은 21일 밤 9시 30분경에 서울 종로구 청운동 세검정 부근, 청와대 앞 500미터까지 진출하였다. 창의문 근처에서 있었던 경찰의 불심검문에 불응하면서 총격전이 벌어졌고 무장 공비들이 도주하였다. 자하문 초소에서 최규식 종로경찰서장이 공비와 교전으로 현장에서 사망하였다.

　군은 제25사단과 미2사단 지역의 철책과 임진강 지역을 봉쇄하는 동시에 제6군단과 제26사단이 송추로 출동하여 공비 퇴로를 차단하였으며, 가평에 있던 제1사단을 추가 투입하여 소탕 작전을 전개하였다.[105] 당시 작전지역이 미 제1군단이었지만, 실제적인 작전은 미 제1군단장 양해하에 한국군 제6군단장(중장 이세호)이 지휘하였다. 대침투작전 특성상 작전지역의 이해와 주민 소통이 매우 중요하였기 때문이다. 비상 경계 태세가 내려진 가운데 군경 합동 소탕 작전을 벌인 결과, 31명 중 28명이 사살되었고 2명은 북으로 도주하였으며 1명이 생포되었다. 우리 측은 32명이 사망하고 52명이 부상을 입었다.

　당시 북한은 자신들의 소행이 아니라고 주장하고 시신 인수를 거부했다. 1월 24일 판문점에서 열린 제261차 군사 정전 회의 본회담에서 북한 측은 한국이 휴전 당사자가 아니므로 1·21사태는 본회담의 대상

---

105) 박시영, 124쪽

이 되지 않는다는 등의 억지를 부렸다. 청와대 기습작전은 실패했으나 북한은 대남 도발을 멈추지는 않았다. 1월 23일에는 미군 정보함 푸에블로호를 원산 앞바다에서 납치했고, 그해 10월 30일부터 11월 2일에 걸쳐 걸쳐 울진, 삼척 지역에 120명의 무장 공비를 침투시켰다. 연인원 240여만 명이 참가한 군·경·예비군의 공비 소탕 작전 결과 총 107명을 사살하고 7명을 생포하는 전과를 거두었으나, 아군도 미군 4명을 포함하여 전사 51명, 부상 67, 민간인 피살 31명 등 총 150명의 인명 피해를 입었다.[106]

3. 박정희 모가지 따러 왔수다!

1·21 사태의 명백하고 최우선적인 목표는 대한민국 박정희 대통령의 암살이었다. 생포된 김신조가 기자회견에서 "박정희 모가지 따러 왔수다!"라고 외친 것은 이러한 목표를 극명하게 보여준다. 초기 계획은 이보다 훨씬 광범위하여, 미 대사관, 육군본부, 서울 교도소, 서빙고 간첩 수용소 등을 동시에 공격하여 서울 전역에 혼란을 일으키는 것을 포함했다. 그러나 작전의 복잡성과 자원 제약 등의 이유로 목표는 청와대 단일 습격으로 축소되었고, 투입 인원도 초기 구상(76명)보다 줄어든 31명으로 최종 결정되었다. 김신조는 원래 교도소 공격조에 배속될 예정이었다고 진술했다. 암살 외에도, 남한 사회에 극도의 혼란과 공포를 조장하고, 북한의 타격 능력을 과시하려는 의도도 있었을 것으로 추정된다. 계획상으로는 4분 이내에 기습을 완료하고 즉시 북으로 복귀하는 것이었다.

---

[106] 송제완, 『북한의 침투 및 도발, 그 끝은 어디인가』 렛츠북(2024), 211쪽

당시 유일하게 생포되었던 조선인민군 124군 부대 소위 김신조(27세)는 기자회견에서 "박정희 모가지를 따고 수하 간부들을 총살하는 것이 임무다"라고 진술하였다. 북한의 박정희 대통령 제거 기도는 실패하였지만, 6년 뒤인 1974년 8.15 광복절 기념행사장에서 육영수 여사가 문세광의 총격으로 희생되었다.

청와대 기습사건은 그동안의 침투 사건과는 판이한 형태의 도발이었다.

첫째, 침투 시기 면에서, 침투가 어렵다는 혹한기 1월을 선택하였고, 청와대 공격 시점도 상대적으로 경계가 소홀한 일요일을 선택하였다. 임진강이 결빙되어 도강이 자유롭다는 점을 이용했다. 둘째, 습격 목표를 청와대로 선정했다. 그동안 DMZ 일대 GP 습격 및 경계병 암살 등이 주를 이루었는데, 이 사건은 전례없이 남한의 심장부인 수도 서울, 그것도 청와대를 타격하여 심리적인 충격을 안겨주었다. 셋째, 편성 및 훈련 측면에서, 소수 침투 인원에서 31명이라는 대규모 집단 습격조를 편성하였고, 고도로 특수훈련된 장교로만 편성했으며, 개인별 중무장을 하고도 시간당 최대 8-10km의 초인적인 행군 속도로 한국군의 상황 판단의 혼란을 노렸다. 넷째, 침투 및 복귀로 측면에서, 침투로는 목표까지 단거리로 선정하고, 상대적으로 경계가 취약한 한국군과 미군의 경계 지역으로 침투 후, 복귀 시에는 청와대 차량을 탈취한 후 1번 도로를 이용해 경광등을 켜고 청와대 고위인사 차량으로 위장하여 복귀한다는 계획을 세웠다. 다섯째, 침투 방법 면에서, 군복과 사복을 혼합 착용하여 검문 시에는 훈련부대인 것처럼 대담하고 침착하게 기관원을 사칭하여 통과하고자 계획했다.[107]

---

107) 송제완, 195쪽

4. 박정희 보복 주장

1·21사태 발생 이틀 후인 1월23일 푸에블로호가 나포되었다. 미국은 푸에블로호 승무원 석방을 위해 판문점에서 북한과의 협상을 시작하자, 박정희 정부는 강력하게 반발했다. 박정희 정부는 1·21 사태에 대한 군사적 보복을 강조했고, 1·21 사태를 언급하지 않은 채 미국이 북한과 협상을 시작하는 것을 반대했다. 1·21 청와대 기습사건 직후 박정희 대통령이 주한 미국 대사에게 단독으로라도 북한을 공격하겠다는 의사를 표명하자, 유엔군 사령관은 한국군의 독자 행동을 막기 위해 한국군에 대한 연료공급을 제한하여 전방부대 지휘관들의 이동에 제약이 발생하기도 하였다.[108] 미국은 한국군이 단독으로 보복 행동을 한다면 군사원조 중단 및 주한 미군 철수 등을 조치하겠다고 압박했다.

초기에 미국은 북한의 군사시설에 대한 공습 등 강경 대응을 고려하기도 했다. 그러나 미 의회의 반대 그리고 베트남 전쟁 중 와중에 한반도에서의 또 다른 군사적 개입은 현실적으로 무리라는 미 국방부의 반대로 협상을 통해 해결하는 쪽으로 결정했다.[109] 한편 유엔군 사령관 본스틸 장군은 데프콘 격상을 심각하게 고려했지만, 결국 3단계로 격상하지 않았다. 본스틸 장군은 데프콘을 격상시키면 한국군도 이를 빌미로 전투 준비 태세를 강화할지 모른다고 우려하여 결국 격상시키는 조치는 취하지 않았다.[110]

박 대통령은 1968년 2월 12일 미국의 칼럼니스트 잭 앤더슨 기자와 청와대 단독 회견에서 "북괴가 오만해지는 이유는 그들의 도발 행위에 얼굴을 돌리는 미국 정책 때문이다. 한국의 방위가 유엔군 사령관의 책

---

108) 국방부, 『율곡 사업의 어제와 오늘 그리고 내일』 국방부(1994), 20쪽
109) 중앙일보사, 『발굴자료로 쓴 한국 현대사』 중앙일보사(1996), 407-410쪽
110) 국방부 군사 편찬연구소, 『국방사건사』 제 1집(2012), 156쪽

임하에 있고 한국군이 유엔군 사령관 작전 지휘하에 있기 때문에 1·21 사태와 푸에블로호 사건에 대해 응징 조치를 하지 말라는 미국의 요청을 받아들이겠다. 하지만 이번 사건에 대한 유엔군 사령관의 처사는 예의 주시하겠다."라는 경고성 발언을 했다.

이후 박정희 대통령은 작전통제권 환수를 요구하여 한미는 대간첩작전에 대한 통제권은 한국군이 행사하도록 합의하였다.[111] 북한군의 침투 및 도발에 대해서는 한국군 단독으로 대응할 수 있게 되었으나, 군사분계선 이북에 대한 작전은 여전히 유엔군 사령관의 승인이 필요하였다.

5. 사건의 여파

이 사건을 계기로 향토예비군과 육군3사관학교 창설, 주민등록증 도입, 고등학생, 대학생 군사훈련, 을지연습이 시작되었다. 또한 육군과 해병대는 6개월(36개월), 해군과 공군은 3개월(39개월)씩 현역병의 복무기간이 연장되었다. 경찰도 대간첩작전에 동원할 병력이 필요하다는 판단에 따라 '전투경찰'을 창설했다. 그리고 비밀리에 실미도 부대도 만들었다.

북한에서도 '여행증'이 만들어지는 계기가 되었다. 탈북기자 김길선의 증언에 따르면, 1·21 사태 이후 북한은 김일성 제거를 위해 북파된 공작원, 첩보원 등을 색출하기 위한 명목으로 1968년 말 평양시, 그다음 군사분계선 지역에 '여행증 제도'를 적용한 것을 시작으로 1970년대에 들

---

111) 한용섭, "전시작전통제권 환수 문제 고찰", 이수훈, 『조정기의 한미동맹: 2003-2008』 경남대학교 극동문제연구소(2009), p.167

어서 북한 전 지역으로 확대하였다.

박정희 대통령은 유엔군 사령관의 승인이 없으면 북한에 대해 어떠한 보복도 할 수 없다는 현실에 작전 통제권 환수, 베트남 파병 국군 철수 등을 거론했다. 미국은 한국을 달래기 위해 밴스 특사를 파견하여, 한국군의 현대화와 전투력의 개선을 위해 1억 달러 원조를 약속하였다. 이 예산으로 F-4D가 최초 도입되었다.

1968년 4월 18일 박정희와 존슨 대통령이 정상회담에서 한국 방위공약을 재확인했으며, 5월 한미 국방장관 회담이 개최됐고 한미안보협의회의(SCM)가 최초로 열렸다. 이 회의를 통해 기존 미국이 한국에 일방적으로 통보하는 방식에서 벗어나 협의의 장이 마련되었다.[112]

---

112) 양준석, "1968년 푸에블로호 사건 초기 한국 정부의 미국에 대한 대응 전략", 군사 제105호(2017), 180쪽

4. 푸에블로호 납치 사건

1. 사건 경위

　　1968년 1월 23일 미 해군 소속 정보수집함 USS 푸에블로호가 원산항 인근 동해 공해상에서 북한군에 의해 나포되어 83명(1명 사망)의 미 해군 승무원들이 11개월간 억류된 후 풀려난 사건이다. 미국은 1960년대 초부터 신호 정보 수집과 통신감청을 위해 이동용 감청소로 비전투용 선박을 이용하기 시작하였다. 당시 로버트 맥나마라 국방부 장관도 "비전투용 선박의 이용은 연안국에 덜 위협적이고 정보를 수집할 기회가 많으며 적대행위와 확전의 위험성이 적다."라고 평가한 바 있다. 이러한 임무를 수행하던 미국 정보수집함 푸에블로호가 북한에 납치된 것이다. 푸에블로호 승무원들은 바로 전날인 1월 21일, 북한 특수부대원 31명이 청와대를 기습하여 박정희 대통령 암살을 시도했던 '1·21 청와대 습격 사건'에 대해서는 전혀 통보받지 못한 상태였다. 이는 중대한 정보 전달 실패였다.

푸에블로호 납치

푸에블로호 사건은 미국의 계속되는 군사적, 정치적 판단 실수가 어우러져 일어난 비극이었다. 미국 정책 입안자들은 구소련이 전 세계를 장악하기 위한 음모의 중심에 있기 때문에 공산국가들은 모두 다 똑같은 것이라는 판단에 집착하였다. 이렇게 단순한 냉전적 사고방식은 전 세계를 자유 진영과 공산 진영으로 분리하였고, 푸에블로호 사건 책임자 모두 공산국 진영에도 차이가 있음을 알아채지 못하였다. 그리하여 그들은 푸에블로호 사건에 대하여 독특한 북한의 속성을 무시함으로써 임무 수행 준비가 되어 있지 않은 선박과 승무원을 사지로 보냈던 것이다.[113]

미 해군 역사상 평소 군함이 피납된 첫 번째 사례이며, 푸에블로호는 아직도 나포 상태에 있는 유일한 미 해군 선박이다. 나포 후 원산항에 계류되어 있던 푸에블로호는 1998년 평양 대동강으로 옮겨진 후 선전용으로 전시되어 있다.

---

113) Mitchell Lerner(김동욱 옮김), 『푸에블로호 사건: 스파이선과 미국 외교정책의 실패』 높이깊이(2011), 14-15쪽

2. 미국의 대응

푸에블로호가 납치된 직후 미국의 대응은 매우 미숙하였다. 위기 시 지원 전력을 제공하기로 되어 있는 미국 제5공군은 약 2시간이 지나서야 지원 요청을 받았다. 애초 미군은 푸에블로호가 수행하는 임무의 위험 정도를 '최소한'으로 평가하였기 때문에 지원 준비상태가 부족하였다. 또한 푸에블로호가 보낸 긴급전보에는 '심각한 사태가 발생하였다'라는 내용 대신 '방해받고 있다'는 정도의 내용만 있었다. 그러한 준비 부족은 미국의 초기 대응을 어렵게 하였다. 예를 들어 남한 오산에 4대의 항공기를 배치하고 있는 제5공군은 30분 이내에 푸에블로호가 있는 곳까지 도달할 수 있었다. 그러나 그 전투기에는 핵무기만 적재할 수 있었고 재래식 무기 적재 장비는 일본 기지에 보관되어 있어 도움이 되지 않았다. 일본 오키나와 가데나 공군기지의 제18 전술 비행단은 지원을 위해 12대의 F-105 전폭기에 출동 명령을 내렸으나 항공기에 대한 급유, 무장 그리고 임무 지원을 위한 대기 지시등으로 이륙이 지체되었다. 결국 두 대의 항공기만이 1시간 23분 만에 이륙하였고, 야간이 되자 연료가 바닥나기 시작하면서 전투기들은 기지로 복귀할 수 없어 남한의 비행장에 비상 착륙하였다.

유사한 문제점들이 다른 곳에서도 발생하였다. 일본 요코타에 있는 제347전술 비행단은 원산 폭격 준비 명령을 받았지만, 미군은 기존의 F-105를 태국으로 보내고 새로운 기종인 F-4C로 기종을 전환 준비 중이었기 때문에 출격이 불가능하였다. 두 대의 F-4만 출격이 가능하였지만, 모두 핵무기만 장착되어 있었다. 다른 전투기에도 전투 준비 명령이 내려졌지만, 폭탄과 폭탄 장치대를 연결하는 무장 케이블이 아직 도착

하지 않아 무위에 그쳤다.[114]

미국은 나포 현장에서 756km 떨어진 해역에 있던 핵 추진 항공모함 엔터프라이즈호와 3척의 구축함을 원산만 부근으로 보냈으며, 25일에는 해공군의 예비역 14,000여 명에게 긴급 동원령을 내렸다. 전투기를 비롯한 항공기 372대에 대한 출동 태세를 갖추도록 했으며, 오산과 군산기지에 2개 전투기대대를 급파하는 등 군사적 조치를 해 나갔다. 28일에는 추가로 2척의 항공모함과 구축함 1척 및 6척의 잠수함을 동해로 이동시킴으로써 한반도에는 긴장이 감돌기 시작하였다.

당시 미국은 베트남전과 동시에 한반도에서 두 개의 전쟁을 수행할 수 있는 상황이 아니었다. 소련을 통한 외교교섭이 소련의 거부로 실패하자, 미국 측은 한국 정부의 반발을 무릅쓴 채 북한과 비밀협상에 들어갔다. 이 비밀협상은 북한과 미국 간의 정부 대 정부 간 첫 협상이었고, 이를 계기로 북한은 남한을 배제하고 미국과 직접 접촉하는 '통미봉남' 전술의 첫 사례가 되었다. 북한은 푸에블로호 협상에서 체득한 경험을 대미협상에서 십분 활용하고 있다. 예컨대 2009년 3월 17일 중국-북한 접경 지역에서 취재 중이던 미국 여기자 2명을 인질로 잡은 뒤 클린턴 전 대통령을 평양에 특사로 불러들여 김정일과 인질 석방 협상을 한 바 있다.

북한은 학대와 고문을 통하여 푸에블로호 승무원들에게 영해 침범과 간첩행위를 했다는 것을 시인하고 자백서에 서명하도록 강요했다. 북한은 이 사건을 미국이 불법적으로 북한의 영해를 침범하고 간첩행위를 감행한 것으로 주장하고, 이를 대내외 적에 선전하였다. 북한은 사건 발생 11개월 만인 1968년 12월 23일 판문점 '돌아오지 않는 다리'를 통해 승무원 82명과 유해 1구를 송환하였다.

---

114) Id, 145-151쪽

푸에블로호 사건에 대한 존슨 행정부의 초기 인식은 냉전적 사고의 지배를 받고 있었다. 미국은 푸에블로호 사건 이전부터 갖고 있었던 대북 인식에 기초하여 푸에블로호 사건의 배경을 소련과 북한의 공모, 베트남 전쟁에서 미국의 관심을 돌리기 위한 시도 등으로 해석하고 있었다. 이 시기 미국의 한반도 정책은 베트남 전쟁과 같은 글로벌 전략의 일부였기 때문에 푸에블로호 사건도 전략적 수준의 사건으로 인식하였다. 그러나 후일 밝혀진 자료에 따르면 소련은 연계되지 않은 북한 단독 소행으로 확인되었다.

3. 한국의 불만

당시 한국 정부는 1·21 청와대 기습사건 불과 이틀 후에 벌어진 푸에블로호 나포 사건으로 상당히 격앙되어 있었다. 미국은 한국 정부의 과격한 대응이 승무원의 조기 송환에 걸림돌이 될 수 있음을 우려하였다. 특히 박정희 정부의 강경 대응이 북한과 확전으로 이어지게 되면 미국은 원치 않는 전쟁에 연루될 수 있음을 경계하였다. 미국은 벤츠 특사 파견을 통해 한국과 이 문제를 협의하였다. 한국의 불만을 달래기 위해 미국은 다양한 군사 경제 지원을 약속하였고, 미국과 북한과의 대화를 묵인하고, 한국군도 베트남에서 철수하지 않기로 약속하였다.[115]

당시 미국의 한국에 대한 안보 공약 강화와 군사적 지원 약속들이 단순히 한국 정부를 달래기 위한 전략적 차원에 국한되지는 않은 것이다. 미국은 한국군의 현대화와 추가 군사 지원이 북한에 대한 전략적 효과도 있음을 기대하였다. 즉 북한이 도발하면 한국군의 전력이 증강

---

115) 정성윤, 『푸에블로호 피랍 사건과 한국의 대응』 선인(2023). 116쪽

되고 미국의 지원은 추가된다는 점을 북한 측이 분명히 인지하기를 기대했다. 아울러 당시 북한에 대한 중재역을 기대하고 있던 소련에도 이러한 조치는 효과적일 수 있다고 미국은 판단했다. 당시 소련이 실제 한국의 군사력 증강과 박정희 정부의 호전적 태도를 우려하고 있음을 미국은 주목한 것이다.[116]

4. 평가

존슨 대통령은 푸에블로호 나포 이후 비전투용 선박에 의한 정보 수집 작전인 '방아벌레 작전'을 포기했지만, 정찰기와 특수 잠수함에 의한 유사한 임무를 계속 이어나갔다. 1969년 4월 14일 북한은 31명의 승무원이 탑승 중인 미국 정찰기 EC-121을 동해상에서 격추하였다. 그 정찰기는 청진항에서 남동쪽으로 70마일 떨어진 지점에서 정보 수집 업무에 종사 중이었다. 푸에블로호 사건에서 나타난 문제점들이 많은 부분 동일하였다. 그 정찰기는 사실상 비무장이었고 통신 체계도 많은 문제가 있었다. EC-121 격추 사건과 푸에블로호 사건의 가장 큰 차이점이 있다면 이번에는 생존자들이 없다는 것이었다.

정보 수집 업무는 잠수함에도 부여되었다. 잠수함의 구조적 문제와 임무 수행에 있어서 그 효율성이 의심이 가는 상황에서도 동일한 임무에 투입되었다. 1968년 5월 지중해에서 임무를 마치고 복귀 중이던 3,500톤급 핵추진잠수함 스콜피온호(USS Scorpion)는 어뢰 전지 이상으로 폭발하여 침몰하였다. 승조원 99명이 사망하였다.[117]

---

116)   Id, 99쪽
117)   Mitchell B. Lerner, 366-367쪽

푸에블로호 대미협상은 북한에게 미국이라는 강대국을 상대로 인질 외교, 통미봉남 전술, 관심 유인 전략의 유용성을 습득하고 향후에도 지속적으로 구사할 수 있는 배경이 되었다. 푸에블로호 승리의 기억은 김정일 체제에서 '선군정치'의 근거로 활용되었고, 대미 승리의 상징이 되어 체제 유지에 기여하였다.[118]

북한은 1968년 푸에블로호 사건을 '1차 대미 두뇌전'이라고 부르고, 1990년대 핵 외교를 '또 한 차례의 대미 지혜전'이라고 명명하였다. 이것은 북한 지도자들이 자국의 군사 외교 행동을 장기적인 흐름 속에서 이해하고 있었다는 것을 보여 준다.[119]

5. 승무원, 가족의 소송

2018년, 61명의 생존 승무원과 110명의 가족은 북한 정부를 상대로 워싱턴 D.C. 연방 지방법원에 집단 소송을 제기했다.[120] 소송 이유는 억류 기간 겪었던 불법 감금, 고문, 그리고 이로 인한 신체적, 정신적 피해에 대한 손해배상 청구였다. 물론 북한 정부는 이 소송에 응하지 않았다.

2021년 2월, 법원은 원고 승소 판결을 하고, 북한 정부에 총 23억 달러(한화 약 2조 7천억 원)의 배상금을 지급하라고 명령했다. 이는 보상적 손해배상 11억 5천만 달러와 징벌적 손해배상 11억 5천만 달러를 합한 금액으로, 테러 지원국 관련 소송 역사상 최대 규모의 배상 판결 중 하

---

118) 이신재, 『푸에블로호 사건이 대미 인식과 협상전략에 미친 영향』 박사학위논문(2013), 북한대학원대학교, 216-218쪽
119) 미치시타 나루시게, 12쪽
120) John Doe A-1 et al. v. DPRK

나였다. 이 판결은 50년 넘게 고통받아 온 푸에블로호 승무원들과 가족들에게 법적으로나마 정의가 실현되었음을 의미하는 상징적인 승리였다.

그러나 실질적인 배상금 지급은 또 다른 문제였다. 배상금은 미국 의회가 설립한 '테러 지원국 피해자 보상 기금'에서 지급될 예정이었으나, 이 기금의 재원이 부족하여 실제 지급된 금액은 판결액에 훨씬 못 미치는 극히 일부에 불과했다. 생존 승무원들은 여전히 완전한 보상을 받기 위해 기금 확충을 위한 입법 활동 등을 벌이며 싸움을 이어가고 있다.[121]

---

[121] Federal Court Awards $2.3 Billion to USS Pueblo Crew Members and Their Families in Terrorism Case Against North Korea, 2021-2-25, businesswire.com

5. 해군 방송선 납치 사건

1. 사건 경위

1970년 6월 5일 연평도 서방에서 조업 관리 중이던 아이 투(I-2)호 정이 북한 고속정의 기습 공격을 받고 납북되었다. 연평도 주변 해역에서 조기잡이 철을 맞아 많은 어선이 어로한계선을 넘나들며 조업하다가 자칫하면 북한으로 납치될 우려가 있어 해군 방송선이 이를 통제하던 중이었다. 노후된 해군 함정 선체에 부착된 대형 스피커를 이용해 방송으로 조업 어선을 통제하여 '해군 방송선'이라는 이름을 갖게 되었다.

한국 해군 함정 나포는 창군 이래 초유의 사태였다. 당시 우리 해군은 예산이 부족해 구소련에서 도입한 고성능의 북한 고속정에 대적할 만한 경비정을 보유하지 못했다. 해군본부 정보참모부 예하 해상정찰대 소속 I-2호정은 일제 강점기 건조된 함정으로 최대 속력 8kt에 20mm 포를 갖추고 20명의 승조원이 탑승하고 있었다. 북한 해군 고속정 2척의 기습을 받고 납치되었다.

이 사건은 냉전기 남북 간 군사적 긴장이 최고조에 달했던 시기에 발생한 북한의 계획적인 도발이었다. 북한은 당시 대한민국 해군의 연안 방어 능력 취약점을 정확히 파악하고, 압도적인 화력과 속도를 앞세워 I-2 정을 기습 공격하여 승조원 20명과 함께 나포했다. 이 사건의 책임을 지고 장지수 해군 참모총장이 사의를 표명하는 등 정치적 파장이 상당했다.

2. 국방부 발표

국방부 발표에 따르면 "사건 당일인 5일 오전 연평도 기지를 떠난 해군 방송선은 연평도 서남쪽 7마일 해상에서 우리 어선단의 어로작업을 보호하면서 대북 방송 임무를 수행 중, 휴전선 북쪽에서 300t급의 북괴 고속포함 여러 척이 북괴 어선단에 섞여 활동중임을 발견, 경계하고 있었는데, 이날 낮 11시 55분경 그중 2척이 갑자기 선수를 남쪽으로 돌려 쏜살같이 돌진, 방송선을 향해 수백 발의 포탄을 퍼부으며 기습 공격을 해왔다는 것"이다.

해군 방송선은 기관총과 자동소총으로 응사하며 약 15분간 분전했으며 적의 포탄이 선체에 명중, 승조원 중 상당수가 전사하고 부상한 것으로 판단된다. 방송선은 이날 낮 1시 5분 '항공지원 요청'이라는 마지막 무전을 보낸 후 통신이 끊겼고 공군 F-5A 2대가 낮 1시 40분 현지 상공에 도착했을 때는 이미 휴전선을 넘어 북괴 해역으로 끌려간 뒤로 공중 지원을 할 수 없었으며 서해를 경비 중이던 군 경비함정들도 급히 현지에 달려갔으나 거리가 너무 멀어 구해내지 못했다는 것이다.[122]

---

122) 동아일보, 1970-6-8, 1면

3. 평가

I-2 피랍사건은 단독적인 사건이 아니라, 당시 북한의 연속적인 주요 도발 행위의 일부로 이해해야 한다. 1967년 당포함 격침 사건, 1968년 청와대 기습 미수 사건, 같은 달 발생한 미 해군 정보함 푸에블로호 납치 사건, 그리고 1969년 4월 미 해군 정찰기 EC-121 격추 사건 등이 이 시기에 연이어 발생했다.

이러한 일련의 사건들은 북한이 미국이 베트남 전쟁에 깊이 개입된 상황을 이용하여 한반도에서 군사적 긴장을 고조시키고, 방어 태세를 시험하며, 궁극적으로는 체제 불안정을 유도하려는 계산된 전략의 일환이었음을 보여준다. I-2호정 피랍사건 역시 이러한 광범위한 전략적 공세의 연장선상에서 발생한 것으로 평가할 수 있다.

해군 방송선 구조 실패의 책임 공방 중 공군은 "교전규칙에 따라 선제공격을 받지 않는 한 먼저 사격을 할 수 없었고, 전술항공통제본부(TACC)로부터 허가 없이 공격하지 말라"며 작전 지휘권을 보유한 유엔사에 책임을 전가하였다.

그러나 유엔사는 "한국 해군 참모총장 작전통제 아래 실시되었던 해군 방송함에 대하여 유엔사는 통보받은 것이 없다. 사건 현장에 지체없이 출동했던 한국 공군기들이 납북을 저지하지 못한 것은 북한 고속정들이 북한 어선에 둘러싸여 목표 함정 식별이 사실상 어려웠기 때문이며 목표물에 대한 적시 공격도 사실상 불가능했다."라고 하였다.[123]

유엔군 사령관은 11일 직접 국방부 장관을 찾아와 방송선 사건이 작전 지휘권 통제 때문이 아니라고 강경하게 항의했고, 국방부는 이 항의를 수용하여 12일에 사건 당시 작전권 제한을 받지 않았음을 시인했

---

123) 경향신문, 1970-6-12, 1면

다. 결국 문제는 한국군이 유엔사 교전규칙을 너무 축소 해석하여 적절한 대응책을 취하지 못한 것으로 밝혀졌다.[124] 국방부는 6월 16일 미군과 협의 후, 유엔군 사령관이 장악하고 있는 작전 통제권에 관계없이 작전 상황에 따라 한국군도 독자적으로 행동을 취할 수 있도록 지침을 내렸다.[125]

생각건대, 해군 참모총장이 작전통제를 행사했던 해군 방송선은 유엔군 사령관이 지휘하는 작전통제 부대에 해당하지 않았고, 전투기 공격이 여의치 못했던 것은 교전규칙 때문이 아니라 당시 작전 환경이 여의치 않았기 때문이었던 것으로 보인다.

관련 기록이 없어 세밀한 판단은 어렵지만 당시 공군 관계자들이 적의 선제공격 이전에는 유엔군 사령관의 허가 없이 무력을 행사할 수 없다는 교전규칙에 상당히 얽매였던 것으로 추정된다. 지금 생각해도 "자위권의 대상이 됐을 텐데?" 하는 아쉬움이 남는다. 당시 공군 작전사령관 윤응렬 장군은 "유엔군 사령부 참모장인 미 공군 스미스 중장이 교전규칙 상 우리 함정이 납치되고 있으므로 당연히 공격할 수 있다"는 해석을 내놓았다고 언급한 바 있다.[126]

그런데 언론의 보도와는 달리, 윤 장군은 전투기가 목표 지점에 도착했을 때 방송선은 이미 북한 경비정의 예인으로 해주항으로 들어갔다고 판단하고 있었다. 출동한 전투기는 해주 상공까지 수색을 벌였으나 납치된 선박을 찾지 못하고 김성룡 공군 참모총장과 협의 후 전투기를 철수시켰다고 진술하고 있다.[127]

납북된 해군 방송선과 생존 승무원들은 아직도 송환되지 않고 있다.

---

124) 정원웅, "해군 방송선 납북사건: 잊혀진 I-2호정의 교전과 그 승조원", 군사, 제106호(2018), 1-12쪽
125) 경향신문, 1970-6-16
126) 윤응렬, 『상처투성이의 영광』 황금알(2010), 384쪽
127) Id, 382-383쪽

이 사건으로 한국 해군이 고속정 도입 가속화에 박차를 가하는 계기가 되었다. 유엔사/연합사 교전규칙 문제는 2010년 연평도 포격 도발 사건에서 다시 이슈가 되었다.

6. 1973년 서해 사태

1. 개요

'1973년 서해 사태'는 특정 단일 교전을 지칭하기보다는, 1973년 10월부터 12월 사이에 북한이 서해 북방한계선(NLL)[128]을 의도적으로, 그리고 반복적으로 침범하며 발생시킨 일련의 도발 행위를 포괄하는 개념이다. 이 기간 북한은 총 43회에 걸쳐 NLL을 침범하였다. 1973년 서해 사태는 제1연평해전이나 대청해전 등 명확한 교전 기록과 사상자 발생이 확인된 사건들과는 달리 '교전'이 없었다는 점에서 구별된다.

1973년의 사건들은 북한이 NLL의 정당성에 대해 공식적으로 이의를 제기하고 무력화를 시도하기 시작한 전환점이라는 점에서 그 중요성이 있다. 이는 NLL 설정 이후 약 20년간 유지되던 비교적 안정적인 관리 상태가 깨지고, NLL이 본격적인 남북 간 군사적, 정치적 대립의 장으

---

128) 북방한계선(NLL: Northern Limit Line)은 1953년 8월 30일, 당시 유엔군 사령관이었던 마크 클라크(Mark W. Clark) 장군이 설정한 대한민국과 북한의 서해 및 동해 접경 지점의 경계선이다. 아군 함정 및 항공기 초계 활동의 북방 한계를 규정해 남북 양측 간에 일어날 수 있는 충돌을 방지한다는 정전협정의 실질적인 이행에 목적을 두고 있는 사실상의 해상 경계선이자 군사분계선이다.

로 변모했음을 의미한다.

서해 사태는 북한의 성공적인 법률전 수행으로 평가할 수 있다. 북한은 정전협정에 해상 군사분계선이 규정되지 않은 것, 국제사회에서 12해리 영해를 주장하는 나라가 증가하는 추세를 이용하고, 능수능란하게 해군과 공군력을 활용함으로써 자국의 입장을 강화하고 한미 관계를 교란해 갈등을 유발하는 데 성공했다.[129] 2001년 6월 2일 북한 상선 제주 해협 통항 사건도 같은 맥락이다.[130]

2. 서해 사태 경과

(1) 북방한계선(NLL) 설정

1953년 8월 30일 유엔군 사령관 Mark W. Clark 대장은 해상에서 남북 간 우발적 충돌을 예방한다는 목적으로 동해 및 서해에 설정했다. NLL 설정 이후 약 20년 동안 북한은 NLL에 대해 공식적으로 이의를 제기하지 않았으며, 사실상 이를 준수하는 태도를 보였다. 이는 당시 북한의 해군력이 미미하여 NLL에 도전할 능력이 부족했고, NLL이 오히려 북한 연안으로의 유엔군/한국군 접근을 제한하는 효과를 가져왔

---

129) 미치시다 나루시게, 129쪽

130) 휴전 이후 북한은 남북 관계가 완화될 때마다 해상 운송비 절감을 위해 꾸준히 정부에 제주해협 통과의 허가를 요구해 왔고, 한때는 아예 무해통항권도 주장했다. 그러나 대한민국 정부는 정전 상태를 근거로 북한의 무해통항권을 인정하지 않았다. 2001년 6월 2일, 북한 상선 3척이 무단으로 제주해협을 통과하면서 영해를 침범하여 남북 간 갈등이 유발되었다. 이후 2004년 8월 실무 협의를 거쳐 북한의 제주해협 통과를 허가했다. 2005년 8월 15일을 시작으로 북한의 화물선이나 상선 등이 제주해협을 통과할 수 있게 되었고, 2005년 41척, 2006년 128척, 2007년 174척, 2008년 188척, 2009년 231척으로 꾸준히 증가하였다. 그러나 2010년 천안함 피격 사건 이후 정부가 단행한 독자 제재인 5·24 조치로 북한의 제주해협 통과는 2010년 5월 24일부터 다시 금지되었다.
참고로 제주해협은 공해대가 없이 한국의 영해로만 구성된 해협이어서 무해통항이 적용된다. 아울러 제주 남단에 유사 편의 항로가 있기 때문에 통과통항은 허용되지 않는다. 무해통항권은 평화 시에 인정되는 권리로 정전 상태에 있는 남북한 간에 적용할 수 없다.(김동욱, 『한반도 안보와 국제법』, 64-67쪽)

다는 점 등이 복합적으로 작용한 결과였다.

NLL에 대하여 유엔사와 한국은 각기 다른 입장을 취하여 왔다. 핵심은 북한 선박의 NLL 월선이 정전협정 위반인지에 대한 견해가 각기 다르다는 것이다. 유엔사는 1953년 8월 30일에 유엔군 사령관에 의해 일방적으로 선포되었지만, 법적으로 NLL은 정전협정과는 직접적인 관련이 없다는 입장이다. 다만 북한 함정이 서북 도서의 3해리 수역 이내로 침범하는 경우에만 정전협정 위반 행위로 간주하였다. 북한 선박이 NLL을 넘더라도 서해 5개 도서의 3해리 밖에 있으면 정전협정 위반은 아니라는 입장을 취해왔다. 서해 5도 인근 수역에 대한 한국의 접근권과 통제권은 지지하지만, NLL은 정전협정에 명시되지 않았고 국제법적으로 불분명하다는 것이다.

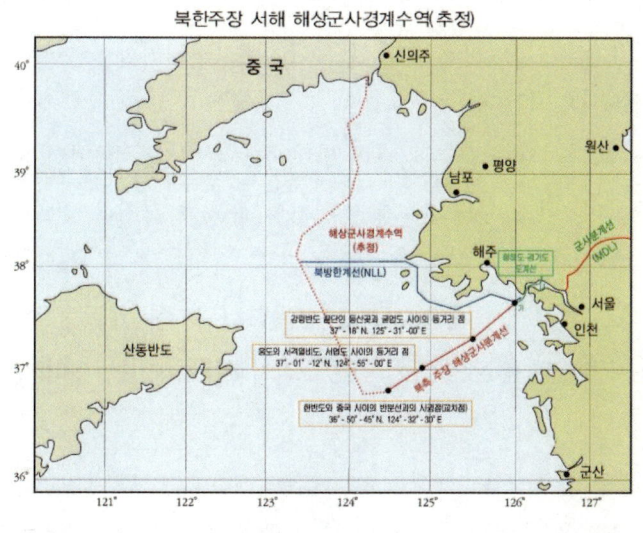

서해 NLL 해역(국방부)

(2) 서해 사태 감행

1973년 하반기, 특히 10월부터 11월에 걸쳐 북한은 서해 NLL 일대에서 전례 없는 규모의 도발을 감행했다. 이 기간 북한 함정은 총 43차례에 걸쳐 의도적으로 NLL을 침범했다. 이러한 침범 행위는 주로 백령도, 대청도, 소청도, 연평도, 우도 등 서해 5도 주변 수역에서 집중적으로 발생했으며, 남한의 해군 함정과 민간 선박을 위협하였다. 1973년 서해 사태 당시 북한의 NLL 침범이 빈번하고 위협적이었음에도, 43건의 침범 과정에서 포 사격 또는 인명 피해가 발생하지는 않았다.

1970년대 초반 북한은 해군력 증강에 힘썼다. 이전에 미미했던 해상 능력이 일정 수준 향상되면서, NLL에 물리적으로 도전하고 자신들의 주장을 관철할 수 있는 군사적 능력이 마련되었다. 북한은 증강된 해군력을 바탕으로 NLL을 지속적으로 침범하고 남한 해군과 대치할 수 있는 능력을 보여주었다. 이는 북한의 NLL 정책 변화를 뒷받침하는 군사적 능력의 과시이자, 향후 더욱 심각한 충돌로 이어질 수 있는 잠재력을 내포하는 것이었다.[131]

북한은 NLL이 유엔군 사령관이 일방적으로 설정한 '불법적 유령선'으로 간주하며, 이를 무력화하려는 정치적 목표를 가지고 있었다. 특히 NLL이 북한의 주요 항구인 해주항 접근 등 북한 상선의 서해 진출입을 제약한다고 인식했기 때문에, NLL 무력화는 북한에게 중요한 전략적 과제였다. 1973년의 NLL 침범과 공식적인 이의 제기는 이러한 장기적

---

131) 1968년부터 구소련으로부터 시속 40km 오사급(Osa Class) 미사일 고속정을 도입하여 해상에서 압도적인 군사적 우세를 달성한 북한은 자신감을 가지고 '서해 사태'를 유발하였다. 구소련의 오사급 미사일 고속정은 스틱스(Styx) 대함미사일을 4기 장착하여 남한은 물론 NATO 국가의 해양 경비에 큰 위협이 되었다. 이전에도 북한은 스틱스(Styx) 대함미사일 2기를 장착한 코마급 미사일 고속정, 고속 어뢰정으로 동서해에서 긴장을 조성해 왔다. 서해 사태를 계기로 한국도 고속정(PK, PKM)과 미사일 고속함(PGM) 도입 등 군사력 증강에 박차를 가하게 되었다.

목표를 달성하기 위한 구체적인 행동의 시작이었다.

(3) 북한의 주장

북한은 1973년 제346차 및 제347차 군사정전위원회에서 NLL의 정당성에 대해 공식적으로 문제를 제기했다. 이 자리에서 북한 측 대표는 다음과 같은 핵심 주장을 펼쳤다. 첫째, 정전협정에는 해상 군사분계선이 명시되어 있지 않으며, NLL은 유엔군 측이 일방적으로 설정한 것으로 법적 효력이 없다. 둘째, 황해도와 경기도의 옛 행정구역 경계선을 서쪽으로 연장한 선 이북의 모든 수역은 북한의 영해이다. 셋째, 유엔사 담당하에 있는 서해 5도로 출입하는 모든 선박은 사전에 북한 측의 허가를 받아야 한다.

북한 주장 서해 5도 통항로

이러한 주장은 NLL 설정 이후 20년 만에 북한이 NLL의 지위를 공식적으로 부정한 첫 사례였으며, 단순한 해상에서의 우발적 충돌을 넘어 NLL 문제 자체를 정전 체제의 핵심 쟁점으로 부각하려는 의도를 명확히 보여주었다. 북한은 해상에서의 물리적 도발과 함께 군사정전위원회라는 공식 채널을 활용하여 자신들의 주장을 정당화하고 NLL 문제에 대한 국제적 관심을 끌려고 하였다.

(4) 유엔군 사령부와 남한의 대응

유엔군 사령부는 군사정전위원회에서 북한의 주장을 즉각 반박했다. 유엔사 측은 북한의 주장이 정전협정 문구와 정신에 위배되는 "전적으로 용납할 수 없는 궤변"이라고 비판하며, NLL이 비록 정전협정에 명시된 선은 아니지만 정전협정의 안정적 관리를 위해 필수적인 조치였으며, 지난 20년간 사실상의 해상 경계선으로 기능해 왔음을 강조했다. 또한, 서해 5도에 대한 자유로운 접근권은 정전협정에 의해 보장된다는 입장을 분명히 했다. 남한 정부 역시 NLL을 실질적인 해상 불가침 경계선으로 간주하고, 북한의 침범 행위에 대해 경계 및 감시 활동을 강화하며 NLL 수호 의지를 분명히 했다.

3. 서해 사태의 영향

1973년 사건은 NLL을 둘러싼 갈등의 시작을 알리는 신호탄이었다. 북한은 이후에도 지속적으로 NLL 무력화를 시도하며 다양한 형태의 도발을 감행했다. 1999년 제1연평해전, 2002년 제2연평해전, 2009년 대청해전, 2010년 천안함 피격 사건, 2010년 연평도 포격 도발 등 서해상에서 발생한 주요 무력 충돌은 모두 1973년에 본격화된 NLL 갈등의 연장선에 있다. 북한은 또한 1977년 '해상 군사경계선', 1999년 '조선 서해 해상 군사분계선', 2000년 '서해 5개섬 통항질서' 등을 일방적으로 선포하며 NLL을 대체하려는 시도를 계속해 왔다.

결국, 1953년 정전협정 당시 해상 경계선 합의 실패라는 모호성이 NLL이라는 임시방편적 조치를 낳았고, 1973년 북한의 공식적인 도전 이후 이 문제는 해결되지 못한 채 지속적인 갈등의 불씨로 남게 되었다. 1992년 남북기본합의서에서 "해상 불가침 경계선은 앞으로 계속 협의한다"라고 명시하고, "해상 불가침 구역은 해상 불가침 경계선이 확정될 때까지 쌍방이 지금까지 관할하여 온 구역으로 한다"고 합의함으로써 NLL이 사실상의 경계선임을 인정하는 듯했다. 그러나 양측의 근본적인 입장 차이로 인해 합의 이행은 이루어지지 않았고, NLL은 여전히 한반도의 대표적인 화약고로 남아있다. 북한은 이러한 미해결 상태를 이용하여 주기적으로 NLL 문제를 제기하고 도발을 감행함으로써 정치적, 군사적 이득을 취하려는 전략을 구사하고 있다.

7. 제3사단 포격 사건

1. 개요

1973년 3월 7일, 비무장지대(DMZ)에서 군사분계선 표지판 보수 중이던 한국군이 북한군의 기습 총격을 받자, 박정인 제3사단장의 지휘로 즉각적 포격 대응을 감행하여 북한군 GP를 초토화하고 아군 부상자를 구출한 작전이다. 전술적 성공에도 박정인 장군은 지휘계통 위반 및 과도한 대응을 이유로 보직해임 후 예편되었다.

2. 경과

1973년 3월 이전 한반도는 1972년 7·4 남북공동성명 발표로 표면적 평화 분위기가 조성된 듯했으나, 북한은 '화전 양면 전술'을 구사하며 군사적 긴장을 지속했다. 북한군은 군사분계선(MDL) 표지판을 상습 훼손하고 군사분계선 인근으로 접근하는 등 도발을 이어갔다.

사건의 발단은 제3보병사단(백골 부대)의 MDL 표지판 보수 작업이었다. 이는 정전협정 유지를 위한 정당한 활동으로, 북한군의 상습적 훼손에 따른 것이었다. 제3사단은 1973년 2월 27일 유엔군 사령부 군사

정전위원회와 북한 측에 표지판 0654호 보수 작업을 공식 통보했고, 유엔사는 이를 승인하여 제5군단은 3월 7일부터 8까지로 작업 일자를 결정했다. 이처럼 사전 통보된 합법적 활동에 대한 북한의 공격은 명백한 정전협정 위반이자 계획적 도발이었다.

1973년 3월 7일 오후, 제3사단 18연대 작업조 7명이 MDL 표지판 보수를 마치고 복귀 중 북한군 GP로부터 기습 총격을 받았다. 북한군 559 GP에서 총격으로 심리전 장교 황정복 대위, 김윤동 중사가 다쳤다. 이들과 엄호 병력은 고립되었다.

박정인 사단장은 보고 직후 현장으로 가 확성기로 사격 중지를 요구했으나, 북한군은 이를 무시했다. 박정인 사단장은 즉각 응징할 것을 명령하고 부상자 구출을 지시했다. 이후 교전이 확대되면서 서희수 병장이 전사하였다.[132] 사단장은 적 도발 원점에 직접적인 포병사격을 명령하였다. 제3사단 제71 포병대대 105mm, 155mm 견인 곡사포에서 발사된 포탄이 북한군 559 GP에 명중하여 인민군 36명이 사망하였다.

제3사단 포병 71대대 사격훈련(국방부)

---

132) 송제완, 252쪽

이후 박정인 장군은 사단 내 모든 차량의 조명을 켜고 남방한계선까지 돌진하게 하는 무력시위를 감행했다. 이에 당황한 북한의 김일성은 전군에 비상 동원령을 내려 준전시 태세에 돌입하였다.

'3·7 완전 작전'은 휴전 이후에 전방에서 발생한 30여 건의 북한군 침투에 가장 성공적, 모범적으로 대응한 '완전 작전'의 사례로 손꼽힌다. 1975년 귀순한 인민군 유대윤 소위는 그날의 공격이 얼마나 위력적이었는지 증언한 바 있다. 유 소위는 "그날 백골 포병부대의 포탄 1발이 정확히 막사에 명중해 인민군 36명이 사망했다"라며 "지금도 백골 부대는 북한군이 가장 겁내는 부대"라고 증언하였다.[133] 박정인 사단장은 북한의 도발에 단호하게 대응하였지만, 북한을 불필요한 수준으로 자극하였다는 이유로 당시 작전 통제권을 갖고 있던 미군 측의 항의와 군 지휘부의 문책을 받게 됐다. 공식적인 해임 사유는 상부 지휘계통의 승인 없이 독단적으로 포병 대응 사격을 명령하여 지휘 체계를 위반하고 정전협정을 위반했으며, 통제되지 않는 확전의 위험을 초래했다는 것이었다. 결국 이에 따라 작전 약 1달 뒤에 박정인 장군은 임기를 채우지 못하고 육군본부에서 5개월 대기 후 준장으로 예편하였다.

박 장군은 사단장 이임식에서 "북진 통일의 성업을 완수하지 못하고 사단장직을 떠나게 돼 유감스럽게 생각한다. 그러나 백골 사단 장병은 나의 의도를 받들어 선봉 사단과 북진 통일의 임무를 기필코 완수할 것을 당부하며 백골 사단의 건승과 장병의 무운장구를 기원한다."며 짧게 소감을 밝혔다.

---

133) 이상복, 『풍운의 별 박정인 장군의 귀감 리더십』 유페이퍼, 2024, 21-22쪽

3. 평가

3·7 완전 작전은 국군 내부에서 성공적, 모범적으로 대응한 '완전 작전'의 사례로 평가된다. 그러나 박정인 장군의 해임은 전투 현장의 주도권과 국가 차원의 전략적 통제 사이의 긴장을 보여준다.

3·7 완전 작전에 대한 상반된 두 평가를 소개한다.

첫 번째 평가이다. "군인은 단호하게 대응할 수 있다. 그래야 할 필요도 있다. 그러나 '3·7 완전 작전' 이후 박정희 대통령은 박정인 장군을 해임하고 곧 예편시켰다. 군인의 자의적 판단이 정부의 통제에서 벗어나서는 안 되기 때문이다. '트럭 돌진' 상황은 명령 계통을 밟지 않은 박정인 장군 개인의 보복 이벤트였다. 전쟁을 수행하는 것은 군인이지만 이를 예방하거나 결단하는 것은 국민으로부터 권력을 위임받은 정부의 일이다."[134]

두 번째 평가이다. "한 군인의 무모함이 나라를 곤란하게 만들 수도 있다. 군인에게 용맹이 덕목의 전부가 아닐 수도 있다. 그러나 용맹하지 못하면 절대 군인일 수 없다. 민간 정부의 통제를 받되 군은 용맹해야만 적에게 공포를 줄 수 있다. 온화한 신사가 집에 호랑이를 키우는 것이 정부와 군의 관계다. 박정인 사단장 해임·예편은 우리 군인들에게서 그와 같은 용맹을 빼앗아 가 버렸다. '용맹하면 군복을 벗어야 한다'는 생각이 알게 모르게 군인들 머릿속에 들어박혔다."[135]

어느 평가가 타당하다고 봐야 할까?

---

134) 김형민, "3·7 완전 작전이 윤석열 대통령에게 주는 교훈", 시사인, 제808호, 2023-3-19
135) 양상훈, "맹장의 싹을 자른 박정인 사단장 해임 사건", 조선일보, 2015-8-13

4. 연평도 포격 도발 소감

후일 박정인 장군은 언론 인터뷰에서 북한의 연평도 포격 사태에 대하여 다음과 같이 말했다.[136]

첫째, 군의 소극적 대응에 대하여, "군인은 조국을 지키기 위해 자신의 임무를 완수하면 됩니다. 사리사욕이 아니라, 부대와 국가를 위해 언제든 목숨 바칠 준비가 돼 있어야 해요. 그게 군과 국가에 혼란을 불러왔다면 깨끗하게 책임지고 옷 벗으면 됩니다. 요즘 군대는 엉망진창이에요."

둘째, 대응 방식에 대하여, "공군 전투기가 떴는데 왜 해안포를 때리지 않았습니까? 해군 함포는 왜 공격을 하지 않았습니까? 우리 아들들이 죽는데, 민간인들이 죽는데, 왜 때리지 못합니까? 먼저 휴전협정을 위반한 것은 북한입니다. 저들은 '막가파' 살인 집단이에요. 다시는 도발 못 하게 모든 화력을 동원해 박살을 냈어야 합니다."

셋째, 확전 우려에 대하여, "군 체계를 몰라서 하는 소리입니다. 한반도에서 확전은 곧 국제전을 의미합니다. 한미동맹과 복잡한 국제정치를 고려할 때, 이 정도로 확전되지는 않습니다. 그리고 확전하면 어떻습니까. 우리는 패전 사상이 너무 강해요. 확전하면 진다고 생각합니다. 우리는 북한보다 2배의 인구가 있고, 경제력은 수백 배 큽니다. 북한보다 훨씬 부국강병을 이룬 대한민국이 왜 저따위 '깡패집단'을 무서워합니까?"

넷째, 후배 군인들에게, "군인복무규율에 적혀 있는 대로 하면 됩니다. 이등병부터 장성까지 자신의 임무를 완수하고, 국토를 지키는 것으로 충분해요. 지휘관은 부대의 승패에 책임을 지는 사람입니다. 특히 장군은 현역이든 예비역이든 죽어서도 국가 안보에 책임을 져야 합니다. 그게 진정한 국군 장성입니다."

---

[136] 월간조선, 2011년 1월호

8. 해경 863함 피격 사건

1. 개요

 1974년 6월 28일, 동해 특정 해역에서 경비 임무를 수행 중이던 해경 863함(최대 속력 13노트, 200톤급)이 북한 경비정 3척과 교전 끝에 침몰하였다. 승조원 28명 중 8명이 사망하였고 22명은 실종되었다. 납북된 2명은 진종영 순경과 신명선 전투경찰대원으로 확인되었지만, 끝내 송환되지 못했다. 해경 863함은 레이더 고장과 기상 악화로 하루 앞당겨 복귀하다가 강원 고성군 근해에서 중무장한 북한 함정 세 척에 포위됐다. 치열한 전투 끝에 863함은 격침됐다. 북한은 군사정전위원회에서 납치한 해경 2명의 육성이 녹음된 카세트테이프를 공개해 이 사건 전사자는 최종 26명으로 집계됐다. 레이다 고장으로 인근에 있던 해군 57함의 도움을 받아 나침반(자이로 콤파스)에 의지해 거진항으로 복귀 중이었다. 공군 F-5A도 출격했으나 짙은 해무로 863함을 찾지 못하고 복귀하였다.

해경 863함

2. 배경

1970년대 초반은 냉전의 긴장이 지속되는 가운데, 남한에서는 박정희 대통령의 유신 체제가 수립되었고, 북한은 지속적인 대남 도발을 감행하던 시기였다. 1960년대 후반부터 북한은 청와대 기습 미수 사건, 울진·삼척 무장 공비 침투 사건, 미 해군 정보함 푸에블로호 납치 사건 등 다양한 형태의 도발을 자행했으며, 해상에서는 어선 납치가 빈번하게 발생했다. 특히 동해 북방한계선(NLL) 인근 해역은 주요 어장이 형성되어 있었으나, 남북 간 군사적 경계선과 인접하여 어선들의 월선 및 납북 위험이 남아 있는 긴장된 수역이었다. 동해 NLL은 서해 NLL에 비해 덜 논쟁적이었지만 여전히 민감한 해역으로 인식되었다.

3. 경과

1974년 6월 28일 새벽, 해안으로부터 약 40마일 떨어진 해상에서 경비 임무 수행 중 갑자기 레이더가 고장났다. 짙은 안개까지 겹쳐 육안 및 레이더를 통한 위치 확인이 극히 어려운 상황에서 863함은 인근 해역에서 작전 중이던 해군 57함과 교신하며 위치 및 침로 정보를 얻고, 레이더 고장 사실과 함께 조기 귀항 의사를 속초 해경 상황실에 보고하고 복귀 중이었다. 곧 3척의 북한 함정이 863함을 포위하여 교전 중 침몰하였다.

4. 남북의 주장과 논란

정부와 군 당국은 일관되게 863함이 군사분계선(MDL) 또는 북방한계선(NLL) 남쪽 해상에서 합법적인 어로 보호임무를 수행하던 중, 북한 해군 함정 3척으로부터 납북을 목적으로 한 기습 공격을 받았다고 주장했다. 북한은 조선중앙통신 보도와 군사정전위원회에서의 주장을 통해, 중무장한 남한의 '간첩선' 1척이 짙은 안개를 틈타 군사분계선 해상 연장선 북쪽 9마일 해상까지 깊숙이 침투하여 정탐 활동을 벌였다고 주장했다. 북한 측은 자국 경비정이 나타나자, 남한 함정이 먼저 발포했으며, 이에 북한 해군이 자위적 조치로 응사하여 침입 선박을 격침했다고 주장했다. 또한, 북한은 '수 명'의 생존자를 사로잡았다고 발표했다.

우리 정부는 초기에는 공격이 MDL 남쪽에서 시작되었다고 밝혔으나, 이후 육군 레이더 기록 분석 결과 최종 침몰 위치는 교전 중 북쪽으로 밀려나 NLL 북방 4마일 해상일 수 있다는 추정이 제기되었다. 이는 유가족 측의 반발을 사기도 했다. 반면 북한은 시종일관 MDL 북방 9마일 해상에서 사건이 발생했다고 주장했다. 이 위치 논란은 현재까지 명확히 해결되지 않은 채 남아있다.

국방부는 863함이 어선 보호임무 수행 중이었다고 설명했으나, 수산청은 사고 당일 기상 악화로 어선이 출어하지 않았다고 밝혀 국회에서 진위 논란이 일었다.[137] 이는 863함의 당시 정확한 임무와 이동 경로에

---
137) 경향신문, 1974-7-12

대한 의문을 증폭시켰다.

5. 사건 이후

해경의 최고 책임자였던 박용진 치안감은 사건 발생 약 2주 후인 7월 11일, 경비정 침몰에 대한 책임을 지고 사의를 표명했다. 그러나 초기 조사는 논란의 소지가 있는 결론(승조원 과실)을 내렸고, 이는 사건의 진상 규명과 희생자 명예 회복에 오랜 기간 걸림돌로 작용했다. 유가족들의 지속적인 청원과 문제 제기로 국민권익위원회, 국방부, 해양경찰청 등 관련 기관들이 사건 재조사에 착수하기도 했다. 2017년에는 침몰한 863함의 정확한 위치를 파악하고 인양 가능성을 검토하려는 정부 차원의 움직임도 있었으나, 추정 침몰 위치가 NLL 북방 해역이라는 점 때문에 남북 간 협의 필요성 등 현실적인 어려움이 제기되었다.

해경 역사상 최악의 참사였음에도 불구하고, 863함 피격 사건은 오랫동안 대중의 기억 속에서 희미해져 '잊혀진 전투'로 불렸다. 여기에는 사건 초기 조사의 문제점, 선체 미인양, 막대한 피해로 인한 '패전' 인식, 그리고 이후 발생한 더 큰 규모의 사건들에 묻힌 점 등이 복합적으로 작용한 것으로 보인다.

그런데도 희생자들을 기리기 위한 노력은 이어졌다. 강원도 속초시에는 863함 전사자를 포함한 순직 해양경찰들의 넋을 기리는 '해양경찰 충혼탑'이 건립되어 매년 추모 행사가 열리고 있다. 또한 사건 발생 수십 년 후 유가족들의 노력과 언론의 재조명, 정부 차원의 재조사 움직임 등을 통해 사건의 진실을 규명하고 희생자들의 명예를 회복하려는 시도가 이루어지기도 했다.

9. 판문점 도끼 만행 사건

1. 미루나무 가지치기

1976년의 도끼 만행 사건은 고립된 사건이 아니었다. 사건 발생 이전부터 공동경비구역(JSA, Joint Security Area) 내에서는 북한군과 유엔군 경비병들 사이에 수많은 대치, 위협, 언어폭력, 괴롭힘이 빈번하게 발생했다. 1953년 7월부터 1976년 7월까지 보고된 물리적 충돌만 해도 25건에 달했으며, 1975년에는 북한 측 인원이 미군 핸더슨 소령을 폭행하여 중상을 입힌 사건도 있었다. 이러한 JSA 내에서의 마찰 외에도, 1968년 미 해군 정보함 푸에블로호 납치 사건, 청와대 습격 미수 사건 등 북한의 지속적인 대남·대미 도발 행위는 당시 한반도의 긴장 상태를 잘 보여준다.

판문점 도끼 만행 사건

판문점 공동경비구역(JSA)은 비무장지대 내에서도 정전 협상 장소를 중심으로 설정된 매우 특수한 구역이었다. 사건 발생 이전까지 JSA의 가장 큰 특징은 구역 내에 명확한 물리적 경계선이 존재하지 않았다는 점이다. 이론적으로나 실제로나 유엔군 사령부와 조선인민군 병력은 구역 내에서 이동할 수 있었고, 때로는 서로 마주치거나 섞이는 경우도 있었다. 심지어 명절에는 술잔을 나누는 등 비공식적인 교류가 있었다는 일화도 전해지지만, 이는 극도의 적대감과 상시적인 위험이 공존하는 역설적인 상황을 보여준다. 이러한 '공동' 경비의 특성은 필연적으로 위험을 내포했다. 양측의 초소는 서로 중첩되어 설치되었으며, 특히 유엔군 측 제3초소는 북한군 초소 3개에 둘러싸인 취약한 위치에 있어 항상 위협에 노출되어 있었다. 실제로 사건 발생 이전에도 북한군이 미군 병사들을 총으로 위협하는 등의 대치 상황이 발생하기도 했다. 이처럼 명확한 경계가 없는 환경은 오해와 의도적인 충돌의 가능성을 높였고, 이는 결국 미루나무 사건과 같은 비극으로 이어지는 배경이 되었다.

1976년 8월 18일 판문점 공동 경비 구역에서 유엔군 관측 초소들 시야를 가리던 미루나무 가지치기를 하고 있던 한미 장병 15명과 노무자들에게 북한군 박철 중위(본명: 홍성문)가 인솔하는 30여 명이 나타나 작업 중단을 요구하였다. 하지만 미군 장교 보니파스 대위가 이를 묵살하고 계속 작업을 지시하자 북한군의 공격이 시작되었다. 북한군은 몽둥이와 도끼로 아서 보니파스(Auther Bonifas) 대위와 마크 배럿(Mark Barrett) 중위를 살해하였고, 한미 장병 9명에게 중상을 입혔다. 이에 박정희 대통령은 북한의 도발에 무력 보복을 포함한 강력한 대응을 언급했고, "참는 데에도 한계가 있다. 미친개에게는 몽둥이가 필요하다."고 하였다.

사건 직후, 주한 미군은 정전 이후 처음으로 방어준비태세인 데프콘 3을 발령했으며, 이는 당시 상황의 심각성을 단적으로 보여준다. 이 사건은 이후 JSA의 물리적 구조와 운영 방식에 영구적인 변화를 불러왔을 뿐만 아니라, 냉전사 및 남북 관계사에서 중요한 분기점으로 기록되었다.

사건 현장에서 가장 가까운 미군 기지였던 '캠프 키티호크(Camp Kitty Hawk)'는 사건 10주년인 1986년, 희생된 아서 보니파스 대위를 기리기 위해 '캠프 보니파스(Camp Bonifas)'로 개명되었다.

2. 한미의 대응

미국은 즉각 긴급 대책 회의를 열어 오키나와 기지로부터 팬텀 편대를 한국으로 이동시키고 아이다호주에 있던 F-111 전폭기를 한국으로 파견하였다. 아울러 괌에 있던 B-52 전략 폭격기를 보냈고 미드웨이 항공모함을 한국 인근으로 진입시키기로 하였다. 하지만 지나친 무력 과

시는 자칫 전면전으로 확대될 위험성이 있어 결국 막강한 군사력을 배경으로 미루나무 가지를 제거하는 '폴 버니언 작전'(Operation Paul Bunyan)을 시행하는 것으로 결론 내렸다.

8월 20일 박정희 대통령을 예방한 유엔군 사령관 스틸웰 장군은 "미군이 공동 경비 구역으로 들어가서 문제의 미루나무를 잘라 버린다. 만일 이때 북한군이 대응 공격을 한다면, 우리도 즉각 무력으로 대응하여 휴전선을 넘어 개성을 탈환하고 연백평야 깊숙이 진격한다"라고 보고하였다. 8월 21일 오전 7시 한미 호송 차량 23대가 북한에 사전 통보 없이 공동경비구역에 진입하였다. 미국 공병대원 16명은 전기톱으로 미루나무 제거 작전을 수행하였고, 공중에는 미군 전투기와 헬기가 엄호 중이었다.

한국군 제1공수여단 특공대(소령 김종헌) 64명은 권총, 수류탄, 클레이모어, 소총으로 무장하여 이 작업을 엄호하였다. 미루나무 제거 작업 중 한국 특공대 대원들은 별도로 북한군 불법 초소 4개, 도로 차단기 2개 및 전화선을 제거하였다.[138] 이러한 특공대의 무장은 공동경비구역 규정과 스틸웰 유엔군 사령관의 비무장 지시와는 배치되는 것이었다.

폴 버니언 작전이 개시되자 북한은 즉각 반응했다. 약 150~200명의 북한군 병력이 버스를 타고 JSA 북측 지역으로 신속하게 전개되었으며, 이들은 기관총과 자동소총으로 무장하고 있었다. 북한군은 버스에서 내려 2인 1조의 기관총 진지를 구축하는 등 전투태세를 갖추었다. 그러나 이것이 북한의 대응 전부였다. 압도적인 규모의 유엔군/미군/한국군 지상 병력과 상공을 뒤덮은 헬리콥터, 전투기, 전략폭격기의 위세에 눌린 북한군은 미루나무가 절단되는 42분 동안 아무런 군사적 행동도 취하지 않고 침묵 속에서 지켜보기만 했다.

---

138) 박희도, 『돌아오지 않는 다리에 서다』 샘터(1988), 173-181쪽

3. 김정일의 지시와 김일성의 사과

탈북자들의 증언에 의하면 이 사건은 당시 북한 주석인 김일성이 아니라 후계자 수업을 받던 김정일의 지시였다.

"1976년 판문점 사건은 미군과 한국이 북쪽 관측이 방해된다는 이유로 북한과 사전 동의 없이 미루나무를 가지치기하려는 과정에서 문제가 발생했다. 미군 헌병과 한국인 노무자들이 나무를 베려 하자 이를 저지하려는 북쪽 경비원들과 시비가 붙었다. 이렇게 되자 경비병들이 김정일에게 직접 당시 상황을 직보했다. 당시는 김정일이 후계자로 등장해 유일지도 체제가 정착되는 시점이었다.

김정일이 개미 하나 움직이는 상황까지 보고 받고 있을 때였다. 당시 김정일은 누가 출근을 늦게 한 것까지 전국의 모든 정보를 자신에게 집중시킬 때였다. 직보를 받자 김정일은 '조선 사람들의 본때를 보여 줘라! 한국 노동자들은 놔두고 미군 놈들만 골라서 본때를 보여 주라! 총은 쏘지 마라!'고 지시했다 그래서 옥신각신하다가 격투가 벌어지고 노무자들이 들고 온 도끼를 빼앗아 죽여 버렸다. 사람이 막상 죽으니까 북한 측도 당황해 다시 상황을 보고하자, 김정일이 철수하라고 지시했다. 사건이 커지자, 김일성에게도 보고됐다. '아니 왜 이런 짓거리를 했나?'고 추궁했다.

김정일은 '미군의 의식적인 도발이다. 저들이 전쟁을 일으키려고 도발했다'라고 보고하라고 지시했다. 당 비서들은 김정일이 했다고 못하고 무력부 사람들이 했다고 둘러댔다. 그래서 당시 인민무력부장 최현이 되싸게 욕을 먹었다. 최현이 욕을 먹은 후 작전국장을 불러 화풀이 한 후 작전국장만 경고, 처벌했다. 당시는 유일 지도 체제가 강화되었던 때라 사업이 잘되면 김정일의 지시로 한 것으로 보고하고, 못되면 아랫사람이 책임지던 시절이었다. 한국이 공격한다 해서 강경하게 나오고, 김일성이 사과하라고 해서 유감 표명이 나왔다. 김일성은 '사람이 죽었으니 유감 표명하라. 푸에블로호 사건 때도 미군이 사과하지 않았는가'라고 지시했다."[139]

당시 노무자 5명 모두 무사했던 것을 보면 이 발언에 신빙성이 있어 보인다. 사건 후 북한은 전 국가적인 동원령을 내렸고, 대규모 평양 주민 소개 작전이 진행되었다. 판문점 도끼만행 사건을 마지막으로 북한은 미군을 공격하지 않고, 한국군만 대상으로 주로 서해에서 군사도발을 자행하였다.

4. 국제사회의 반응

서방 국가와 미국의 동맹국들은 대체로 미국과 한국의 입장을 받아들여 북한의 잔혹한 도발 행위로 간주했다. 그러나 비동맹 진영에서는 북한의 발 빠른 선전과 반제국주의 정서에 힘입어 미국을 비난하는 결의안이 채택되기도 했다.

주목할 만한 점은 북한의 핵심 동맹국이었던 소련과 중국의 반응이다. 이들은 북한의 행위를 적극적으로 옹호하지 않았으며, 오히려 북한이 자초한 문제이니 스스로 해결하라는 냉담한 태도를 보인 것으로 전해진다. 이러한 주요 공산권 국가들의 미온적인 반응은 북한을 외교적으로 고립시키는 결과를 낳았으며, 결국 김일성이 '유감' 메시지를 통해 사태를 수습하도록 만드는 중요한 요인 중 하나가 되었을 것이다. 이는 사회주의 진영 내에서도 북한의 예측 불가능하고 위험한 행동에 대한 우려와 거부감이 존재했음을 보여준다.

---

139) 정창현, 『곁에서 본 김정일』 김영사(2000), 201-202쪽

당시 동독 대사관의 보고서는 이러한 복잡한 상황을 잘 보여준다.[140] 보고서는 사건을 '광신적인 증오심'에 기반한 북한 측의 '과잉 반응'으로 평가하면서도, 미국 역시 베트남에서의 실패 이후 아시아 동맹국들에 신뢰를 보여줄 기회로 활용했다고 분석했다. 또한 북한이 이 사건을 데탕트에 대한 부정적 인식을 강화하고 미국과의 직접 대화를 요구하는 명분으로 삼는 한편, 내부적으로는 '주체' 사상을 강조하며 주민 결속을 다지고 경제적 어려움을 정당화하는 데 이용하고 있다고 지적했다.

---

140) Report on the 'Axe Murder Incident' from the GDR Embassy in North Korea, 1976-8-31, The Wilson Center Digital Archive.

10. 미얀마 아웅산 암살 폭파 사건

1. 경위

1983년 10월 9일, 당시 버마(현 미얀마)의 수도 랑군(현 양곤)에 위치한 아웅산 국립묘소에서 발생한 폭탄 테러는 냉전 시대의 첨예한 남북 대립과 국제적 긴장을 극명하게 드러낸 충격적인 사건이었다.

이 사건은 미얀마를 공식 순방 중이던 전두환 대통령과 그의 수행단을 겨냥하여 북한 정권이 치밀하게 계획하고 실행한 국가 주도 테러 행위였다. 비록 주요 목표였던 전두환 대통령은 현장에 늦게 도착하여 화를 면했지만, 서석준 부총리 겸 경제기획원 장관, 이범석 외무부 장관 등 대한민국 정부의 핵심 각료와 고위 수행원 17명이 현장에서 순직하고 다수가 부상하는 참혹한 결과를 낳았다.

아웅산 암살폭파 사건(사고 직전 모습)

사건이 일어나기 전 각료들은 대통령에 앞서 미리 현장에 도착해 있었다. 천병득 청와대 경호처장이 미얀마군 장병에게 "나팔 불 준비는 잘 됐느냐?"라며 손으로 나팔 부는 흉내를 냈다. 그런데 미얀마 장병들이 진혼나팔을 불었다. 근처에 잠복해 있던 북한 테러범들이 이 나팔 소리를 듣고 '전 대통령 일행의 참배가 시작되나 보다'고 생각하고 미리 설치해 둔 폭발물의 원격 조종장치를 누른 것이다. 그래서 수행자들보다 늦게 현장에 온 대통령은 무사했다.

북한은 이 사건과 무관함을 강변했으나, 미얀마 검찰에 체포된 범인들의 진술로 북한에서 전 대통령과 수행원들을 살해하기 위해 인민군 장교들로 구성된 암살단을 '애국동건호'에 탑승, 밀파했다는 사건 전모가 공개되었다. 미얀마 경찰 당국은 북한 정찰총국 소속 공작원 3명이 북한군 강창수 소장으로부터 한국 대통령과 수행원에 대한 폭탄 공격 명령을 받아 저지른 소행이라고 밝혔다. 북한 공작원 신기철은 체포 과정에서 사살됐다. 11월 6일 미얀마는 북한과 국교를 단절하고 북한 외교관을 추방하였다. 재판에서 사형을 선고받은 진용진은 1985년 처형되고, 강민철은 2008년 옥중에서 사망했다.

2. 보복 대응을 못 하다

당시 육군 1군단과 6군단은 병사들을 완전무장 시키고 북진할 준비를 마쳤으며, 육사 12기를 중심으로 '벌초 계획'이라는 이름의 김일성 암살 작전을 세우고 모의훈련까지 마친 다음 대통령의 승인을 요청했다. 특수부대 30명을 평양에 투입해 주석궁을 폭파한다는 것이었지만, 전두환 대통령은 "내 명령 없이 한 사람이라도 움직였다간 반란으로 간주하겠다"라며 무력 보복 계획을 승인하지 않았다.

전 대통령이 보복을 포기한 배경에는 미국이 있었다. 아웅산 테러 직후 미국은 한반도에 전력을 증강했다. 그리고 전투 준비 태세를 의미하는 데프콘 3단계를 발령했다. 한국은 1981년 이후 데프콘 4단계를 유지하고 있었다. 확전을 우려해 한국군의 독자 행동을 막으려는 미국의 의도였다. 전두환 대통령은 대신 외교적 응징 조치에 적극적으로 나섰다. 2014년 공개된 외교문서에 따르면 '늑대사냥'이라는 코드명으로, 가용한 모든 수단을 동원해 다른 나라들이 북한과 단교하도록 전방위적 외교전을 벌였다.

3. 북한의 국제적 위상 추락

아웅산 암살 폭파 사건은 북한을 국제사회에서 신뢰할 수 없는 '불량국가'이자 테러 지원국으로 낙인찍는 결정적인 계기가 되었다. 이 사건으로 인해 형성된 부정적인 이미지는 북한의 장기적인 외교적 고립과 경제난을 심화시키는 요인 중 하나로 작용했다. 1988년 미국의 테러 지원국 지정 역시 이 사건의 영향이 컸다.

4. 경호 및 정보 실패

미얀마 아웅산 암살 폭파 사건은 국가원수 경호와 안기부 해외정보 측면에서 큰 패착이었다. 대통령 행사장은 사전에 물 샐 틈 없이 조사하는 것이 경호의 기초이다. 폭탄 탐지용 경찰 경비견도 사용했을 텐데 어떻게 폭탄이 설치된 것을 놓칠 수 있었는지 지금도 의문이다. 우리나라 정보기관 역사상 최악의 정보 실패 사례라고 할 수 있다. 아웅산 테러는 안기부 해외 부문의 일부 인사의 교체 계기가 되었다. 반면 전 대통령의 심복이었던 대통령 경호실장 장세동은 교체되지 않았다.

11. 제1차 북핵 위기

1. 배경

   1994년 위기의 핵심은 북한의 핵무기 보유를 막으려는 국제사회, 특히 미국의 목표와 한반도에서의 군사적 개입이 초래할 수 있는 파국적 결과 사이의 깊은 긴장이었다. 제1차 북핵 위기는 북한이 IAEA 사찰 및 플루토늄 재처리 문제와 관련하여 NPT 의무를 이행하지 않으면서 시작되었다.

   이 시기 한반도의 긴장은 최고조에 달했다. 미국 클린턴 행정부는 영변 핵시설에 대한 정밀 폭격을 포함한 군사적 옵션을 심각하게 검토했으며, 1994년 5월 18일에는 미 국방성에서 군사 대책 회의가 열리기도 했다. 김영삼 정부 역시 취임 후 처음으로 국가안전보장회의를 소집하여 가상 전쟁 시나리오를 논의하는 등 사회 전반에 위기감이 팽배해 있었다. 미국은 한국 내 미국 민간인 소개(疏開) 작전을 준비하고 주한미군 가족과 외교관들에게 비상시 집결지를 통보하는 등 실제 전쟁 가능성에 대비하는 움직임을 보였다.[141] 이에 따라 전쟁 공포가 한국 사회 전반에 퍼져나갔다.

---

141) 돈 오버도퍼, 『두 개의 한국』 길산 (2015), 484-485쪽

2. 전쟁계획

클린턴 행정부는 영변 핵시설 타격을 포함한 작전계획 5026 개념 등 군사 옵션을 검토했다. '작계 5026'의 주요 내용은 유사시 전방 지역의 북한 장사정포를 정밀 공격해 수도권의 피해를 최소화하고 북한 정권의 수뇌부에게 족집게 공격을 가해 북한군의 전쟁 지휘 능력을 조기에 무력화하는 것이었다. 아울러 핵 및 생화학무기, 미사일 기지, 공군기지, 지휘소 및 통신시설 등을 초정밀 공격해 북한의 전쟁 능력을 조기에 마비시키는 것이다. 실제로 미국은 94년 당시 F-117 스텔스 전폭기와 토마호크 미사일로 북한 영변 핵시설을 정밀타격하는 방안을 검토한 바 있다. 미국은 패트리엇 미사일 한국 배치 검토 등 군사적 대비 태세를 강화했다.[142]

작전계획 5027에 대한 검토도 함께 이루어졌는데, 이는 제한적 타격이 촉발할 수 있는 전면전 확전 가능성에 대비한 비상 계획의 일환이었다. 제네바 합의로 1차 북핵 위기가 가라앉은 후, 미국과 일본은 미일 방위 가이드라인을 수정하였다. 북한의 핵 위협을 절감한 일본은 유사시 미군이 일본의 기지를 사용한다는 데 동의하여, 작계 5027-96에는 일본의 기지 사용이 추가되었다. 이후 한국과 미국 일본은 북한 문제에 공동 대처하는 한미일 3각 공조로 나가게 되었다.[143]

당시 미국은 미국 시민권자와 외교관 가족, 주한 미군 가족 등 8만 명의 대피계획인 '비전투 인력 소개 작전'의 발령 직전까지 갔다.[144] 일본 정부도 한반도 상황의 불안정을 이유로 한국 체류 일본인들에 대한 피난 계획을 구체화하는 한편, 본국으로의 소개를 위한 자위대의 한반

---

142) Id, 482쪽
143) 신동아, 2003년 9월호
144) Views & News, 2010-12-6

도 진입 문제 등 협의를 한국 정부에 요청하였다.[145] 미국과 일본이 자국민 소개 작전을 구체적으로 검토한 것은 그만큼 사태가 심각했다는 것을 방증한다.

3. 예상되는 전쟁 피해

영변 타격 자체의 성공 가능성에도 불구하고, 미군 지휘부는 북한의 남한에 대한 보복 공격 위험성을 극도로 심각하게 인식하고 있었다. 북한은 이미 서울을 "불바다"로 만들겠다고 위협한 바 있었다.

미국은 영변 타격이 전면전으로 이어질 가능성이 높다고 판단했다. 비록 미군과 한국군의 연합 전력으로 수 주 내에 북한군을 격퇴하고 북한 정권을 붕괴시킬 수 있다고 확신했지만, 예상되는 인명 피해는 엄청난 수준이었다. 3개월간 주한 미군 5만 2,000명, 한국군 49만 명이 숨지거나 다칠 것으로 예상되었다.[146] 미군 증강 계획 수립 중, 미국의 우려는 추가 병력이 유입되지 못할 때 북한이 한발 앞서 선제공격을 가할 수 있다는 점이었다.

또한 북한은 일단 한국에 미군이 투입되기 시작하면 속전속결을 택할 가능성이 있었다. 걸프전에서 북한이 깨달은 것은 미군의 병력 증강을 허용해서는 안 된다는 것이다. 이처럼 예측불허의 적을 앞에 둔 불안정한 군사적 상황은 우려감을 극도로 증폭시켰다. 그러나 미군은 현 상황에서 본격적인 준비에 돌입하는 것 외에는 다른 방도가 없다고 판단했다.[147]

---

145) 서울신문, 2017-4-22
146) 오버도퍼, 470쪽
147) Id, 483-484쪽

일촉즉발의 위기 상황은 1994년 6월 15일, 지미 카터 전 미국 대통령이 판문점을 넘어 평양을 방문하면서 극적인 전환점을 맞았다. 카터는 김일성 주석과 회담을 통해 북한의 핵 동결과 미국의 경수로 지원 및 관계 정상화 노력이라는 잠정적 합의의 실마리를 마련했다.

4. 전쟁 공포

서울은 위기 분위기가 완연했다. 정부는 6월 15일, 근년에는 재난구호 중심으로 치러지던 민방위 훈련을 실전에 대비한 훈련으로 바꾸어 실시했다. 국민은 쌀, 라면, 부탄가스 등 생필품 사재기에 나섰고 14~15일 사이 주가가 25% 폭락했다. 6월 10일 미국 대사관은 민간인 소개(疏開) 훈련을 하고, 16일 청와대에 소개 계획을 통보했다. 미국의 외교는 전쟁의 기세를 탔다.[148] 정부는 6월 15일 민방위훈련을 실전에 대비해 전국 규모로 강도 높게 실행하였다.[149]

서울 강남구 압구정동 아파트단지 부근의 한 은행에서는 평소 3만 달러 정도에 불과하던 환전 규모가 14일 5만 달러, 15일엔 12만 달러로 크게 늘어났다.[150] 사재기는 특히 서울 강남 지역의 대형 백화점 지하 식품매장을 중심으로 격렬하게 나타났다. 평소보다 4배나 많은 약 3만 명의 주부들이 몰려들어 계산대 앞에서 2시간씩 줄을 서는 진풍경이 벌어졌고, 이들 백화점의 쌀 재고는 당일 완전히 소진되었다.[151]

1994년의 사재기 현상은 단순한 사회적 동요를 넘어, 상당수 시민,

---

148) 김태현, "국제 위기 흥정 이론과 북미 관계: 제1차 북핵 위기(1993-94)의 사례, 한국과 국제정치, 제40권 1호(2024), 32쪽
149) 서울신문, 1994-6-11
150) 한겨레, 2009-3-5
151) 동아일보, 2015-8-22

특히 구매력을 갖춘 중산층 이상 계층이 느꼈던 실존적 위협의 강도를 보여주는 지표였다. 이는 당시 한반도를 둘러싼 위기가 단순한 지정학적 긴장을 넘어, 시민들의 일상과 생존에 대한 불안으로 깊숙이 파고들었음을 보여준다.

12. 강릉 잠수함 침투 사건

1. 경위

북한 상어급 잠수함이 1996년 9월 13일경 함경남도 퇴조항을 출항하여 총 26명의 인원을 태우고 남하했다. 승조원 중에는 인민무력부 정찰국 소속 고위 장교들이 포함되어 있었다. 9월 15일, 3명의 정찰조가 강릉 안인진 해안에 상륙하여 강릉 인근 공군부대의 군사 시설 등 주요 목표에 대한 정찰 임무를 수행했다. 잠수함은 9월 16일 정찰조 회수를 시도했으나 실패하고 다음 날 재시도했다. 그러나 9월 17일 22시에서 23시 사이, 정찰조를 태우기 위해 해안에 접근하던 중 강릉시 강동면 안인진리 해안에서 좌초했다.

1996년 9월 18일 새벽 1시 30분에서 35분 사이, 택시 기사 이진규 씨가 해안가에 좌초된 잠수함을 최초로 발견하고 경찰에 신고했다. 군 해안 초소에서도 비슷한 시간대에 잠수함을 관측했다. 군 당국은 새벽 2시경 잠수함을 확인했고, 3시 40분에는 최고 경계 태세인 '진돗개 하나'를 발령했으며, 전군 경계령이 내려졌다.

좌초된 북한 상어급 잠수함(국방부)

2. 49일 간의 대규모 추격전

9월 18일, 청학산 일대에서 북한 공작원 11명이 동료들에 의해 뒤통수에 총을 맞고 처형된 채 발견되었다. 이는 공작원 도주에 방해가 될 수 있는 인원을 제거한 것으로 추정되며, 김동원 해상 처장 대좌와 정치지도원 등 고위급 장교들도 포함되었다. 같은 날 16시 45분경, 주민 신고를 받은 경찰과의 격투 끝에 공작원 이광수가 생포되었다. 그의 증언은 이후 작전에 중요한 정보를 제공했다.

대한민국 군경은 연인원 150만 명 대규모 병력을 동원하여 49일간 대대적인 소탕 작전을 펼쳤다. 추격전의 양상은 북한 공작원들의 극단적인 잔혹성과 대한민국 군사 작전의 규모, 그리고 양측이 치른 막대한 인적 비용을 명확히 보여주었다. 대한민국 군이 직면했던 도전들은 값비싼 교훈을 남겼다.

11명의 승조원이 동료들에 의해 처형당한 사건은 북한 특수부대 내 극도로 가혹한 작전 규율을 드러냈다. 이는 임무 실패에 대한 책임 추궁, 혹은 전투력이 약하거나 도주에 방해가 될 수 있는 인원을 제거하여 핵심 요원들의 생존 가능성을 높이고 정보 유출을 막으려는 계산된 행동이었다. 이러한 행위는 임무 성공 및 피해 통제를 최우선으로 하는, 개인의 생명보다 조직의 목표를 중시하는 비정한 규율 체계를 보여준다.

반면, 소수의 북한 공작원, 특히 마지막 정찰 조원들이 49일 동안 기술적으로 우세한 대규모의 대한민국 군경의 추격을 피할 수 있었던 사실은 강도 높은 훈련 수준, 야전 생존 기술, 지구력, 그리고 사전 지형 숙지나 은닉 물품이 존재했을 가능성을 보여준다. 이는 또한 비대칭적 전력 상황에서 재래식 군사력의 우위가 신속한 성공을 보장하지 못함을 보여주는 사례이다. 우리 군은 12명 전사, 27명 부상, 민간인, 경찰, 예비군 5명이 사망하였다.

3. 북한의 보복

북한은 사건이 발생하자 처음에는 유엔군 사령부의 항의문 접수조차 거부하면서 자기들과는 무관한 일이라고 주장하였다. 그러다가 잠수함 침투 사실이 국제적 비난에 직면하자, 9월 28일 뒤늦게 인민무력부 대변인의 성명을 발표하였다. 북한은 소형 잠수함이 정상 훈련 중 기관 고장으로 표류하다가 강릉 해안에 좌초한 것이라고 변명하면서, 잠수함과 승무원 즉각 송환을 요구하였다. 북한은 이후 이러한 주장을 되풀이하면서 한국이 계속 소탕 작전에 나설 경우 즉각 보복하겠다고 위협하였다.[152]

---

152) 송제완, 234-235쪽

1996년 10월 1일 러시아 블라디보스토크에 파견되어 근무하던 국정원 최덕근 영사가 북한 공작원에 의해 암살당했다. 최덕근 영사가 살해된 것은 강릉 무장 공비 침투 사건의 보복일 가능성이 컸으며, 블라디보스토크를 택한 이유는 도주에 유리했기 때문이었다.[153]

4. 한국의 반응

이 사건으로 대북정책에서 강경책과 유화책을 오가던 김영삼 대통령은 강경노선으로 방향을 돌렸다. 9월 20일 김영삼 대통령은 이번 잠수함 사건은 단순한 간첩 남파가 아니라 무력도발 행위라고 규정지은 후, 또다시 도발을 시도할 경우 실전을 각오해야 할 것이라고 선언하였다. 실제로 그는 전쟁 가능성을 높게 보았다. 김 대통령은 남북 경제협력을 중단시키고 북한 경수로 건설을 맡고 있던 '한반도 에너지 개발 기구(KEDO)'에서 한국의 활동도 중단시켰다.

1996년 10월 중순 중앙일보는 북한의 추가 도발이 있으면 보복 공격을 가하기 위하여 한국군이 북한 내 12개 공격 목표를 정해 놓았다는 기사를 보도하였다. 이에 한국군에 대해 전시 작전 통제권을 가진 주한 미군 사령관은 이 기사를 접하고 항의하였다. 한국 정부는 그러한 계획이 확정된 것은 아니라고 해명하였다.[154]

---

153) 이병호, 147-148쪽
154) 오버도퍼, 569-571쪽

13. 제1연평해전

1. 배경

서해 NLL 인근 해역, 특히 연평도 주변은 예로부터 풍요로운 꽃게 어장으로 알려져 있다. 매년 4월부터 6월까지 이어지는 꽃게잡이 철이 되면 남북한 어선들이 이 해역에 집중적으로 모여 조업 활동을 벌이는데, 이는 NLL을 둘러싼 군사적 긴장을 고조시키는 주요 원인이 되어왔다.

남북 해군의 충돌(대한민국 정책브리핑)

북한은 자신들의 어선을 보호한다는 명분으로 경비정을 동원하여 NLL 남쪽으로 내려보내는 행위를 반복했다. 이는 단순히 어로 활동 지원을 넘어, NLL을 실질적인 해상 경계선으로 인정하지 않으려는 의도적인 무력시위의 성격을 띠었다. 1999년 6월 초, 북한은 이러한 행위를 더욱 노골화했다. 6월 6일 현충일부터 북한 경비정들은 거의 매일 NLL을 침범하여 남하했고, 때로는 수 시간 동안 대한민국 영해에 머물며 우리 해군 함정과 대치 상황을 만들었다. 6월 9일부터는 경비정 수를 10척으로 늘리고 어뢰정까지 동원하여 편대를 구성하는 등 군사적 압박 수위를 높였다. 이러한 북한의 연쇄적인 NLL 침범은 제1연평해전 발발의 직접적인 도화선이 되었다.

북한 경비정의 반복적인 NLL 침범과 의도적인 긴장 조성 행위에 대해, 대한민국 해군은 교전규칙과 햇볕정책의 기조 사이에서 신중한 대응 방안을 모색해야 했다. 햇볕정책의 제1원칙은 '북한의 무력도발 불용'이었지만, 제3원칙인 '화해와 협력 추진' 및 김대중 정부의 교전 지침 중 하나인 '선제 발포 금지' 원칙은 군사적 충돌 확대를 극도로 경계하게 했다.

이러한 상황에서 해군이 선택한 초기 대응 방식은 '밀어내기 작전', 또는 '충돌(bumping) 작전'으로 불리는 물리적 방식이었다. 이는 우리 고속정이 NLL을 침범한 북한 경비정의 선체 후미나 측면을 직접 들이받아 물리적으로 NLL 북쪽으로 밀어내는 전술이었다. 6월 11일, NLL을 13.9km나 침범한 북한 경비정 4척이 우리 고속정에 충돌을 시도하자, 우리 해군은 이 '밀어내기식' 작전으로 맞대응하여 북한 경비정 2척을 대파시키고 2척에 큰 손상을 입히는 성과를 거두기도 했다. 당시 우리 고속정 4척도 경미한 손상을 입었다.

이 전술은 총격전으로 인한 확전을 피하면서도 NLL 수호 의지를 물리적으로 보여주려는 고육지책이었다. 햇볕정책 하에서 NLL을 방어해야 한다는 임무와 먼저 발포해서는 안 된다는 교전규칙 사이의 균형을 맞추려는 시도로 볼 수 있다. 그러나 함정을 이용한 직접적인 충돌은 매우 위험한 행위였다. 근접 기동 과정에서 오인 사격이나 의도적인 발포를 유발할 가능성이 높았고, 함정 간의 물리적 충돌 자체가 예측 불가능한 상황으로 번질 수 있는 위험을 내포하고 있었다. 결국, 6월 15일의 교전은 이러한 '밀어내기 작전' 수행 중에 발생했으며, 이 전술의 내재한 위험성이 현실화한 결과라고 할 수 있다.

2. 사건 발생

1999년 6월 15일 오전, 서해 NLL 해역의 긴장은 최고조에 달했다. 전날까지 이어진 북한의 NLL 침범과 남북 함정 간의 '밀어내기 작전'으로 인한 물리적 충돌로 양측 모두 신경이 곤두서 있었다. 이날 오전 8시 45분경, 북한 경비정 4척이 또다시 어선 20여 척을 대동하고 NLL을 넘어 남하하기 시작했다. 이들은 NLL 남쪽 약 2km 해역까지 진입했다.

이에 대한민국 해군은 즉각 대응에 나섰다. 참수리급 고속정(PKM) 편대와 포항급 초계함(PCC) 등 10여 척의 함정을 동원하여, 전날과 마찬가지로 선체를 이용한 '밀어내기 작전'으로 북한 함정의 북상을 시도했다. 이 과정에서 양측 함정 간의 근접 기동과 충돌 시도가 반복되었다. 특히 우리 해군 참수리 325호정은 북한 고속정을 함수로 들이받는 등 적극적인 차단 기동을 펼쳤다.

상황은 더욱 악화하였다. 오전 9시 4분경, 북한은 어뢰정 3척을 포함한 총 7척의 전투 함정을 추가로 NLL 남쪽으로 투입했다. 이에 우리 해군도 고속정 6척을 동원하여 맞대응 충돌, 즉 '충돌식' 작전을 시도하며 일촉즉발의 대치 상황이 이어졌다

팽팽한 긴장감 속에서 '밀어내기'와 '충돌' 등 함체 충돌 방식의 대치가 계속되던 오전 9시 28분경, 예기치 못한 상황이 발생했다. 우리 고속정과의 충돌 과정에 있던 북한 경비정 1척이 갑자기 25mm 기관포로 우리 참수리 325호정을 향해 조준 사격을 가하기 시작한 것이다. 이는 명백한 선제 기습공격이었다. 북한 함정들은 기다렸다는 듯이 일제히 포문을 열고 우리 함정들을 향해 공격을 퍼부었다. 이 과정에서 참수리 325호정의 정장 안지영 대위를 포함한 승조원 일부가 다쳤다.

북한의 기습적인 선제 사격에 대한민국 해군은 즉각 대응했다. 피격당한 참수리 325호정을 포함한 우리 고속정들은 교전규칙에 따라 즉시 40mm 함포와 20mm 포 등으로 응사했다. 인근 해역에 있던 포항급 초계함 '영주함(PCC-779)'도 76mm 함포로 북한 함정들을 향해 강력한 화력을 집중했다.

우리 해군은 비록 먼저 공격을 받았지만, NLL을 사수하겠다는 결연한 의지로 압도적인 화력과 정밀한 사격으로 북한 함정들을 제압하기 시작했다. 특히 북한 경비정들은 함포가 수동 조작 방식이고, 교전 당시 많은 수병이 근접전을 예상하여 갑판 위로 노출되어 있었기 때문에 우리 해군의 자동화된 속사포 공격에 매우 취약했다. 격렬한 교전은 약 14분간 지속되었다. 우리 해군의 집중포화에 북한 함정들은 큰 피해를 보고 NLL 북쪽으로 퇴각하기 시작했으며, 오전 9시 42분경 교전은 종료되었다.

3. 해전의 결과

북한 경비정 5척이 파손되었다. 구체적으로 대형 경비정 1척 대파, 중형 경비정 2척 반파, 소형 경비정 2척 파손, 상하이급 1척 반파, 대청급

1척이 대파되었고, 상당한 사상자가 발생한 것으로 추정된다. 반면 우리 측은 참수리급 고속정 4척 선체 일부 손상, 초계함 1척 기관실 등이 일부 파손되었고 경상자 9명이 발생하였다.

제1연평해전은 우리 해군의 명백한 전술적 우위를 입증했다. 자동화된 사격 통제 시스템, 높은 발사 속도와 명중률을 가진 함포(76mm, 40mm, 20mm 벌컨), 그리고 숙련된 승조원들의 운용 능력은 수동식 무장이 많고 상대적으로 노후한 북한 함정들을 압도했다. 교전 시간이 14분으로 비교적 짧았음에도 불구하고 북한 측에 막대한 피해를 준 것은 이러한 질적 우위가 결정적인 요인이었음을 보여준다. 또한, 교전 초기 '밀어내기 작전' 과정에서의 적극적인 기동과 북한 함정의 선제공격 이후 즉각적이고 효과적인 반격은 우리 해군의 전투 준비 태세와 대응 능력을 보여주었다.

반면, 북한의 선제공격 결정은 전략적, 전술적 오판에 기인했을 가능성이 높다. 북한은 햇볕정책이라는 당시 남한의 정치적 상황에서 대한민국 해군이 적극적인 군사적 대응을 주저할 것으로 판단했거나, NLL 침범과 '밀어내기' 전술을 대응하는 과정에서 충돌이 격화되자 우발적으로 또는 계획적으로 먼저 사격을 가했을 수 있다. 특히 교전 당시 북한 해군 다수가 갑판에 노출되어 있었다는 점은 근접 충돌 상황에서의 백병전까지 염두에 둔 것일 수 있으나, 이는 동시에 우리 해군의 속사포 공격에 매우 취약한 상태를 자초한 전술적 실수였다.

북한 지휘부가 우리 해군의 신속하고 파괴적인 반격 능력을 과소평가했거나, 근접전에서의 혼란을 통해 자신들의 수적 우위나 일부 함정의 구경이 큰 함포의 위력을 활용하려 했을 수 있으나, 결과적으로는 참담한 실패로 귀결되었다. 이는 북한의 도발 의도와는 별개로, 실제 교전 상황에서의 판단과 능력 부족이 결합한 결과로 해석될 수 있다.

4. 승전 요인

제1연평해전의 승전 요인은 다음과 같다.[155]

첫째, 실전적 교육훈련이다. 해군 제2함대사령부는 사령관부터 말단 함정승조원까지 혼연일체가 되어 북한 도발 대비 전술을 끊임없이 연마하였다. 이를 통해 장비와 운영자가 하나가 되는 고도의 장비 숙달 상태를 유지하였다.

둘째, 현장 시간에 대한 과감한 권한 위임이다. 남북한 해군 전투 함정이 뒤엉켜 있는 상황에서 각 정장은 평소 훈련을 통해 닦은 전술을 과감히 발휘할 수 있었다.

셋째, 부대 운영의 융통성이다. 통상 고속정 1개 편대는 3척의 고속정으로 이루어진다. 하지만 당시 장기간 대치에 따른 선박의 정비 소요 발생, 작전 해역의 협소함으로 인해 3척의 고속정 대신 2척의 고속정으로 이루어지는 편대를 채택하여 작전 효율성을 높였다.

넷째, 지속적인 군수 지원이다. 1999년 6월 9일 오후부터 연평도 기지(YPK)의 지원 한계를 고려하여 해군 수송함을 군수지원함으로 운용하였다. 고속정 승조원들은 따뜻한 식사와 온수 샤워 그리고 화장실을 편하게 사용할 수 있었다.

5. 평가

제1연평해전은 여러 측면에서 중요한 전략적 의미를 지닌다.

---

155) 최정준, "전장의 불확실성 해소 방안 고찰: 제1연평해전과 연평도 포격전 사례를 중심으로", 한국과 국제사회, 제6권 5호(2022), 264-269쪽

첫째, 정전협정 이후 최초의 남북 해군 간 정규 전투로서, NLL이 단순한 경계선을 넘어 실제 무력 충돌이 발생할 수 있는 한반도의 핵심적인 군사적 인화점임을 명확히 보여주었다.

둘째, 김대중 정부의 햇볕정책 추진 과정에서 발생하여, 대북 포용정책과 군사적 억제력 확보라는 두 가지 목표 사이의 내재적 긴장과 딜레마를 드러냈다. 당시 해군 2함대 사령관으로서 제1연평해전을 승리로 이끌었던 박정성 제독은 그해 11월 돌연 해군본부로 대기 인사 발령을 받았다. 통상 1년에서 1년 반 정도인 함대 사령관 임기를 채우지도 못한 채 하릴없이 해군본부에서 대기하는 보직으로 이동된 것은 사실상 좌천이었다.

셋째, 당시 대한민국 해군의 질적 우위를 실전에서 입증했으나, 동시에 북한에게는 새로운 도발 방식과 전술 개발의 필요성을 절감하게 하여 이후 제2연평해전 등에서 나타난 북한의 전술 변화에 직접적인 영향을 미쳤다.

넷째, 이 사건을 계기로 NLL 문제는 더욱 첨예한 남북 간 군사 안보 쟁점으로 부상했으며, 이후 서해에서의 군사적 충돌이 반복되는 배경이 되었다.

14. 제2연평해전

1. 배경

대한민국은 NLL을 지난 수십 년간 실질적인 해상 경계선으로 간주하고 수호해 왔다. 그런데 북한은 1973년부터 NLL의 법적 근거가 없음을 주장하며 그 무효화를 요구해 왔다. 특히 1999년 제1연평해전 패배 이후, 북한은 같은 해 9월 NLL 남쪽에 자체적인 '조선 서해 해상 군사분계선'을 일방적으로 선포하며 NLL 무력화 시도를 더욱 노골화했다. 이러한 NLL 자체의 설정 배경과 남북한의 상반된 입장은 서해 해역을 상시적인 군사적 긴장 상태로 만들었으며, 특히 꽃게잡이 철이면 조업구역을 둘러싼 남북 어선 및 경비정 간의 대치와 충돌 가능성이 높아졌다.

제2연평해전 발생 직전에도 북한 경비정의 NLL 침범 시도가 있었으며, 이는 단순한 우발적 사건이 아닌 계획된 도발이었다. 1999년 제1연평해전에서 대한민국 해군의 '밀어내기 작전'에 의해 북한 경비정이 큰 피해를 보고 퇴각한 경험은 북한에게 전술적 교훈과 함께 복수의 동기를 부여했다. 실제로 제2연평해전 당시 북한 경비정 등산곶 684호는 제1연평해전의 교훈을 바탕으로 주요 부위에 장갑을 보강하고, 85mm 전차포를 탑재하여 화력을 강화하였다.

제2연평해전이 발발하기 직전 한반도는 김대중 정부가 추진하던 대북 포용 정책, 이른바 '햇볕정책'의 영향 아래 있었다. 2000년에는 역사적인 제1차 남북정상회담이 개최되었고, 남북 간 교류와 협력이 증진되는 분위기였다. 그러나 이러한 화해 분위기 속에서도 서해 NLL 해역에서의 군사적 긴장은 완전히 해소되지 않았다. 1999년 제1연평해전 이후에도 북한 경비정의 NLL 침범 시도는 간헐적으로 계속되었으며, 특히 제2연평해전 발발 직전인 2002년 6월 27일과 28일에도 북한 경비정이 NLL을 침범했다가 퇴각하는 등 긴장이 고조되는 양상을 보였다.

이러한 군사적 긴장 상황은 2002년 5월 31일부터 6월 30일까지 대한민국과 일본이 공동으로 개최한 월드컵이라는 특수한 배경 속에서 전개되었다. 월드컵 기간 대한민국은 전 국민적인 축제 분위기에 휩싸여 있었고, 국제사회의 이목이 쏠려 있었다.

이처럼 월드컵의 마지막 날을 하루 앞둔 시점에 발생한 제2연평해전의 타이밍은 단순한 우연이 아니었다. 북한은 대한민국 전체의 관심이 월드컵에 집중된 시기를 선택했다. 이러한 시점에 도발을 감행함으로써 국내외적인 심리적 충격을 극대화하고, 국제적인 시선을 끌려는 계산이 있었다.

또한, 햇볕정책을 추진하던 김대중 정부의 대북 포용 기조와 위기관리 능력을 시험하고, NLL 문제에 대한 자신들의 주장을 다시 한번 부각하려는 의도가 있었다. 교전 직전의 연이은 NLL 침범은 이러한 계획된 도발의 전조였다. 결국, 월드컵이라는 특수한 상황은 북한에게 기습 공격의 효과를 증폭시킬 수 있는 작전적 환경을 제공했다.

2. 사건 경위

2002년 6월 29일 북한 경비정 388호와 684호가 NLL 남쪽으로 기동을 시작하였다. 사건 일주일 전부터 북한은 우리 해군의 대응 태세를 파악하기 위하여 수차례 경비정을 NLL 인근으로 보내왔다.

참수리-357(제2연평해전 전사자 추모본부)

북한 경비정 두 척이 NLL을 월선하자 우리 측 고속정 편대가 대응 기동에 나섰다. 먼저 남하한 북한 경비정 388호에 대해서는 253편대가 대응해 나섰고, 곧이어 북한 경비정 684호에 대응하기 위하여 우리 해군 고속 중 252편대(참수리 357호, 358호)가 대응 기동에 나섰다.

우리 해군 252편대 고속정이 북한 경비정을 향해 북진하다가 일정한 거리를 두기 위해 참수리 358호가 동쪽으로 기수를 돌리는 순간 북한 경비정 684호는 후미함인 참수리 357호정(정장, 대위 윤영하) 왼쪽 측면을 표적으로 집중 포격을 가하였다. 북한 경비정 684호는 85mm 함포를 참수리 357호정 함교와 조타실에 명중시켰고, 곧이어 37mm, 14.5mm 기관포와 RPG-7을 이용해 사격을 계속하였다.

후일 78식 저격보총을 가진 저격수 배치가 확인된 것은 사전에 계획된 도발이었음을 보여준다. 교전 결과 참수리 357호정이 침몰하여 전사 6명(정장 윤영하 대위, 중사 한상국, 하사 조천형, 황도현, 서후원, 상병 박동혁), 부상 19명의 사상자가 발생하였다. 선체는 침몰 53일 만인 8월 21일 인양되었다.

한국 해군의 큰 피해는 북한의 계획된 기습 공격, 교전 규칙상의 취약점, 화력 및 방어력의 열세, 그리고 지원 전력 운용상의 제약 등 복합적인 요인이 작용한 결과였다. 북한은 대한민국의 교전규칙과 고속정의 약점을 정확히 파악하고 이를 최대한 활용하는 전술을 구사했으며, 이는 교전 초기 대한민국 해군에게 심각한 타격을 입혔다.

참수리 357호정 인양(국방부)

3. 도발 징후 묵살

당시 대북 감청 부대장이었던 한철용 소장은 2002년 국방부 국회 국방위 국정감사장에서 김대중 정부의 군 지휘부가 대북 도발 징후를 묵살했다고 증언했다가 강제로 전역당했다. 제2연평해전이 발생하기 이틀 전인 2002년 6월 27일, 그는 대북 감청 부대 지휘관으로 북한 해군이 "발포 명령만 내리면 바로 발포하겠음"이라고 교신하는 등 결정적 도발 징후가 있다고 상부에 보고했지만, 군 수뇌부는 이를 묵살하여 제2연평해전을 피하지 못하였다고 하였다. 당시 정부는 북한의 결정적인 특수정보(SI)를 두 차례나 접하고도 이를 의도적으로 무시해 버렸다.[156]

게다가 우리 해군 고속정을 북한 함정 200m까지 근접 차단 기동시키다 우리 젊은이들을 사지로 몰아넣었다. 함포 50발로 반쯤 가라앉혔던 적 경비정에 대해 상급 부대에서 갑작스러운 사격 중지 명령을 하는 바람에 "살아서 돌아가게 놓아주고 말았다"라고 비판하였다. 당시 청와대는 해전 발생 이튿날 '금강산 관광선이 계획대로 출항한다'라고 발표했고, 김대중 대통령은 전사자 조문도 하지 않은 채 한·일 월드컵 결승전을 관람하기 위해 일본으로 떠났다.[157]

---

156) 한철용, 『진실은 하나』, 팔복원(2010), 271-290쪽
157) 주간조선(제2567호), 2019년 7월 25일

4. 햇볕정책과의 연관성

제2연평해전은 '햇볕정책'이라는 대북 유화정책이 군사 작전에 영향을 주어 우리 장병의 목숨을 앗아간 비극이었다. 제1연평해전은 비록 승리하였지만, 우리 장병이 위험에 그대로 노출되었던 무책임한 작전이었듯이, 제2연평해전에서도 5단계 교전규칙이 그대로 적용되었던 점을 북한이 역이용하였다.

해군에서는 제1연평해전 후에 교전규칙 변경을 건의하였지만 받아들여지지 않았다. 당시 우리 해군은 김대중 대통령이 지시한 'DJ 교전규칙'을 적용받고 있었다. 이것은 한마디로 '적이 쏘면 맞고 죽어라!'는 말이다. 즉, 경찰과 강도가 정면으로 맞붙었는데 경찰에게 강도가 먼저 쏠 때까지 기다리라는 상황과 같은 것이었다. NLL 교전규칙은 2003년이 돼서야 5단계에서 3단계(대응 기동-경고사격-격파 사격)로 변경되었다.[158]

2009년 11월 10일 대청해전에서는 제2차 연평해전 이후 변경된 교전규칙에 따라 차단 및 시위 기동을 위해 북한 경비정에 근접하지 않아도 되었다. 대청해전에서 북한 경비정이 50여 발의 선제사격을 하자 우리 고속정은 즉각 대응 사격을 하였다. 고속정 4척이 4,950발(40mm 250발, 20mm 발칸 4,700발)을 발사하였다. 북한은 남한 군함이 '수천 발'을 작은 경비정에 쏘는 것은 경고가 아니라 파괴하려는 의도였다고 비난하였다.[159] 제2연평해전은 김대중 정부의 햇볕정책에 대한 비판적인 여론을 확산시키는 계기가 되었고, 북한의 또 다른 보복을 예고하였다.

---

158) 김성만, 『천안함과 연평도』 상지피앤아이(2011), 173-176쪽
159) 20mm 벌컨은 파괴용이 아닌 탄막 형성이나 갑판 위 인명 살상용이다.

5. 해군장

제2연평해전 전사자들에 대한 장례식은 '해군장'으로 치러졌다. 대통령이나 국방부 장관도 참석하지 않았고, 국립묘지 비문에는 '전사' 대신 '연평도 근해에서 사망'이라는 글이 새겨졌다. 교전 끝에 산화한 장병들의 희생에 한국 정부나 국민이 모두 무관심하였다. 2008년에야 비로소 '연평도 근해에서 사망'이라는 비문은 '전사'로 수정되었다. 당시 일부 정치인들이 군 모병제를 주장하였을 때 보수 논객들은 국민 개병제를 주장하였다. 이때 많은 젊은이가 인터넷에 댓글을 달았다. "너나 가라, 군대."[160)

사건 초기 언론 등에서는 '서해교전'이라는 명칭을 주로 사용했으나, 이는 전투의 성격과 장병들의 희생을 축소한다는 비판이 제기되었다. '교전'과 '해전'은 군사 교리상 의미하는 바가 다르며, NLL 사수라는 전략적 의미와 희생의 무게를 고려할 때 '해전'이 더 적합하다는 주장이 힘을 얻었다. 결국 2008년 이명박 정부 출범 이후, 국방부는 1999년 제1연평해전과의 연계성, 지명과 발생 순서에 따른 명명 관례, 교리적 의미 등을 종합적으로 검토하여 '제2연평해전'으로 공식 명칭을 변경하고, 이를 NLL을 사수한 '승리한 해전'으로 규정했다.

제2연평해전 전사자들은 사건 발생 초기, 관련 법령 미비로 인해 '전사자'가 아닌 '공무상 사망자'로 처리되는 문제가 발생했다. 당시 군인연금법에는 '전사' 항목이 없었기 때문이다. 이는 국가를 위해 전투 중 목숨을 잃은 장병들에 대한 합당한 예우가 아니라는 비판을 불러왔다.

이러한 문제 제기와 유가족 및 관련 단체의 노력으로 2004년 군인연금법이 개정되어 '전사' 항목이 신설되었다. 이에 따라 윤영하 소령 등

---

160) 이국종, 『골든아워 1』 흐름출판(2018), 186쪽

6명의 전사자는 소급 적용을 통해 공식적으로 '전사자'로 인정받게 되었다. 전사자들에게는 1계급 추서 진급과 함께 무공훈장이 수여되었다. 생존 참전 장병들에 대한 포상도 이루어졌으나, 일부 참전 용사들의 경우 외상 후 스트레스 장애(PTSD) 등 정신적 고통에 대한 인정과 지원은 상대적으로 더디게 이루어졌다.

15. 천안함 피격 사건

1. 사건 경위

2010년 3월 26일 21시 22분경, 백령도 서남방 2.5km 해상에서 NLL을 경비하던 우리 해군 천안함(PCC-722)이 수중 폭발물에 의해 선체가 두 동강이 나 침몰했다.

천안함 피격요도(대한민국 정책브리핑)

승조원 104명 중의 58명은 구조되었으나 46명은 전사하였다. 국제 합동조사단의 결과 발표에 따르면, 천안함은 북한 연어급 잠수정의 어뢰 공격으로 침몰되었다. 천안함은 백령도 영해 내에서 정상적인 초계 활동 중에 기습을 당했다.

천안함은 북한군의 포 사격을 피하고자 레이더 탐지를 피할 수 있는 '전파 음영구역'인 백령도 후방에서 기동하다 북한 잠수함의 기습에 당한 것이다. 적 미사일과 해안포 공격을 과도하게 인식하여 생존성 위주로 음영구역에서 소극적인 회피 작전을 장기간 실시하여, 북한에게 좋은 표적을 제공하는 전술적 과오를 범했다.[161] "조수 간만의 차가 크고, 수심이 낮은 서해에서 설마 잠수함 공격이 있을까?"라는 안일함이 피격의 원인이었다. 북한은 우리의 대비 태세를 정확히 파악하여 잠수정으로 은밀히 기습 어뢰 공격을 감행하였다.

밤 9시 21분 58초, 한국지질자원연구원 백령도 관측소는 백령도 인근에서 TNT 180kg 폭발 위력의 규모 1.5 인공지진을 관측하였다. 천안함 침몰 후 천안함 포술장은 2함대 상황장교와의 통화에서 '좌초'라고 함으로써, 해군작전사령부를 거쳐 합참에는 좌초로 보고되었다. 합참은 최초 보고에 따라 연합 위기가 아닌 것으로 판단하여 우리 군 단독으로 위기관리에 나섰다.[162] 이에 따라 천안함 좌초설이 등장했다.

천안함 사건은 사상 처음으로 온라인 소통망(SNS)을 통해 북한이 대남 사이버심리전을 전개한 전장이었다.[163] 천안함 진실은 6.2 지방선거를 통해 심각하게 왜곡되었다. 특히 야당은 천안함 사건이 북한의 소행으로 밝혀질 때 국민의 보수 안보 심리를 자극해 선거에 불리하게 될

---

161) 오병흥, 182쪽
162) 이종현, 『스모킹 건』 맥스미디어(2015), 68-69쪽
163) Id. 355쪽

제4장 북한의 주요 도발 사례와 한국의 대응   **205**

것을 두려워했다.[164]

북한은 '우리민족끼리' 등 인터넷을 이용해 '남한의 선거전 북풍을 조성하기 위한 자작극', '미군 군함에 의한 사고설' 등을 제기하며, 남한의 천안함 북한 연루설 조작을 주장하였다. 이어서 한국 내 친북 및 진보성향의 단체들의 웹사이트에 북한의 선전물과 동일한 선전물이 게시되었고, 이들을 적극적으로 활용해 천안함을 둘러싼 한국 사회 내 남남갈등을 끌어 냈다.[165]

2. 사건 조사 결과

2010년 5월 20일 국제 합동조사단의 조사 발표 내용은 다음과 같다. 천안함은 어뢰에 의한 수중 폭발로 발생한 충격파와 버블(bubble) 효과에 의해 절단되어 침몰되었다. 폭발 위치는 가스터빈실 중앙으로부터 좌현 3M, 수심 6~9m 정도이며 무기 체계는 북한에서 제조한 고성능 폭약 250kg 규모의 어뢰로 확인되었다.

북한 연어급 잠수정과 이를 지원하는 모선이 천안함 공격 2~3일 전에 서해 해군 기지를 이탈했다가 천안함 공격 2~3일 후 기지로 복귀한 것이 확인되었다. 북한 잠수정은 3월 23일 백령도에서 80여 킬로 떨어진 황해남도 비파곶 잠수함 기지를 모선과 함께 출항하여 한미 정부 당국의 감시를 피해 이동했다. 모선은 잠수정에 각종 지원을 하고 잠수정 안전에 문제가 생겼을 때를 대비해 함께 출항하였다. 공해상으로 ㄷ자형으로 우회해 3월 25일 오후 백령도 서쪽 해역에 도착한 잠수정

---

164) Id. 365-366
165) 김은영, "북한의 사이버상 영향력 공작에 대한 탐구적 연구", 사이버안보연구(2024년 창간호), 184쪽

은 수중에서 하루가량 공격 목표를 기다렸다. 3월 26일 밤 천안함을 발견한 잠수정은 천안함 왼쪽으로 3km쯤 떨어진 해저 수중 10m 깊이에서 잠망경으로 천안함 움직임을 확인한 뒤 CHT-02D 중어뢰를 발사한 것으로 추정되었다.

천안함 인양 후, 해군 탐색구조 전대는 어뢰 인양 작업에 착수하였다. 2010년 5월 3일부터 시작된 작업 결과 5월 15일 마침내 어뢰를 발견하였다. 쌍끌이 어선 대평 11호, 12호가 투입되어 작업 보름 만에 북한이 사용한 어뢰 파편을 수거하였다.[166]

한편, 최근 탈북자 진술에 따르면, 정찰총국 산하 남포연락소 소속 3척의 6인승 잠수정(개척조, 공격조, 엄호조)이 중어뢰 2발씩 적재하고, 작전에 참여하였다. '53-65 KE' 명칭의 구소련제 어뢰로 중국이 복제 생산한 것이다. 제원은 길이 7.738m, 직경 533.4mm, 무게 2t, 속도 51knot, 어뢰 돌격 거리(유효사거리) 2km, TNT 200kg 폭발력을 가지고 있었다. 당시 백령도 지진관측소는 TNT 180kg 폭발력을 관측한 바 있다. 북한 어뢰는 1년에 1회 정비하며, 정비 후 가장 신뢰할 수 있는 어뢰에 '1번' 표기를 한다고 하였다.[167]

북한은 2009년 대청해전[168] 패배 후 실추된 북한군의 명예 회복, 화폐개혁 실패에 따른 경제난과 민심 다스리기, 내부 결속 강화, 북미 6자회담 주도권 장악, 한국 정부의 대북정책 전환을 목적으로 도발한 것으로 분석되었다. 대청해전 패배 후 북한의 와신상담 결과이다. 사실 대청해전은 북한이 남한의 대응을 유도하였다. 북한 경비정들은 상부의 지시에 따라 NLL에 접근하고 조준사격을 개시하여 남한 해군의 집

---

166) 권영대, 『폭침 어뢰를 찾다』 조갑제닷컴(2016), 139-206쪽
167) 주성하 TV
168) 2009년 11월 10일, 북한 경비정 한 척이 대청도 인근의 북방한계선을 침범하여 남하하자 고속정이 경고 방송과 경고사격을 가하였다. 이에 북한의 선제 사격으로 교전이 벌어졌고 북한의 경비정은 반파되어 북상했다.

중사격을 유도했다. 최근 탈북자 김주원의 발언에 따르면, 김정은이 후계자로서의 입지를 다지기 위해 북한군 고위 간부들에게 신임을 얻고자 김영철에 천안함 폭침 사건을 기획하고 지시했다고 하였다.[169]

천안함은 북한 잠수정에 왜 기습을 당했나? 첫째, 천안함은 잠수함 탐지용 소나를 장착하고 있었지만, 성능이 부족하여 원거리에서 연어급 잠수정을 탐지하기가 어려웠다. 둘째, 우리 군의 정보 분석 및 작전 지휘의 실패이다. 천안함 피격 전 북한의 잠수함정이 사라진 것으로 확인되었다. 그러나 우리 군은 이를 평시 해상 활동으로 판단하고 아무런 대비를 하지 않았다. 정보 분석에 실패한 합참에는 전략적 책임, 해군작전사령부와 2함대 사령부는 현장 작전 책임이 있다. 그러나 근본 원인은 외부 평가와 감독을 전혀 받지 않는 합참과 국방부 정보본부에 있었다.[170]

셋째, 초기 대응조치가 미흡했다. 북한 잠수정이 우리 영해에 침투하여 천안함에 어뢰를 발사하고 도주하는 동안, 우리 군의 위기관리시스템에 따른 대응 및 조치는 전반적으로 미흡했다. 우선 사건 초기 피격 상황에 대한 보고 및 전파가 제대로 이루어지지 않아 대응조치에 혼선을 초래했다. 천안함과 제2함대사령부에서는 최초 보고 시 발생 원인을 누락했고, 보고 또한 신속히 이루어지지 못했다. 천안함으로부터 합참, 국방부, 청와대까지 보고하는 데 23분이 걸렸다.

아울러 피격 직후 우리 군의 체계적인 조치도 미흡했다. 합참은 긴급 조치조를 즉각 소집했으나, 초기 대응반과 위기 조치반은 1시간 경과 후 소집됨으로써 초기 대응 및 위기 조치가 신속히 작동되지 못했다. 그리고 침몰 원인이 단순히 사고인지 아니면 북한군 공격에 의한 것인

---

169) 자유아시아방송, 2020-12-2
170) 오병흥, 185쪽

지 판단에 혼선이 있었고, 외교·안보 장관 회의에서도 북한의 공격 가능성에 대해 신중한 판단을 강조한 나머지 신속하고 체계적인 상황 조치가 이루어지지 않아 군의 초기 작전에 영향을 미쳤다.[171]

3. 정부의 대응

정부는 이러한 북한의 도발에 대하여 2010년 5월 24일 천안함 후속 조치를 다음과 같이 발표하였다. ① 교역·교류 중단, ② 추후 공격 시 자위권 발동, ③ 대북 심리전 개시. ④ 북한 상선의 영해 및 제주해협 통항 금지 ⑤ 한미 대잠수함 훈련 시행, ⑥ PSI 강화, ⑦ 유엔안보리 회부

유엔 안전보장이사회에 회부된 지 35일이 경과한 7월 9일, 유엔안보리는 '의장성명'을 채택하였다. 중국의 반대로 유엔안보리 결의안 대신 그보다 급이 낮은 '의장성명'이 채택되었고, 공격의 주체인 북한도 명시되지 않았다는 점에서 외교적 실패로 평가되었다. 중국은 유엔안보리의 대북 제재는 물론이고 의장성명에서조차도 북한을 명시하는 것과 '공격'과 '규탄'이라는 용어를 쓰는 데 대해 부정적인 견해를 취해왔다.

결과적으로 안보리 의장성명은 상임이사국 간 타협의 산물이었다. 대한민국과 미국 등은 공격 행위 자체에 대한 규탄과 합동조사단 결과에 대한 우려 표명을 성과로 평가했지만, 북한은 자신들이 직접적으로 가해자로 지목되지 않은 점을 들어 외교적 승리라고 주장했다. 이는 천안함 사건을 둘러싼 국제사회의 복잡한 역학 관계와 합의 도출의 어려움을 보여주는 사례이다.

---

171) 대한민국 정부, 『천안함 피격 사건 백서』 2011, 56-57쪽

민주화 이후 한국의 대통령들은 결사적으로 응징을 회피했다. 1차 북핵 위기 때 미국이 영변 폭격을 검토하자, 최초의 문민 대통령인 김영삼 대통령은 강력하게 미국에 항의했다. 김대중-노무현 대통령은 아예 북한과 대립할 생각을 하지 않았다. 그것이 보수파의 반발을 일으켜 이명박 정부가 출범했는데 이 대통령도 '말풍선'만 띄워놓고 주저앉았다.[172]

4. 평가

천안함 공격에 대한 대응은 다음 두 방안을 검토해야 한다. 자위권을 행사할 것인지, 전시복구를 할 것인지?

첫째, 자위권은 무력 공격이 발생하면 즉시 행사하는 것이 바람직하다. 무력 공격과 대응 간에 시차가 긴 경우 미국의 2001년 아프가니스탄 공격에서도 보았듯이 무력 공격의 적법성 확보에 논란을 낳는다. 공격과 대응 간 정당화 될 수 있는 지연의 경우 후차적인 대응도 가능하다.

둘째, 무력 공격을 행사해야 한다면 논리적 실마리는 전시복구에서 찾을 수 있다고 판단된다.[173] 남북한은 휴전 중이며 원칙적으로 전쟁상태임을 감안하면 전시복구도 가능하다. 일반적으로 평소 무력복구는 금지된다. 그러나 전시복구(wartime reprisal)의 경우 비례성이 인정되는

---

[172] 이정훈, 『천안함 정치학』 글마당(2012), 322쪽

[173] Declaration on Principles of International Law concerning Friendly Relations and Cooperation among States in accordance with the Charter of the United Nations, GA Res 2625, UN GAOR, 25th sess, 1883rd plen mtg, UN Doc A/RES/2625 (24 October 1970). 위 선언에 따르면, 현행 국제법상 복구(reprisal)는 불법이다. 그러나 전시복구는 교전국 간 인정되는 권리이다. 남북한의 관계는 휴전 중이므로 전시복구를 거론한 것이다.

한 허용된다.

전시복구에 대한 안보리의 비난 성명을 채택한 경우가 더 많았지만, 과거 중동전쟁 중 이집트에 의한 이스라엘 구축함 Eilat 격침 사건의 경우 휴전협정 위반을 비난하는 중립적 결의가 채택된 전례가 있음을 참고할 필요가 있다.

1967년 10월 21일, 이집트 유도탄정인 Komar 급에 발사한 Styx 미사일에 의하여 이스라엘 구축함 Eilat 함이 침몰되었다. 이집트는 자위권 행사 사실을 안보리에 보고하고 영해 침범을 이유로 자위권을 행사했음을 주장하였고, 이스라엘은 상호주의가 요청되는 정전협정에 따라 전시복구를 이유로 1967년 10월 24일 수에즈 정유소를 폭격하였다.[174] 안보리는 정전 결의 위반에 대하여 '정전협정 위반'이라고 규정짓고, '정전 결의의 철저한 준수의 필요성'을 확인하였다.[175]

또 한 예로, 1971년 인도-파키스탄 전쟁에서 인도 해군 Osa 급 고속정이 발사한 스틱스 미사일이 파키스탄 구축함 카이바르 함을 침몰시켜, 모항 카라치에서 268명이 사망하였다.

---

174) S/Res/240(Oct. 25. 1967)
175) 김동욱, "천안함 사태에 대한 국제법적 대응", 해양전략, 제146호(2010. 6), 30-31쪽

16. 연평도 포격 도발

1. 백주 대낮의 포격

2010년 11월 23일 천안함 침몰 사건이 발생한 지 불과 8개월 만에 북한은 다시 연평도를 포격했다. 북한의 연평도 도발은 민간인 지역을 포격했다는 점에서 문제는 매우 심각했다. 그렇다면 북한은 왜 한국전쟁 이후 최초로 '남한 영토'에 대한 '직접적인 공격'과 '민간인 사상자'가 발생하는 도발을 감행한 것일까?

북한군 포격으로 불이 난 K-9 포대(국방부)

그 배경과 원인에 대해서는 다양한 분석이 가능하다. 첫째, 김정은 후계 구도 안정화와 김정은 업적 쌓기, 둘째, 북한 문제를 둘러싼 6자회담 및 북미 간 양자 회담의 국면 전환, 셋째, 서해 북방한계선의 무력화, 넷째, 대남 압박을 통해 경제 지원 획득 등 여러 각도에서 분석할 수 있다.

특히 김정일이 뇌졸중 발병으로 아직 후계자로 안착하지 못한 청년대장 김정은은 후계체제의 공고화를 위해 걸출한 리더십을 보여줄 필요가 있었다. 김일성 군사종합대학 포병학 전공 출신이라는 김정은은 연평도 포격 작전 기획을 통해 전술의 달인 그리고 대담성의 소유자, 전략의 달인이라는 점을 대내적으로 선전할 필요가 있었다.[176]

2011년 11월 23일 오전 북한은 도라산역 부근 한국군 통신 운영단을 통해 한국군과 주한 미군의 육·해 연합 호국 훈련에 대해, 자국에 공격을 가하는 것이 아니냐며 훈련 중단을 요청하는 전통문을 발송했다. 북한은 자신들이 주장하는 영해 내로 포탄이 떨어지면 좌시하지 않겠다고 경고했다. 그러나 우리 국방부는 연례적인 훈련이라며 북한의 요청을 거절하고 예정대로 훈련을 진행하였다.

조선중앙통신에 따르면 북한 외무성은 '대변인 담화'를 통해 "적들은 우리를 자극하지 않기 위해 연평도 남쪽으로 포사격했다고 하지만 해상 군사분계선으로부터 우리 측 영해 안으로 깊숙이 들어와 위치한 지리적 특성으로, 그곳에서 포·실탄 사격을 하면 어느 방향을 쏘든 우리 측 영해 안에 포탄이 떨어지게 돼 있다."라고 주장했다.

이 담화는 또 "빈말하지 않는 우리 군대는 실탄사격을 감행한 적 포진지를 즉시 타격하는 자위적 조처를 했다"면서 "이번 사건은 정전협정 체결 후인 1953년 8월30일 유엔군 사령관 클라크가 일방적으로 그어놓

---

176) 옹진군, 『연평도 포격 사건 백서』 옹진군(2012), 69-70쪽

은 '북방한계선' 때문에 초래된 위험천만한 사태 발전"이라고 말했다.[177]

북한-연평도 영해 중첩도(저자 작성)

오전 10시 15분부터 연평도 해병 부대는 K9 자주포, 105mm 견인포, 발칸포 등 총 3,968의 포탄을 발사하는 사격 훈련을 했다 이날 오후 2시 34분경 훈련이 종료되자, 북한은 76.2mm 평사포, 122mm 대구경포, 130mm 대구경포 등을 이용해 연평도 군부대 및 민가를 향해 개머리 해안 부근 해안포 기지로부터 포격를 시작했다.

북한의 공격은 연평도에 대한 오후 2시 34분부터 3시 41분까지 계속되었으며, 총 170여 발에 포를 발사하였다. 1차 포격은 북부 지역 연평부대를 겨냥한 것으로 추정되고 2차 폭격은 연평도 해병대 관련 시설을 겨냥한 것으로 추정되었다. 북한군의 포격에 대응하기 위해 우리 군은 총 80여 발을 대응사격하였다.

---

177) 뉴데일리, 2010-11-24

2. 한국의 대응

(1) 해병대 그리고 공군

대한민국은 당일 오전에 예정된 훈련 계획에 따라 정상적으로 포격훈련을 하였다. 해병대 연평부대도 보국 훈련의 하나로 남쪽 바다를 향하여 사격 훈련을 하였으나, 북한은 이를 남한 측 도발로 규정하고 오후 2시 34분 대연평도에 기습적으로 포격을 하였고, 남한도 3분 만인 2시 47분부터 대응 사격을 하였다.

개머리 반도의 북한군 초반 포격에 한국군은 두 대의 K-9 자주포가 손상되었고 남은 3대의 K-9 자주포로 무도의 북한군 기지를 향해 50발의 대응 사격을 하였다. 당시 대포병 레이더(AN/TPQ-37)는 북한의 전파교란 공격으로 제대로 작동하지 않아 미리 좌표가 입력된 무도에 대응 사격을 하였다. 30여 발을 사격하였을 때 한 대를 긴급 수리하여 총 4대의 K-9으로 대응하였고, 이후 북한이 다시 개머리 반도에서 2차 포격을 개시하자 다시 작동이 개시된 대포병 레이더의 추적으로 30발의 포탄을 개머리 진지에 발사하였다. 교전이 중지될 때까지 북한군은 총 170여 발, 한국군은 80여 발을 사격하였다.

기존에 배치된 대포병 레이더는 전파방해 대응 능력이 없어 북한의 GPS 공격에 취약하다는 점이 지적되었다. 포격 사건 이후 아서(AUTHUR) 대포병 레이더가 배치되었다. 2010년 8월 9일 백령도와 연평도 NLL 근해에 북한 포탄 110여 발이 떨어졌을 때 우리 군은 대포병 레이더(AN/TPQ-36)가 제대로 작동하지 않아 대응하지 못하였다. 그런데도 군은 다연장로켓(MLRS)과 신형 아서(AUTHUR) 대포병 레이더를 배치하지 않았다. 이는 명백한 경계 작전의 실패였다. 포격 시 한국군이 F-16, F-15 전투기와 해군 전투함들을 보내자, 북한은 미그-23기 3대를 출격시키고 경비함도 출동시켜 공중과 해상에서 무력 충돌 직전의 위기까지 갔다.

포격 도발로 해병대 대원 2명, 민간인 2명이 사망, 19명이 부상했고, 전체 건물 924동 중 421동이 피해를 보았다. 주민 1,300명 중 96%가 육지로 대피하였다. 우리 대응 사격으로 북한 장병도 상당수 사망 부상한 것으로 알려졌으나 최근 북한으로부터 귀순자들의 증언에 따르면 사망자는 없던 것으로 밝혀졌다.[178]

북한은 4군단 예하 사단 방사포 부대를 개머리 진지에 사전 배치하였다. 위성 탐지를 고려해 3일 전부터 야간에 기동하고 주간에는 볏짚단으로 위장하여 방사포 부대 배치를 철저히 보안에 붙였다. 120mm, 240mm 방사포를 배치하였고 개머리 반도 지역에 거주하던 주민도 사전에 소개했다. 개머리 진지에서 연평도 포격 후 바로 10분 이내 포대를 이동하라는 사전 명령(일명 '쏘고 튀기')이 내려졌다. 북한의 포격에 대한 정보가 없다 보니 해병대는 사전 계획에 따라 무도로 사격하였고, 2차 포격 시 비로소 개머리 진지에 대응 포격을 하였다. 북한은 무도 근무자 10여 명의 부상자를 제외하고는 사망자가 하나도 나오지 않았다. 이 사건으로 김정은 대장은 대범한 '포병의 달인'이라는 소문이 공공연히 퍼져나갔다.[179]

(2) 청와대

사건 초기 청와대는 한마디로 '갈팡질팡' 그 자체였다. 23일 오후 3시

---

178) 주성하 TV
179) Id. "김정은은 집권 이래 쏘는 데 매우 집착해 왔다. 그는 2004년 김일성 군사종합대학 포병과에 입학해 졸업한 것으로 알려졌는데, 물론 일반 학생들과 함께 대학에 다닌 것은 아니다. 홀로 군 장성들의 특별 과외를 받은 것으로 알려졌다. 그런데 수많은 병과 중에 하필 포병과를 선택해 들어갔다는 것은 그가 애초에 포사격을 제일 좋아했다는 것을 의미한다."(주성하, 동아일보, 2024-8-30)

50분 청와대 관계자는 "확전되지 않도록 관리를 잘하라"는 이명박 대통령의 수석회의 발언 내용을 소개했다. 그러나 오후 4시 반쯤 메시지는 "단호히 대응하되 상황이 악화하지 않도록 만전을 기하라"고 수정되었다. 후에 대통령 발언을 두고 혼선을 빚어진 것은 실무자의 실수 탓이라고 거듭 해명하였다. 김태영 국방부 장관은 24일 오전 국회에서 "단호하지만 확전되지 않도록 하라는 것이었다"고 답변했다가, 오후에는 "대통령이 확전을 막아야겠다고 말했다는 것은 들어보지 못했다. 확전 방지라는 이야기를 직접 듣지 못했다."라고 부인했다.

이명박 대통령은 김성환 외교부 장관, 현인택 통일부 장관, 김태영 국방부 장관, 원세훈 국정원장, 맹형규 행정안전부 장관, 임채민 국무총리실장 등을 소집해 긴급 외교·안보 장관회의를 열었다. 이 자리에서 우리 군의 보복 타격을 계속할 것이냐를 놓고 회의를 진행하였다.

이 대통령은 "왜 대포만 쏘느냐? 출격한 전투기가 폭격하는 것은 안 되느냐?"라고 물었다. 그러나 국방부 측이 "교전규칙에는 상응하는 화기로의 대응을 정하고 있다 자칫하면 큰 전쟁으로 확대되는 우려가 있다."라며 부정적인 의견을 냈다고 한다. 또한 군 관계자들은 유엔사 교전규칙을 이유로 항공기 공격은 미군과 협의할 사안이라고 하였다.

또 다른 문제는 출격한 F-15 전투기 두 대에는 공대지 미사일이 장착되지 않았다. 이는 긴급 출격기로서는 통상 공대공 미사일을 장착하며, 계획된 대지 공격을 제외하고는 공대지 미사일을 달지 않는다. 공대지 미사일은 밀봉을 해제하여 장착하면 관리가 어렵기 때문이다.[180]

---

180) 한국형 GPS 유도폭탄(KGGB, Korean GPS Guided Bomb)은 공군의 강력한 요청으로 수도권을 노리는 1,000여 문에 달하는 북한 장거리포가 배치된 갱도형 진지의 입구를 폭격하기 위한 것이다. 국방과학연구소(ADD)가 개발한 무기 체계로 재래식 폭탄에 추가 장착하여 첨단 유도무기로 개조할 수 있는 장치이다. 2006년부터 LIG넥스원과 국방과학연구소(ADD)가 공동으로 개발한 유도폭탄으로, 공중에서 표적 근처로 투하하는 것만 가능한 일반 폭탄에 중거리 GPS 유도키트를 장착하면 더욱 원거리에서 공격할 수 있을 뿐만 아니라 주·야간 전천후 정밀 공격도 할 수 있고 F-4, F-5와 같이 노후한 전투기에서 운용할 수 있는 점도 특징이다. 한국형 JDAM이라고 불리기도 한다. 한국 공군의 팝아이-2가 11억 원, 슬램-ER은 23억 원인데, KGGB는 1억 원으로 매우 저렴하며 사거리도 길고 사우디 공군도 운용 중이다.

결국 김태영 국방부 장관이 경질됐고 "선조치 후보고", "도발 원점과 지원 세력의 타격" 등 강력한 지침 등 자위권 차원에서 단호히 응징하겠다는 다짐은 결국 공염불이 되었다.[181]

한편, 회고록 'Duty'에서 로버트 게이츠 전 미국 국방 장관은 2010년 11월 발생한 연평도 포격 때 한국 측에서 보복에 대한 요구가 있었다고 하였다. 당시 한국의 보복 계획은 항공기와 대포를 동원하려는 등 지나치게 공격적이었다고 회상했다. 이러한 한국의 강경 대응 방침에 "오바마 대통령과 클린턴 국무장관, 마이크 멀린 합참의장 등이 한반도 긴장이 걷잡을 수 없을 정도로 고조되는 것을 우려해 며칠간 한국과 통화했다."면서 "중국도 북한 지도부를 상대로 상황을 누그러뜨리기 위해 노력을 했다."라고 하였다.[182]

이는 북한의 도발에 한국이 강경 대응을 계획하였을 때 미국이 한반도 내에서 개입할 수 있다는 것을 보여준다. 현상 유지를 원하는 미국은 한반도에서 통제할 수 없는 상황이 발생하기를 관망하지만은 않을 것이며, 연평도 포격 도발 때와 마찬가지로 한국의 대응 계획에 개입하여 저지할 수 있다. 또한 중국의 개입을 초래할 수도 있다. 따라서 북한의 도발 강도를 세분화시켜 도발 수준에 합당한 대응을 해야 한다.[183]

억제는 북한에 대한 최선의 군사적 옵션이다. 북한의 도발을 억제하기 위해서는 효과적인 군사적 보복 수단, 실제로 보복할 것이라는 의심의 여지가 없는 결의, 보복의 능력과 의지의 효과적인 전달이다.[184]

---

181) 이동관, 『도전의 날들』 나남(2015), 214쪽
182) Robert Gates, Duty: Memoirs of a Secretary at War, Alfred a Knopf Inc(2014), 497쪽
183) 김창준, 권성진, 박성수, "대남 도발에 대한 강경 도발의 실효성", 한국군사학논집 제78 제2권(2022), 228-231쪽
184) 브루스 클링너, "북한의 핵 위협에 대하여 한미동맹에게 가용한 군사적 옵션은 무엇인가 : 가능성과 한계", 한국국가전략, 제3권 제1호(2018), 301-302쪽

3. 판단

북한의 선제공격에 대해 맞대응 보복 공격 실행을 추구하였으나 교전규칙의 제한적 해석으로 도발 원점에 대한 공중 포격에 실패하였다. "왜 전투기로 공격하지 않느냐?"라는 대통령의 질문에 군 관계자들은 왜 '유엔사 교전규칙'을 이유로 항공기 공격은 미군과 협의할 사안이라고 하였을까?

연평도 포격 도발 시 우리 군이 왜 자위권 차원에서 적극적인 대응을 못 했는가에 대하여 다음과 같은 평가를 할 수 있다.

첫째, 한국은 미군에 대한 과도한 의존성으로 연평도 포격 도발에도 교전규칙에 얽매여 자위권을 행사하지 못하게 되었다. 미군과 달리 한국군은 실전에 있어서 전쟁 기획의 경험이 적다. 특히 대간첩작전과 국지도발에 단편적으로 대응하는 데 그쳐 전구 작전[185] 경험이 부족하여 독자적인 전쟁 수행 능력이 떨어진다.

이로 말미암아 위기관리가 제한되어 자위권을 행사할 기회를 놓쳤다. 1970년 해군 방송선 피랍사건에서 한국군이 유엔사 교전규칙을 너무 축소 해석하여 적절한 대응책을 취하지 못한 실책을 범한 지 40년이 지난 시점에, 압도적 재래식 전력을 갖추었음에도 유사한 실책이 되풀이되고 있다.

둘째, 한국 합참은 유엔사/연합사 정전 시 교전규칙을 그대로 사용하여 왔다. 유엔군/연합군사령관의 정전 체제 유지 권한을 존중하여 그 내용과 혼선을 초래할 우려를 무릅쓰면서까지 독자적인 교전규칙을 제정할 필요가 없었다. 유엔사 정전 시 교전규칙을 우리 교전규칙으로 그대로 활

---

185) 작전 전구(Theater of Operations)는 교전이 이루어지는 지역으로 전쟁 당사국은 물론 중립국이나 제3국의 개입도 이루어진다. 전시 한반도 주변에 설정되는 한국 작전 전구(KTO)가 대표적인 예다.

용하면서, 추가로 필요한 사항은 별도의 예규 또는 명령에 포함해 운영했다. 한국군 자체의 교전규칙이 없다 보니 자연스럽게 유엔사/연합사 정전 시 교전규칙에 따라 미군 사령관의 동의가 필요하다고 생각한 것이다.

셋째, 적의 도발이 우발적이라면 교전규칙에 따를 필요가 있다. 남북 간 발생한 우발적 사건을 방치하게 되면 확전으로 이어질 수 있기 때문에 유엔군 사령관으로서는 교전규칙으로 이를 관리할 필요가 있는 것이다.

그러나 그 도발이 계획적이라면 자위권 행사의 대상이 된다. "적이 도발했을 경우, 자위권을 행사할 때는 모든 가용 수단과 방법으로 대응할 수 있도록 지휘관의 고유권한과 의무를 제한하지 않는다."라는 유엔사/연합사 정전 시 교전규칙에 따라서 즉각적이고 단호한 무력행사를 하면 된다.

그런데 포격 도발 시 우리 군은 교전규칙을 잘못 이해하여 단호한 대응에 실패하였다.[186] 6·25 전쟁 이후 북한의 대남 도발은 모두 사전에 계획된 도발이었다. 따라서 북한의 거의 모든 도발은 자위권 대상이다.

넷째, 한미연합군사령관(CFC)은 동맹군 사령관으로서 북한의 침략을 막는 역할을 갖는다. 또한 유엔군 사령관(UNC)의 역할을 겸하는데 주 임무는 정전 관리, 즉 정전협정 이행을 감시하는 것이다. 따라서 한미연합군 사령관/유엔군 사령관은 '한국의 동맹군'이자 한국군의 행동을 제약하는 '제어자' 역할을 동시에 수행하고 있다. 한미 연합군사령관은 데프콘 4에서 데프콘 3으로 격상되면 연합 권한 위임[187]에 따라 작전통제권을 행사한다. 평시와 전시는 종이 한장 차이인데, 이러한 특수성으로 인해 평시작전통제권은 알맹이가 없다는 지적을 받는다.

---

186) 오병흥, 65-66쪽
187) 연합 권한 위임(Combined Delegated Authority, CODA)은 한국군 평시 작전권의 핵심 분야를 연합 사령관이 계속해서 행사하는 규정이다. CODA에 규정된 6개 핵심 분야는 다음과 같다.
① 전쟁 억제와 방어를 위한 한미 연합 위기관리, ② 전시 작전계획 수립, ③ 한미 연합 3군 교리 발전, ④ 한미 연합 3군 합동훈련과 연습의 계획 및 실시, ⑤ 조기 경보를 위한 한미 연합 정보관리, ⑥ C4I 상호운용성

이명박 정부는 국가위기관리센터를 중심으로 연평도 포격 도발에 대한 위기관리를 수행하였으나, 위기관리 정책 결정 과정에서 지침의 전달, 교전규칙 적용 해석, 위기관리 리더십 등에서 많은 문제점이 나타났다. 이전의 국가안전보장회의를 '안보 장관회의'로 대체하여 운영한 것이 위기 대처에 미흡했다. 이를 대처하기 위해 2010년 12월 1일 기존 국가위기관리센터를 수석 비서관급이 실장을 맡는 '국가 위기관리실'로 격상하였다.[188]

4. 해병대 연평부대가 대응할 수 있었던 이유

첫째, 실전적 교육훈련이다. 기습적인 포격 도발을 위협의 우선순위 1번으로 선정하여 다양한 훈련 프로그램을 구성하여 숙달하였다. 연평도 인근 해상에서 중국과 북한 조업선의 빈번한 NLL 침범과 이를 단속하기 위한 북한 경비정의 단속 상황이 자주 발생하자, 연평부대는 K-9 자주포를 전투 배치하여 긴급상황 발생 시 즉각적인 화력 지원 태세를 갖추었다. 이러한 비상대기 태세 유지는 연평도 포격전이 발생하기 전에 무려 455회나 되었고, 유사시 즉각 대응을 위한 병력도 항상 대기 태세를 유지하였다. 북한의 포격 도발에 신속히 대응할 수 있었던 것은 평소 교육훈련의 결과였다.

해병대 연평부대는 유사시 15분 이내에 대응 사격하는 것으로 교육훈련했기 때문에 가능한 시간이었다. 비록 1차 대응 사격 시 적의 사격 원점을 탐지하지 못했으나, 적 발사 진지를 탐지 못 했을 때 대체 지점을 타격하는 것으로 사전에 정립되어 있어 그 지역을 타격하였다. 그러

---

188) 윤태영, 『위기관리 리더십』 진영사(2019), 101쪽

나 북한군의 2차 사격 시에는 표적 탐지 레이다가 이를 탐지했기 때문에 절차에 따라 도발 원점에 30발을 대응 사격할 수 있었다.

둘째, 현장지휘관에 대한 과감한 권한 위임이다. 해병대 연평부대의 K-9 사격 권한은 서북도서방위사령부[189]지휘관인 해병대 사령관에게 지휘 권한이 위임되어 있다. 당시 해병대 사령관은 교육훈련 지도를 위해 포항에 있던 중 연평도에 포격전이 발생했다는 보고를 받은 후 바로 사격 준비를 명령하였다.[190]

5. 방어만 하는 나라

북한은 전면전을 수행할 수 없다. 우선 국력이 상대적으로 한국보다 약하다. 또한 한미동맹의 작계 5027에 따라 격퇴의 대상이 된다. 그래서 북한은 전면전 대신 군사도발을 하는데, 이는 한국이 응징보복을 하지 못한다는 것을 잘 알고 있기 때문이다.

천안함 피격 이후 이명박 정부는 5·24 조치 때 '적극적 억지'와 '자위권 발동 선언'을 했음에도 불구하고, 연평도 포격 도발 시 한국은 응징보복은커녕 제대로 자위권을 행사하지 못했다. 이스라엘처럼 즉각적인 대응을 못 하다 보니, 한국은 수비에 급급한 '수비 전문국가'가 되었다. 힘과 능력은 있는데, 현장 대응만 하고 미국에 위탁 안보를 하는, 즉, '힘은 있지만 순한 소' 같은 나라가 되었다. 입으로만 응징보복을 떠들고 미국에 위탁 안보를 하다 보니 북한의 거듭된 도발을 받게 되는 것이다.[191]

---

[189] 서북도서방위사령부는 대한민국의 서해 5도 지역을 방위하기 위해 설립된 대한민국 국방부의 합동 지역 사령부이다. 해병대 사령부에 설립되어 해병대 사령관이 서북 도서 방위사령관을 겸직한다. 백령도 제6해병여단과 연평부대를 지휘한다. 정보처장은 공군 대령, 화력 처장은 육군 대령이 맡고 있다.
[190] 최정준, 271-273쪽
[191] 이정훈, 『천안함 정치학』, 349-350쪽.

17. 서부전선 포격 사건

1. 영토 포격전

2015년 8월 20일 '서부전선 포격 사건'은 8월 4일 일어난 'DMZ 목함 지뢰 매설 폭발 사건'에 대응하여 대북 확성기 방송을 재개하자 남북한 간 긴장이 고조된 사건이었다.

DMZ 지뢰 도발 사건에 대한 응징 조치로, 대한민국 정부는 2015년 8월 10일 오후 5시를 기해 군사분계선 일대 11개 지역에서 대북 확성기 방송을 11년 만에 전격 재개했다. 이는 2004년 6월 4일 남북 장성급 군사 회담 합의에 따라 중단되었던 심리전 방송을 다시 시작한 것이었다. 방송 내용은 북한 체제 비판, 외부 세계 소식, 한국 사회 발전상, 그리고 K-Pop 등 다양한 문화 콘텐츠를 포함하고 있었다.

대북 확성기 방송 재개는 북한 정권의 가장 민감한 부분을 겨냥한 전략적 압박 수단이다. 북한은 외부 정보 유입을 극도로 통제하여 주민과 군인들에 대한 사상 통제를 유지하고 있는데, 확성기 방송은 이러한 통제 시스템에 균열을 낼 수 있는 잠재력을 지녔기 때문이다. 일찍이 고 황장엽 선생은 남북통일 방안으로 '사상적 개방 전략'을 제의했

다. 북한에 자유와 정보의 바람을 불어 넣어 주면 북한 체제는 무너진다는 것이다.[192]

대북 확성기 방송을 '체제 위협'으로 간주한 북한은 48시간 내 확성기 철거 요구를 하고 남한 연천군을 향해 포격 도발을 감행하였다. 이에 우리 군이 강력히 대응하자 북한은 스스로 긴장 완화 조치와 함께 공식적인 유감 표명을 하였다.

판문점 4자회담에 우리 측은 김관진 국가안보실장, 홍용표 통일부장관과 북한 측은 황병서 총정치국장, 김양건 통일전선부장이 참석했다. 이 회담에서 북한은 목함지뢰로 군인 2명 부상에 대하여 유감을 표시하고, 우리 측은 대북 확성기 방송 중단을 내용으로 하는 합의를 하였다. 1.21 청와대 기습사건(1968년), 판문점 도끼만행사건(1976년) 등 일곱 번째 북한의 유감 표시였다.

이 사건은 '대화를 위한 구걸'보다 '사즉생의 각오'와 '압도적 군사 우위'만이 북한을 굴복시킬 수 있음을 잘 보여준다. 햇볕정책, 종전선언 추구만으로는 절대 북한을 변화시킬 수 없다.

2. 전면전 상황

북한은 대북 확성기 방송 재개에 즉각적이고 격렬하게 반발했다. 북한 인민군 전선사령부는 공개 경고장을 통해 확성기 방송을 '선전포고'로 규정하고 즉각적인 중단과 철거를 요구했다. 북한은 만약 요구가 받아들여지지 않을 때 확성기 시설에 대한 '무차별 타격'을 감행하겠다고 위협했다.

---

192) 조갑제 편, 『황장엽 비록 공개: 어둠의 편이 된 햇볕은 어둠을 밝힐 수 없다』 월간조선사(2001), 14쪽.

2015년 8월 북한의 목함지뢰 도발과 대북 확성기 포격으로 남북한 간 전쟁 위험이 최고도로 고조되었다. 북한이 대북 심리전용 확성기 방송 중단을 요구하며 76.2㎜ 평사포(3발)와 14.5㎜ 고사포(1발)로 군사분계선 연천군 제28사단 지역으로 포탄을 발사하자, 우리 군은 155㎜ 자주포로 군사분계선 북쪽으로 29발을 대응 사격하여 강력히 경고하였다. 제6포병여단은 북한군 포탄 발사 원점으로 추정되는 군사분계선 북쪽 지역을 향해 29발을 발사했다.

중요한 점은 이 대응 사격이 북한군의 포격 원점을 직접 조준하여 파괴하려는 목적이 아니라, 군사분계선 북쪽 500m 지점의 비무장지대 내 북한군 GP(감시초소) 인근 공터 등 비어있는 지역을 목표로 한 경고성 사격이었다는 점이다. 이는 확전을 방지하면서도 북한의 도발에 단호히 대응한다는 원칙을 보여주려는 조치로 평가된다.

우리 군이 군사분계선 지역에서 북쪽으로 대응 포격을 한 것은 1973년 2월 철원 3사단 지역에서 105㎜ 곡사포를 발사한 이후 42년 만에 처음이다.

북한은 남한의 대응 포격에 대해서 8월 20일 준전시 상태를 선포하고 특수부대, 잠수함정, 공기부양정 등 3대 핵심 전력을 전진 배치하였다. 이에 따라서 우리 군도 대비 태세를 갖추고 전력을 전진 배치하였다. 대한민국 군은 북한의 최후통첩에도 불구하고 대북 확성기 방송을 계속 유지하며 물러서지 않겠다는 의지를 분명히 했다.

박근혜 대통령은 제3야전군 사령부를 방문하여 "선조치 후보고" 원칙을 강조하며 군의 단호한 대응을 주문했다. 또한 한민구 국방부 장관은 대국민 담화문을 통해 "대북 확성기 방송은 지뢰 도발에 따른 우리의 응당한 조치"라며 "만약 이를 구실로 추가 도발을 해온다면 우리 군은 이미 경고한 대로 가차 없이 단호하게 응징해 혹독한 대가를 치르게 할 것"이라고 강조했다.

박근혜 대통령이 제3야전군사령부를 방문, 우리 군의 대비 태세를 점검하고 있다.
(대한민국 정책브리핑)

군은 전방 지역 장병들의 휴가와 외출을 전면 통제하고, 한미 연합 정보 감시 태세인 '워치콘'을 기존 4단계에서 3단계로 격상했다. 이후 8월 22일에는 워치콘을 2단계로 추가 격상하여 북한의 군사 활동에 대한 감시를 최고 수준으로 강화했다. KF-16, F-15K 등 공군 전투기들이 비상 출격 태세를 유지했고, K-9 자주포와 K-1 전차 등 지상 전력이 전방으로 이동 배치되는 모습이 포착되었다.

주한 미군 역시 병력과 장비를 태운 험비, 트럭 등을 파주 등 접경 지역으로 이동시키며 연합 방위 태세를 강화했다. 특히 8월 22일에는 한미 공군 전투기 편대가 한반도 상공에서 연합 무력시위 비행을 했고, 8월 23일 새벽에는 미 육군 제210화력여단 소속 M270 다연장로켓(MLRS) 차량들이 통일대교를 통해 북쪽으로 이동하는 모습이 관측되는 등 미국의 강력한 군사적 지원 의지를 과시했다. 2013년 수립된 '한미 공동 국지도발 대비 계획'이 처음으로 실제 상황에 적용되었다.

특히 공군의 경우 원주와 강릉, 수원, 청주, 군산, 대구, 충주, 서산에 배치된 공군의 전투기들을 북한의 핵 시설과 방사포 포대 그리고 비행장 등 주요 목표물을 타격하기 위해서 휴전선 인근 상공을 초계 비행하였다. 당시 F-15, F-16 등 주요 전투기는 대지공격을 위해 JDAM[193]을 무장하는 등 공격 대비 태세를 갖추고 있었다. 또한 공군은 4대의 조기경보기 E-737 피스아이도 출격시켜 전방을 감시통제하였고, 북한의 포격 원점에 대해서 공대지 미사일로 공격하라는 준비 명령을 하달하였다.[194]

당시 국방부는 "자위권 차원에서 한국군이 주도해서 대응하고 유사시 한미 대통령의 승인하에 미군의 지원을 받아 북한의 도발에 공동 대응할 것"이라고 하였다.[195] 2013년부터 한미 군사 당국이 작성한 한미 공동 국지도발 대비 계획은 2010년 천안함 피격과 연평도 포격 도발 이후 북한의 국지적인 군사도발 시 한국과 미군 전력이 합세해 대응하는 계획으로 처음 적용되었다.

3. 북한의 대화 제의

포격 사건 당일 8월 20일 오후, 북한은 총참모부 명의로 48시간 최후통첩을 보내 군사적 위협을 가하는 동시에, 다른 한편으로는 판문점 채널을 통해 김양건 노동당 대남 비서 명의로 김관진 청와대 국가안보실장에게 현 사태를 수습하고 관계 개선 노력을 기울이자는 취지의 통지문을 발송했다.

이는 군사적 압박과 대화 제의를 병행하는 북한의 전형적인 양면 전

---

193) 통합 직격탄 또는 GPS 유도폭탄(영어: Joint Direct Attack Munition, JDAM)이라 한다. 재래식 폭탄을 정밀유도폭탄으로 변환시켜 주는 유도 부분과 꼬리날개의 키트로 구성된다.
194) 월간조선 2015년 10월호
195) 동아일보 2015-8-22

술을 보여준다. 위기를 최고조로 끌어올려 남한을 압박하면서도, 자신들의 핵심 요구사항인 확성기 방송 중단을 관철하기 위한 협상의 문을 열어둔 것이다.

대한민국 정부는 북한의 이중적인 태도에도 불구하고 대화를 통한 사태 해결 가능성을 모색했다. 북한의 최후통첩 시한이 임박해 오던 8월 22일 오후, 남북은 전격적으로 당일 저녁 6시 판문점 남측 지역 '평화의 집'에서 고위급 접촉을 개최하기로 합의했다. 이는 북한의 최후통첩 시한을 불과 몇 시간 앞두고 이루어진 극적인 결정이었다.

4. 8·25 합의

8월 25일, 남북한은 극적으로 합의에 도달했다. 특히 '유감 표명'과 '조건부 방송 중단'은 양측이 막판까지 치열하게 줄다리기를 벌인 결과물이다. 대한민국 정부는 북한의 '유감' 표명을 사실상의 사과로 해석하며 원칙을 지켰다고 평가했지만, 북한은 끝까지 '사과'라는 표현을 사용하지 않음으로써 도발 책임을 명시적으로 인정하지는 않았다. 반면, 북한은 가장 시급했던 확성기 방송 중단이라는 실리를 얻었지만, 남측이 '비정상적 사태'라는 조건을 달아 향후 방송 재개의 명분을 남겨둔 점은 부담으로 작용했을 수 있다.

결과적으로 8·25 합의는 양측 모두에게 명분과 실리를 일정 부분 안겨주는 형태의 타협이었다. 남측은 북한으로부터 이례적인 '유감' 표명을 받아내고 추가 도발 시 대응할 명분을 확보했으며, 북측은 당면한 위협이었던 확성기 방송을 중단시키는 데 성공했다.

그러나 이러한 타협은 근본적인 문제 해결보다는 당면한 위기를 관리하고 봉합하는 데 초점을 맞춘 전술적 합의의 성격이 강했다. 지뢰

도발의 진상 규명과 책임자 처벌, 확성기 시설의 완전한 철거 등 근본적인 쟁점들은 미해결 상태로 남겨졌으며, 이는 향후 관계 악화의 불씨가 될 수 있었다. 8·25 합의는 북한의 도발 책임에 대한 명확한 규명이나 재발 방지 약속 확보에는 미흡했으며, 합의 이후 후속 회담 결렬과 북한의 제4차 핵 실험 강행으로 합의 동력은 급격히 상실되었다.

결국 이 사건과 그 해결 과정은 '도발-긴장-대화-합의-파기'로 이어지는 남북 관계의 고질적인 순환 패턴을 재확인시켜 주었으며, 지속 가능한 한반도 평화를 위해서는 상호 신뢰 구축과 북한 비핵화 문제 해결 등 근본적인 과제 해결이 필수적임을 보여주었다.

5. 세월호 박준호 씨의 목함지뢰 사건

'2015년 목함지뢰 사건'과 관련하여 세월호 생존자가 있다.[196] 박준호 씨는 세월호 사건을 겪기도 하고 목함지뢰 사건을 겪었던 유일한 사람이었다. 당시 20살 대학생이었던 그는 자전거 제주 여행차 탑승, 세월호 승선자 476명 중 304명이 돌아오지 못한 참사에서 가까스로 구조되었다.

이듬해에는 최전방 군 복무 중 북한의 목함지뢰 공격을 당했고, 코앞에서 선임 장병 두 명이 영구 장애를 입었던 사건을 직접 겪었다. 당시 의무병이었던 박준호 상병은 새벽부터 비무장지대 군사분계선 수색정찰에 투입되었고, 하재헌 하사가 통문을 나와 수색 가던 중 매설된 목함지뢰를 밟아 상처를 입자 지혈을 하였다.

이어서 부상한 하재헌 하사를 주임원사(원사 박선일)와 함께 운반하던

---

196) 조선일보, 2024-4-13

김정은 하사도 2차 폭발을 당했다. 두 명 모두 영구 장애를 입었다. 북한군이 DMZ에 은밀히 침투하여 아군 이동통로에 지뢰를 매설하여 공격하던 습격 전술의 하나였다.[197]

당시 북한은 자기들 소행이 아니라면서 그 근거로 사고 영상에서 마치 남측 장병이 각본대로 움직이는 배우들 같았다고 변명했다. 남한의 종북 단체들은 '북풍 자작극설', '경계 실패설'을 제기했고 비에 휩쓸려 지뢰가 떠내려왔을 것이라고도 했다. 그러나 정부와 유엔군 사령부는 높은 지역으로 지뢰가 떠내려올 가능성은 없다며 북한의 매설로 결론 지었다.

---

197) 송제완, 260쪽

18. 대북 전단과 오물 풍선

1. 개요

대북 전단 살포와 오물 풍선 문제는 남북한 간의 오랜 군사적 대치와 불신, 그리고 심리전의 역사 속에서 발생했다. 특히 외부 정보 유입을 극도로 경계하는 북한 체제의 특성상, 대북 전단은 단순한 선전물을 넘어 체제 안정에 대한 위협으로 간주된다. 남북은 과거 여러 합의를 통해 상호 비방·중상 및 선전 활동 중단을 약속했으나, 민간 단체의 전단 살포가 지속되면서 갈등의 불씨가 되어왔다.

2024년 북한의 대규모 오물 풍선 살포는 이러한 갈등이 새로운 양상으로 격화되었음을 보여주며, 남북 관계의 경색 국면을 더욱 심화시키는 요인으로 작용하고 있다. 특히 2023년 헌법재판소의 '대북 전단 금지법' 위헌 결정 이후, 민간 단체의 전단 살포에 대한 법적 제재 수단이 없어지면서 갈등 관리가 어려워진 상황이다.

2. 대북 전단

2000년 남북정상회담과 2004년 남북 장성급 군사 회담 합의에 따라 '정부 차원'의 전단 살포 및 확성기 방송 등 심리전 활동은 중단되었다. 그러나 2003년을 기점으로 탈북민 단체와 일부 보수·종교 단체들이 주도하는 민간 차원의 대북 전단 살포가 본격화되었다. 북한 동포 직접돕기 운동본부, 자유북한운동연합 등 민간 주도의 전단 살포는 북한의 극심한 반발과 위협을 초래하며 남북 간 군사적 긴장을 고조시키는 주요 원인이 되었다.

북한은 외부 정보 유입에 매우 민감하다. 체제를 유지하고 주민을 단속하는데 외부 정보는 정권의 큰 해악이다. 이를 위해서 북한은 남북한 대화에서 확성기 방송과 전단 살포 금지를 지속적으로 요구하여 2004년 6.4 합의를 통해 목적을 달성하였다.

천안함 피격에 대한 보복으로 이명박 정부는 군사 분계선 지역에서의 확성기 방송과 전단 살포를 금지한 '2004년 6.4 합의'를 파기하였다. 이에 북한은 막후에서 대화를 집요하게 구걸했고 실제로 비공개 회담이 여러 차례 열리기도 하였다.[198]

2020년 문재인 정부는 북한이 대북 전단 살포에 결사반대하자, 대북 전단 살포 행위가 국민의 생존을 위협하며 평화적인 남북 관계를 보장해야 한다는 명분으로 「남북 관계 발전에 관한 법률」에 '확성기 방송'과 '전단 살포'를 금지하는 조항을 반영하여 동법을 개정하였다. 일명 '김여정 하명법'이다.

동법 제24조의 개정 내용은 "① 군사분계선 일대에서의 북한에 대한 확성기 방송, ② 군사분계선 일대에서의 북한에 대한 시각 매개물 게

---

198) 천영우, 155쪽

시, ③ 전단 등 살포는 처벌한다"이다.

이 중 제24조 제1항 제3호의 전단 살포 행위는 2023년 표현의 자유를 과도하게 침해한다는 이유로 7:2 위헌 판정을 받았다.[199] 이에 따라 전단 살포는 가능하지만, 대북 확성기 방송과 게시물 사용은 여전히 현행법상 불법이다. 군사 작전의 일부인 합법적 대북 심리전을 북한에 전폭 양보한 군사적 자해행위였다.

현행법이 규정은 대북 확성기, 전단 금지는 문재인 정부 이전의 '남북합의'와도 연결되어 있다. 1992년 발효된 남북 기본 합의서는 "남북이 군사분계선 지역에서 방송과 시각 매개물을 비롯한 모든 수단을 통한 비방 중상을 하지 않는다"라고 명시했다. 또한 2004년 6월 4일 남북 장성급 군사 회담에서 "양측은 군사 분계선 지역의 방송, 게시물, 전단 등 모든 선전 활동을 중지하고 선전 수단을 제거한다"라고 합의했다.

그러나 대북 확성기와 전단을 명시적으로 금지한 것은 2018년 4·27 판문점 선언과 9·19 군사합의였다. 예컨대, 판문점선언 제2조 1항은 "2018년 5월 1일부터 군사분계선 일대에서 확성기 방송과 전단 살포를 비롯한 모든 적대 행위를 중지한다"라고 명시했다.

대북 심리전은 정전협정에서 금지한 무력 행위에 의한 적대 행위에 해당하지 않으며, 비물리적·비폭력적 수단으로 헌법 제4조에서 국가안전보장과 국민의 생명 보호를 전제한 평화적인 통일정책의 범주에 해당한다. 지금까지 7·4 남북공동선언, 남북기본합의서, 6·4합의, 판문점선언 등에서 남북한 상호 심리전을 중지하기로 합의하였으나, 북한 당국의 무력도발이나 일방적 대화 중단으로 인해 남북합의서의 효력은 정지되었다.[200]

---

199) 2020헌마1724, 2023.9.26(재판관 김기영, 문형배 반대)
200) 전석진, "대북확성기 방송 재개에 따른 법적 쟁점 고찰", 법제(2024년 9월호), 70쪽

대북 심리전은 정부가 시행 주체인데, 정부 스스로 관련 법률에 규제 조항을 반영한 안보 자해행위다. 국가안전보장과 국민의 생명과 재산을 보호해야 하는 정부가 '남북관계 발전'만을 내세워 비대칭적 중요 군사수단을 법적으로 제한하는 책임 방기적 조치는 비난을 받아야 한다. [201]

3. 오물 풍선

2024년 5월, 탈북민 단체의 대북 전단 살포 재개 이후 북한은 '수많은 휴지장과 오물짝들'을 살포하겠다고 예고했고, 5월 28일부터 대규모 오물 풍선 살포를 시작했다. 이는 과거 대남 전단 살포와는 다른 형태의 새로운 도발 방식이다.

북한은 2024년 5월 말부터 11월 말까지 약 6개월간 30차례 이상, 누적 5,700개 이상의 오물 풍선을 대한민국 영토 전역으로 날려 보냈다. 초기에는 분뇨, 쓰레기 등을 주로 담았으나, 이후에는 폐지 비율을 높이는 등 내용물을 변화시키며 남측의 대응에 혼선을 주려는 의도도 보였다.

북한은 오물 풍선 살포를 대북 전단에 대한 '정당한 대응 조치'라고 주장하며, 남측이 전단 살포를 중단하면 자신들도 오물 풍선 살포를 중단하겠다고 밝혔으나, 남측 민간 단체의 전단 살포가 이어지자, 오물 풍선 살포를 재개하는 패턴을 반복했다.

이러한 역사적 과정은 대북 전단 문제가 단순한 '표현의 자유' 논쟁을 넘어, 남북 간 군사적 긴장과 직결되는 민감한 안보 사안임을 보여준

---

[201] Id, 71쪽

다. 특히 정부 차원의 심리전이 중단된 이후, 민간 영역으로 이전된 전단 살포 활동은 국가적 통제가 어렵고 예측 불가능성을 높여, 남북 관계 관리의 어려움을 가중하는 요인이 되고 있다. 북한의 극단적인 민감성과 예측 불가능한 대응 방식은 이러한 활동이 언제든 군사적 충돌로 비화할 수 있는 위험성을 내포하고 있다.

4. 동기

대북 전단 살포와 오물 풍선 살포라는 상반된 행위 뒤에는 각기 다른 동기와 목적이 존재한다.

(1) 대북 전단

남측 전단 살포 단체인 자유북한운동연합 등은 폐쇄된 북한 사회에 외부 세계의 정보와 북한 정권의 실상을 알리는 것을 최우선 목표로 삼는다. 이들은 자신들의 활동을 북한 주민에게 보내는 '진실의 편지'라고 부르며, 김정은 정권이 가장 두려워하는 것이 사실과 진실이라고 주장한다.

다수 단체 구성원이 탈북민 출신으로, 북한 체제 하에서의 경험과 북한에 남은 가족, 동포들에게 소식을 전해야 한다는 사명감 또는 양심에 따라 활동한다고 주장한다. 정부가 중단한 심리전을 자신들이라도 이어가야 한다는 인식도 존재한다.

(2) 오물 풍선

북한은 오물 풍선 살포가 남측 민간 단체의 대북 전단 살포에 대한 직접적이고 상응하는 보복 조치임을 일관되게 주장한다. 김여정 등은 이를 북한 인민의 '표현의 자유'라고 비꼬며 남측의 논리를 역이용하기도 한다. 오물 풍선 살포를 통해 남측 사회에 불안과 피해를 야기함으로써, 남측 정부가 민간 단체의 전단 살포를 통제하도록 압박하려는 목적이다. 과거 군사적 위협이나 실제 발포 등과 같은 맥락에서 비용과 위험을 부과하여 상대의 행동 변화를 유도하려는 전략이다.

오물 풍선 살포는 남측 내에서 대북 전단 살포의 찬반 논란을 격화시키고, 안보 불안감을 증폭시켜 사회적 혼란과 남남갈등을 조장하려는 심리전의 목적을 가진다. 군사적 충돌 위험이 큰 직접적인 군사도발 대신, 비교적 저렴한 비용으로 남측에 상당한 피로감과 정치적 부담을 안기는 '가성비' 높은 비대칭 도발 수단으로 활용하고 있다.

5. 판단

대북 전단과 오물 풍선 문제는 한국전쟁 이후 지속되어 온 남북 간 심리전의 연장선에 있다. 과거 정부 주도의 선전 활동이 2000년대 이후 민간 영역으로 이전되면서, 통제 불가능성과 예측 불가능성이 커졌고, 이는 새로운 갈등의 불씨가 되었다. 2024년의 격화된 양상은 남측 민간 단체의 '정보 전달' 및 '체제 비판' 목적과 북한의 '최고 존엄 수호' 및 '내부 통제 강화'라는 민감성이 정면으로 충돌한 결과이다.

특히 헌법재판소의 대북 전단 금지법 위헌 결정 이후 법적 공백 상태가 발생하면서, 한국 정부의 갈등 관리 능력은 제약을 받게 되었다. 북한은 이를 기회로 오물 풍선이라는 새로운 형태의 저강도 도발을 감행했고, 이는 남측의 강경 대응(9·19 합의 정지, 확성기 재개 등)을 유발하며 군사적 긴장을 고조시켰다. 이 과정에서 접경 지역 주민들의 안전 위협과 불안은 가중되었으며, 남한 사회 내 정치적 양극화는 더욱 심화하였다.

대북 심리전은 정전협정에서 금지한 무력 행위에 의한 적대행위가 아니다. 정부 스스로 관련 법률에 규제 조항을 반영한 안보 자해행위는 어느 국가에서도 찾아볼 수 없다. 정부가 남북 관계만을 우선시하다 보니 북한도 이를 이용해 과도한 주장을 하게 되고, 이에 따라 정부도 북한의 장단에 맞춰 춤을 추는 희한한 형국이 되었다.

19. 북한의 핵실험 및 미사일 도발

1. 왜 핵무기에 집착하나?

1960년대까지만 해도 북한은 남한보다 모든 면에서 우위를 점하고 있었다. 그러나 1970년대부터 경제 성장 면에서 북한은 남한에 뒤지기 시작했으며 1980년대 이후 그 격차는 더욱 심화했다. 거기에다 1988년 북한의 동맹국인 소련과 중국이 서울 올림픽에 참가한 이후 북한은 국제적으로 점차 고립됐다.

이러한 총체적인 위기의식은 북한 정권의 핵무기 개발 의지를 더욱 강화했고, 핵무기만이 미국을 상대로 행사할 수 있는 유일하고도 가장 효과적인 '협상과 위협'의 무기라고 확신하게 했다.[202] 군사적인 관점에서 북한은 한미동맹의 압도적 재래식 전력 우위에 대항할 수 있는 비대칭 전력으로 핵무기를 선택하고 이에 집중하였다.

---

202) 차상철, 『한미동맹 50년』 생각의 나무(2004), 217쪽

2. 핵, 미사일 시험 현황

북한은 여섯 차례의 핵 실험을 통해 핵 능력을 전 세계에 과시했다. 2006년 10월 9일 첫 핵 실험을 시작으로 2009년, 2013년, 2016년(2회), 그리고 2017년까지 핵 실험을 이어갔다. 북한의 탄도미사일 개발 역시 1980년대부터 본격화했다. 1984년부터 탄도미사일 시험 발사를 시작하여 스커드(Scud) 미사일을 개량했으며, 1990년대에는 사거리가 더 긴 노동 미사일을 개발했다. 1998년에는 인공위성 발사를 명목으로 대포동-1호를 발사했는데, 미국은 이를 대륙간탄도미사일(ICBM)로 보았다.

2000년대 이후 북한은 단거리, 중거리, ICBM, 잠수함 발사 탄도미사일(SLBM) 등 다양한 종류의 미사일을 개발하고 시험 발사하며 미사일 기술력을 빠르게 발전시켜 왔다. 2017년에는 최초로 ICBM인 화성-15형 시험 발사에 성공했으며, 최근에는 극초음속 미사일 개발 및 시험을 주장하기도 했다. 2023년에는 고체연료를 사용하는 ICBM인 화성-18형 시험 발사에 성공했고, 2024년 1월에는 극초음속 활공체를 탑재한 IRBM 시험 발사를 주장하는 등 다양한 미사일 개발에 혈안이다.

북한의 미사일 개발은 단순히 사거리를 늘리는 것을 넘어, 연료 형태(액체→고체), 발사 플랫폼(지상 고정/이동식→해상/수중), 비행 특성(탄도→준탄도/활공/순항) 등 여러 방면에서 질적 고도화를 추구하고 있다. 이는 한미 연합군의 탐지, 요격, 선제 타격 능력을 무력화하고 다양한 시나리오에서 핵 공격 옵션을 확보하려는 다층적이고 강력한 타격 능력 구축 전략의 일환이다.

특히 고체연료 미사일의 개발 및 배치는 발사 준비 시간 단축과 은닉성 증대를 통해 기습 공격 능력을 향상하고, 선제 타격에 대한 취약성을 감소시켜 전략적 안정성을 저해하는 심각한 위협 요소로 작용한다.

3. 배경과 목표

북한이 핵무기와 탄도미사일 시험을 지속해서 감행하는 배경에는 여러 가지 요인이 있다.

첫째, 가장 근본적인 목표는 체제 생존과 안보의 추구이다. 북한은 미국의 적대 정책으로부터 자신을 보호하고 체제를 유지하기 위한 억지력 확보를 최우선 과제로 인식하고 있으며, 핵무기를 미국 침략을 막는 강력한 억제력으로 간주한다.

둘째, 국제적 위상 강화 및 인정 획득 또한 북한의 중요한 목표 중 하나다. 북한은 핵무기 보유를 통해 미국과 동등한 지위에서 협상하고 균형을 이루고자 하며, 핵무기 보유국으로서 공식적인 인정을 받기를 원한다. 이를 통해 미국과의 관계를 대등하게 설정한다.

셋째, 국내 정치적 정당성 확보다. 경제난 속에서 핵 및 미사일 개발 성과를 통해 주민들의 불만을 잠재우고 체제에 대한 충성심을 고취하려는 것이다. 경제 발전과 핵 무력 건설을 동시에 추진한다는 병진 노선을 통해 내부 결속을 다지고, 핵무기 개발을 국가적 자존심의 상징으로 내세워 주민들의 애국심을 고취하고 체제에 대한 지지를 확보하기 위함이다.

넷째, 핵 프로그램을 협상의 전략적 지렛대로 활용한다. 북한은 핵 및 미사일 시험을 통해 국제 사회의 관심을 집중시키고, 이를 협상 카드로 활용하여 경제적 지원, 제재 완화, 정치적 양보 등을 얻어내고자 한다. 특히 미국과의 양자 대화 재개를 위한 압박 수단으로 핵 및 미사일 시험을 활용하며, 미국의 '적대 정책' 철회를 조건으로 핵 프로그램 포기 의사를 보이며 협상 국면을 조성하려는 전략을 구사하고 있다.

4. 유엔 안보리 제재

국제 사회의 주요 대응 수단은 유엔 안전보장이사회 결의안을 통한 제재이다. 2006년 북한의 첫 핵 실험 이후 유엔 안보리는 다수의 대북 제재 결의안을 채택했다. 결의안 1718, 1874, 2087, 2094, 2270, 2321, 2371, 2375, 2397호 등이다.

이러한 결의안들은 북한의 무기 거래 금지, 탄도미사일 관련 활동 금지, 사치품 수출 금지, 금융 제재, 북한 광물 자원 수출 금지, 석유 수입 제한, 해외 노동자 송환 등 광범위한 내용을 담고 있다.

하지만 2024년 3월, 러시아의 거부권 행사로 인해 북한 제재 이행 상황을 감시하는 유엔 전문가 패널의 임기 연장이 무산되면서 대북 제재 체제의 실효성이 심각하게 무너졌다. 2024년 10월 한·미·일을 중심으로 11개국이 북한 제재 이행 여부 모니터링을 위해 '다국적 제재 모니터링 팀'(MSMT, Multilateral Sanctions Monitoring Team)을 출범시켰다.[203]

5. 북미 간의 비핵화 협상 과정과 결과

북한은 미국만을 대화 상대로 본다. 과거 북미 간에는 북한의 핵무기 개발을 중단시키고 비핵화를 달성하기 위한 다양한 협상 노력이 있

---

203) 2025년 5월 29일 다국적 제재 모니터링팀(MSMT)은 '북·러 군사 협력'을 주제로 한 최초 보고서를 발간했다. 보고서에 따르면 북한은 2023년 9월부터 컨테이너 2만 개 이상 분량의 포탄과 관련 물자를 러시아에 제공했다.(문화일보, 2025-6-5)
MSMT 보고서는 기존 보고서와는 다르다. 기존 전문가패널의 세부적인 보고서보다 분량이 짧고 북·러의 불법 활동 이슈에만 집중한 것이 특징이다. 보고서 내용의 출처도 언론 보도, 인공위성 사진, MSMT를 출범한 11개 국가에만 의존한다. 전문가패널이 15년간 활동하며 안보리를 통해 제재 위반 관련 유엔 회원국 어디든지에 자유롭게 정보를 요청했던 전례와 대비된다. 안보리나 총회에 보고하지 않는 MSMT는 참여국들에만 결과를 보고한다. MSMT는 전문가패널 대비 훨씬 힘이 없으며, 보고서도 힘이 없다.(에버라드 칼럼, 중앙일보, 2025-6-13)

었다. 주요 협상 노력으로는 제네바 합의(1994-2002), 미사일 협상(1996-2000), 6자 회담(2003-2009), 2·29 합의(2012), 그리고 트럼프-김정은 정상회담(2018-2019) 등이 있다. 다자간 협상도 몇 차례 진행되었지만, 핵심은 미국이다. 6자 회담은 미국이 북미 양자 회담을 피하고자 고안하였다.

제네바 합의는 북한의 플루토늄 생산 동결 대가로 경수로 건설을 지원하고 중유를 제공하는 내용을 담고 있었으나, 2002년 북한의 우라늄 농축 프로그램 의혹으로 인해 결국 파기되었다. 미사일 협상은 북한의 미사일 수출 중단에 대한 경제적 보상을 논의했지만, 합의에 이르지 못했다.

6자 회담은 남·북한, 미국, 중국, 일본, 러시아가 참여하여 2005년 9·19 공동성명에서 북한의 핵 포기 약속을 끌어냈지만, 검증 방법과 이행 과정에서 난항을 겪으며 2009년 북한의 2차 핵 실험 이후 중단되었다.

2012년의 2.29 합의는 북한의 핵 및 미사일 시험 중단 대가로 미국의 식량 지원을 약속했지만, 북한의 위성 발사로 인해 곧 파기되었다. 마지막으로 트럼프-김정은 정상회담은 세 차례에 걸쳐 진행되었는데, 비핵화의 원칙에는 합의했지만 구체적인 이행 방안과 상응 조치에 대한 이견으로 결국 결렬되었다.

20. 평가

　한국 정부는 역대 북한의 도발에 대해 강경 대응 의지를 표명했으나, 작전 통제권의 제약, 전력의 열세, 미국과의 관계, 국내 여론 등 다양한 요인으로 인해 실제 대응은 제한적일 수밖에 없었다. 특히, 작전 통제권이 유엔군 사령부에 있었던 시기에는 독자적인 군사적 대응이 어려웠으며, 미국의 확전 우려로 인해 보복 공격과 같은 적극적인 군사 행동은 제한되었다. 또한, 전력의 열세는 북한의 기습 공격에 효과적으로 대응하는 데 어려움을 초래했으며, 미국과의 관계는 대북 정책 결정에 있어 한국의 입지를 제약하기도 했다.

　하지만 이러한 사건들을 통해 한국은 독자적인 안보 역량 강화의 필요성을 절실히 느끼게 되었으며, 작전 통제권 환수, 군 현대화, 자주국방 태세 확립 등의 과제가 대두되었다. 또한, 대북 인식과 대응 전략에서도 군사적 측면과 아울러 외교적, 정보적인 측면까지 고려한 종합적인 전략이 필요함을 인식하게 되었다. 한미 관계에 있어서는 동맹의 중요성을 인식하면서도 독자적인 안보 역량을 강화하는 균형 잡힌 외교 전략이 필요함을 깨달았다.

　1970년대부터 2020년대까지 북한의 도발은 한국에 큰 도전이었지만, 이를 통해 안보 역량을 강화하고 대북 전략을 재정립하는 계기가 되었다. 이러한 경험은 오늘날의 한국 안보에도 중요한 시사점을 제공한다.

제5장

주변국 관계와 한국의 자위권

한국의 국방은 주로 북한에 집중하다 보니 주변국 위협에 대한 대비는 상대적으로 소홀하다. 한국의 자위권 행사는 단순히 남북 관계의 차원을 넘어, 미국, 중국, 일본, 러시아 등 주변 강대국과의 복잡한 관계 속에서 이루어진다. 이들 국가의 전략 변화와 상호 관계는 한국의 안보 환경과 자위권 행사의 조건 및 방식에 중대한 영향을 미친다.

한반도 주변의 해양 질서(저자 작성)

1. 미국

한국은 미국의 동맹국이다. 엄밀히 말하면 약소국인 한국이 강대국인 미국에 의존하는 '편승 동맹국'이다. 한국은 미국의 민주주의, 자본주의 시장경제 제도뿐만 아니라 군사제도를 채택하였다. 미국에 안보를 의존함으로써 경제 개발에 집중하여 오늘의 번영을 누리고 있다.

미국의 외교 전략 변화는 한국의 안보에 직결된다. 특히 한미동맹의 안보 기능에 복합적인 영향을 미친다. 핵 협의그룹(NCG) 출범과 연합훈련 강화 등 확장억제 신뢰도를 높이려는 노력은 긍정적이지만, 확장억제 신뢰도 문제와 방위비 분담 문제가 연동될 경우 동맹의 근간이 흔들릴 위험이 있다. 이는 미국의 안보 공약에 대한 한국의 신뢰를 저하하고, 자체 핵무장 등 독자 노선을 강화하려는 움직임을 부추길 수 있다. 또한, 주한 미군의 역할 변화 가능성은 한반도 방어와 역내 역할 사이의 균형이라는 새로운 과제를 동맹에 안겨주고 있다.

1) 미국 외교 대전략 변화와 한미동맹 관계

(1) 개입주의

미국은 제2차 세계대전을 계기로 외교 안보 정책을 고립주의에서 개입주의로 전환하였다. 유엔의 창설을 주도했지만 공산주의 국가와 냉전이 본격화하자 유엔이라는 집단적 안전보장 체제만으로 세계 평화유지가 어려워졌다. 이에 미국은 트루먼 독트린을 토대로 NATO를 창설하고 상호방위 체제를 구축하여 공산권에 맞서게 되었다. 한국전쟁, 베트남전쟁을 치르면서 국력이 소진되고, 베트남전으로 반전 여론이 드세지자, 1969년 닉슨독트린과 미·중 데탕트를 통해 비개입 주의로 복귀하기 시작하였다.

한국과 미국의 갈등은 한미 지도자들이 세계를 바라보는 관점의 차이에서 비롯된다. 미국은 기본적으로 세계 전략을 수립하고 그 원칙을 아시아에 적용하고, 이어서 한국에 대한 정책을 정하는 순서로 정책을 수립하였다. 반면 한국은 한반도 특수성을 고려해서 미국의 한반도 정책이 수립되기를 희망했기 때문에 양국 간 갈등이 지속된 것이었다. 미국이 한국에 대한 이해가 부족했다고 생각했던 박정희 전 대통령은 1960년대 말부터 자주노선을 추구하였다. 박정희 대통령은 자주국방과 독자적인 핵무장을 통해서 위기를 극복하려고 노력하였다.

예컨대, 닉슨독트린은 미·중 데탕트와 베트남전에서 빠져나오려는 미국의 관심과 이해가 반영되어 온 것이지만, 그것이 한국에 적용되면서 주한 미군 철수가 이루어졌고 그 과정에 한미 간의 갈등이 조성되었다. 또한 카터 행정부의 도덕 외교와 인권 정책도 처음부터 한국을 대상으로 삼아 입안되었다기보다는 베트남전 이후 미국 사회에서 대외 개입 정책에 대한 비판적 성찰이 이루어지던 맥락에서 만들어졌다. 이렇게 만들어진 인권 정책의 원칙이 한국에 적용됨으로써 유신 체제 아래의 박정희 정부와 갈등을 빚게 되었다.[204]

1990년대 초기 냉전 종식으로 세계 유일의 초강대국에 오른 미국은 다시 개입주의로 복귀하였다. 9·11 테러를 계기로 이라크, 아프가니스탄에서 많은 사상자와 전쟁 비용이 발생하자, 미국인들은 이라크 전쟁 지지를 철회하였다.

오바마 행정부는 중국을 대상으로 하는 '아시아 회귀 정책'(Pivot to Asia)을 제외하고 전반적으로 비개입 정책을 취했다. 트럼프 행정부는 미국 우선주의에 따라 더 이상 미국이 세계 경찰 역할을 수행하지 않기로 선언하였다. 트럼프 대통령이 개입주의에서 벗어난 것은 비용이 많이 수반되는 개입주의에 대한 미국 국민의 거부감이 주요 요인이다. 바이든 행정부는 트럼프와 달리 지도 국가를 표방하고 인플레이션 감축법 등 국내 경기 회복을 위해 여러 조치를 병행하였다.

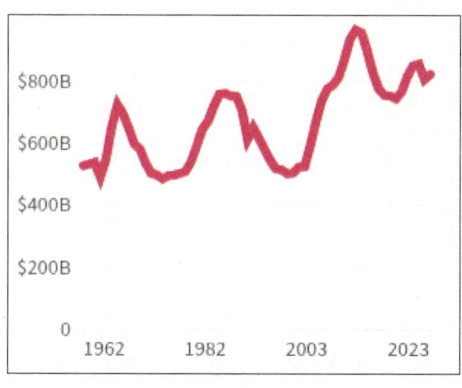

미국 국방비 추이(USAFacts)

---

204) 역사비평 편집위원회, 『갈등하는 동맹』 역사비평사(2010), 91쪽

문제는 미국의 재정이 이를 뒷받침할 수 있는가이다. 미국의 연방 예산은 정부의 정책 우선순위를 반영하는 중요한 지표이다. 2024년 미국의 연방 예산은 약 6조 8천억 달러에 달하며, 이 중 국방 분야에 가장 많은 예산이 할당되었다.

국방 예산은 약 8천2백억 달러로 전체 예산의 13.3%를 차지한다. 이는 군 인력 유지, 작전 및 유지 관리, 무기 및 시스템 구매, 연구 개발 등에 사용된다. 특히 공군은 국방 예산 중 가장 큰 비중을 차지한다.[205]

특정 외교 전략을 실행하기 위해서는 상당한 재정적 자원이 요구된다. 예를 들어, 러시아의 침공 이후 우크라이나에 대한 미국의 군사적, 경제적 지원에는 막대한 예산이 투입되었다. 2022년 이후 약 1,828억 달러의 긴급 자금이 지원되었으며, 2025년 예산안에도 우크라이나 지원을 위한 추가 자금이 포함되어 있다.

이는 미국의 외교 정책 우선순위 변화와 그에 따른 재정적 투자를 명확히 보여주는 사례이다. 중국의 영향력 확대를 견제하기 위한 인도-태평양 지역 동맹 강화, 경제 협력 증진, 기술 경쟁력 확보 등에도 상당한 예산이 필요하다.

미국은 2021년 아프간 철군 이후 주요 분쟁에 직접 개입하지 않고 있다. 그런데 미국 군사비 지출은 크게 늘었다. 2017년~2023년 국방부 예산은 50% 이상 늘어 2024년 8,200억 달러(약 1,150조 원)에 이르고 우크라이나, 이스라엘 지원을 포함하면 1조 달러를 넘게 된다.

과도한 군사비 지출은 미국 국민 여론을 비개입 주의로 이끌게 된다. 트럼프 대통령의 방위 분담금 인상 주장도 이러한 맥락에서 나온다. 트럼프가 재집권하자 국제 안보는 이제 주판알을 튕겨야 하는 비즈니스가 되었다.

---

205) USAfacts, "How much does the US spend on military?"

(2) 개입주의 포기

트럼프는 이단아(outlier)다. 미국이 제2차 세계대전 이후 70여 년 동안 쌓아온 자유주의 패권(liberal hegemony) 유지를 옹호해 온 기득권층 입장에서는 유별난 존재다. 트럼프가 주장하는 '미국 우선주의'는 그동안의 방만했던 개입주의에서 고립주의로의 회귀를 의미한다.

1993년 냉전 종식 이후 미국은 더욱 많은 부를 축적할 수 있었음에도, 이라크와 아프가니스탄 전쟁 등 '테러와의 전쟁'을 통해 엄청난 국력을 소진했다. 이러한 손실의 경험으로 미국 유권자들은 '방만한 관여'에 반기를 들게 되었다. 트럼프는 미국을 더 강하고 부유하게 만들고, 해외 문제에 덜 관여하게 하고, 덜 제약 받게 하고, 수렁에 빠지지 않게 하는 외교 정책을 추구하고 있다.[206]

1993년 북미자유무역협정(NAFTA), 2001년 중국의 세계무역기구(WTO) 가입, 환태평양경제동반자협정(TPP), 기후변화협약 탈퇴, NATO 확대 반대, 유럽과 아시아 동맹국에 대한 방위비 분담금 조정 등 트럼프의 세계화 반대 정책은 기존의 관여 주의(engagement) 포기를 근간으로 한다.

대표적인 예로 트럼프 2기 정부 출범 직후 미국국제개발처(USAID)의 원조 계약 중 83%를 취소하고 대규모 감원을 단행했다. 이는 미국 우선주의 정책과 정부 재정 지출 축소 기조에 따른 것인데, 미국의 글로벌 관여 축소를 넘어 국제 원조 체제의 위기를 예고하는 큰 방향 전환이다.[207] 1961년 설립된 미국의 국제개발처는 개발차관을 중심으로 경제성장을 원하는 개발도상국에 적극적인 원조를 시행해 온 미국의 소

---

206) Stephen Walt(김성훈 옮김), 『미국 외교의 대전략』 김앤김북스(2021), 33쪽
207) 손혁상, "미국의 원조 축소, 한국 역할 확대 기회", 중앙일보, 2025-3-14

프트 파워의 대명사다. 미국은 공산국가 봉쇄를 위해 냉전 초기 군사원조에서 경제개발 원조로 전환하였다. 국제개발처는 한국 경제성장의 견인자였다.

북한·중국 등 권위주의 국가의 실상을 알려온 '미국의 소리' 방송과 미국 '자유아시아방송' 등을 담당하는 글로벌 미디어국(USAGM)에 대대적 조직 축소 명령도 같은 맥락이다. 미국 개입주의 변화의 시그널이다.

최근 미국은 중국을 유일한 위협이라 규정하며 중국의 대만 점령 시도를 저지하는 동시에 미국 본토를 방어하는 것이 국방부의 전략목표로, 러시아·북한·이란 등 다른 지역의 위협에 대해선 미군의 직접적 대응을 자제하고, 동맹국들에 방위비 부담과 억제 임무를 넘긴다는 임시 국방 전략을 발표했다.[208] 이는 한국의 독자적 안보 부담이 대폭 증가할 것을 예고한다.

(3) 한미동맹 깨질 수 있다

미국의 개입주의 전략하에서 한국은 엄청난 경제성장과 비교적 탄탄한 안보를 유지해 왔다. 미국의 브레튼우즈 체제(Bretton Woods system)[209]와 해상교통로(SLOC) 보호를 바탕으로 한 자유무역주의 덕택에 수출로 밥을 먹고 사는 국가가 되었다. 그러나 미국이 주요 국제 문제에서 거리를 두는 고립주의나 역외 균형으로 회귀할 때 한국의 안보 부담은 대폭 증가하게 된다. 상수(常數)로만 여겨졌던 한미동맹이 흔들릴 수 있는 것이다.

---

208) 조선일보, 2025-3-30
209) 브레튼우즈 체제(Bretton Woods system)는 1944년 미국 뉴햄프셔주 브레튼우즈 회의에서 만들어진 국제 통화 체제로, 미국 달러를 기축통화로 하고 각국 통화가치를 달러에 고정하는 고정환율제를 바탕으로 한다. 이는 국제 결제에 금 대신 달러를 사용하고, 달러를 금으로 태환할 수 있도록 허용했다.

과거 한국은 1·21 청와대 기습 사건, 푸에블로호 납치 사건, 판문점 도끼만행 사건 때 미국의 반대로 자위권을 행사하지 못하였다. 그러나 이제 한국이나 일본도 핵무장을 할 수도 있는 시대로 진입하고 있다. 미국의 행정부가 바뀌더라도 이러한 미국 외교 대전략의 변화는 뉴 노멀(new normal)이 될 가능성이 크다. 한국도 이러한 시기에 국가안보 전략을 다시 짜야 한다. 튼실한 재래식 전력은 물론 핵무기도 갖출 필요가 있다. 한국의 국가 역량을 통해 동맹은 유지하되 자율성을 확보하여 '건드리면 피곤한 나라'로 체질을 개선해야 한다. 미국을 포함한 서방 선진국에 필요한 나라가 될 때만 한국의 쓰임새가 인정된다는 사실을 절대 잊어서는 안 된다.

스티븐 월트는 미국의 고립주의를 배격하지만, 지역적인 세력균형 유지는 주로 역내 행위자들에게 의존하며, 그것이 붕괴할 위험이 있을 때만 미국이 개입할 것을 요구하는, 이른바 역외 균형(offshore balancing) 전략을 제시한다. 미국이 가고자 하는 길이다. 미국 외교 정책의 핵심 지역인 유럽, 동아시아, 그리고 페르시아만에서 세력균형을 유지하는 데 집중하자는 것이다.[210]

미국의 역외 균형 이론은 '국가이익'에 주안점이 있기 때문에 필요하다면 동맹도 교체될 수 있다.[211] 이 말은 한미동맹은 영원히 존속할 수 없다는 것을 의미한다. 참고로 한미상호방위조약 제6조는 "본 조약은 무기한으로 유효하다. 어느 당사국이든지 타 당사국에 통고한 후 1년 후에 본 조약을 종료할 수 있다."고 정하고 있다.

미국에 '필요한 동맹국'이 아니라 '피곤한 동맹국'이 될 경우 한국은 과감히 배제될 수 있다. 미국의 핵심 동맹인 일본이 존재하기 때문이

---

210) Walt, 47쪽
211) Walt, 341쪽

다. 1953년 어렵게 조인된 한미동맹은 한번 해체되면 다시는 돌이킬 수 없다.

2) 주한 미군 철수 논의와 한국의 안보

(1) 주한 미군 철수 사례

미국은 주한 미군을 5차례 철수한 바 있다. 첫 번째는 1948년 8월 15일 한국 정부 수립 이후 1949년 6월 1차 철군으로, 미군은 군사고문단 500명만을 남기고 모두 철수하였다. 이에 따라 한국전쟁이 발발하였다. 2차 철군은 한국전쟁 직후 전쟁에 참여했던 32만 명의 미군 중 2개 사단 7만 명 정도만 남겨놓고 철군한 경우였다. 3차 철군은 1970년 닉슨 독트린 이후 한국에 주둔하던 미군 2개 사단 중 제7사단이 철수한 경우이다.

닉슨 대통령은 1969년 7월 25일 괌에서 닉슨 독트린을 발표하였다. 동 선언은 아시아 국가들이 공산 침략에 대비하여 대미 의존을 탈피하여 스스로 안보 체제를 수립해야 한다는 것이었다. 3차 철군이 완료된 1972년 주한 미군의 규모는 41,000명이었다. 4차 철군은 1977년 카터 대통령의 완전 철군 계획에 의한 일부 철군으로 이루어졌다. 1977년 주한미군 철수를 공약으로 내걸고 취임한 카터 대통령은 4~5년 내 철수한다는 계획이 있었다. 1979년 6월 카터와 박정희 당시 대통령 간 한미정상회담은 양국 간 최악의 회담이었다. 그러나 공약과는 달리 철군은 이어지지 않았다. 당시 미 국무부 한국과장을 지낸 로버트 리치는 다

음과 같이 회고하였다.[212]

"당시는 베트남전이 막 끝난 때였다. 미국이 더는 먼 나라 문제에 개입하지 말아야 한다는 여론이 강했다. 카터는 외교의 중심에 인권 문제를 놓고 싶어 했다. 한국에는 긴급조치 등의 사태가 있었고, 카터는 미국이 한국의 독재를 지원하는 식이어선 안 된다는 생각이 확고했다."

"당시 미국이 모든 정보 역량을 베트남전에 집중하느라 북한에서 일어나는 군사적 변화를 놓쳤다는 사실을 파악하기 시작했다. 북한이 상당한 희생을 감수하면서 군사력을 크게 강화했으며, 남침 의도가 강하다는 사실을 알게 됐다. 분석 인력이 모두 베트남전에 매달린 탓에 일어난 일이었다. 몇 년간 위성사진엔 북한 군사 동향이 찍혔지만 이를 제대로 분석하지를 않았다. 자료를 다시 살펴보니 우리가 예상했던 것보다 훨씬 더 많은 탱크·차량·병력이 북한에 있다는 사실이 드러났다. 처음엔 국방부가 정보를 과장해서 철수를 막으려는 의도 아닌지 의심도 들었다. 하지만 CIA의 분석 결과도 같았다. '북한군이 생각보다 훨씬 강하다'는 결론은 확실했다. 당시 미국의 상·하원은 모두 카터가 소속된 민주당이 다수당을 점하고 있었다. 그럼에도 민주당 내부에서 철수에 반대하는 목소리가 컸고, 공화당은 정치적으로 카터를 공격할 소재로 삼았다. 카터는 결국 철수 계획을 실행에 옮기지 못했다."

마지막으로 5차 철군은 1990년대 초, 미국의 새로운 동아시아 전략 구상에 입각한 3단계 철군 안에 따라 1992년 12월 1일까지 1단계 철군이 단행된 사례이다. 주한 미군의 단계별 감축안은 1단계 감군이 추진된 이후 북한의 핵 위기로 인해 무기 연기되었다.[213]

---

212) 조선일보, 2025-1-11
213) 이상현, 조윤영, "미국의 세계 전략과 주한 미군 : 80년대 말 철군 논의와 한반도 안보의 연계성에 관한 고찰", 한국정치외교사논총, 제26(1)호(2004), 3쪽

주한 미군 철수 및 재배치 논의는 미국의 세계 전략에 따르는 것이지, 한국과의 관계에 따르는 문제는 아니다. 2001년 부시 대통령 이래, 미군은 주둔 개념에서 상황 변화에 따른 신속 대응 전략 일환으로 재편되고 있다. 이는 해외 주둔 미군 재배치 계획으로 구체화되었다. 즉, 주한 미군 철수는 한반도의 전략적 가치가 상대적으로 줄거나 미국 정책결정자들의 관심이 한반도 이외의 현안에 집중된 결과 나타난 미국 전략 변화의 결과로 볼 수 있다.[214]

(2) 미국의 논의

미국 조야에서는 "한국은 오랫동안 안보 무임승차자였으며 미국의 군사적 지원이 더 이상 필요 없는 나라이다. 반세기 동안의 미군 철수계획과 제안은 대체로 의지가 약했고 잘못 관리되었고 중단되었다. 미국은 미국에 대한 한국의 안보 가치의 저하와 한국 방위 능력이 증가를 토대로 새로운 접근법을 채택할 필요가 있다. 미국의 철군 결정은 최종적이어야 하며 철수된 부대의 해체와 한미상호방위조약의 폐기가 뒤따라야 한다."라는 의견이 개진되고 있다.[215]

한국은 대만과 함께 전략적 중요성에 비해 비용이 많이 드는 미국의 동맹국으로 분류된다. 미군 주둔, 원자재와 에너지 수입, 수출 상품을 미국 시장에 판매하기 위한 교통로 보호를 위해 미국의 해양 순찰과 활동이 계속되어야 한다는 점에서 비용이 많이 드는 동맹이다.[216] 한국이 동맹 이탈을 원하면 미국 입장에서 큰 고민이 되지 않는다.

그러나 좌파를 포함한 다수의 한국인은 미군 철수와 안전보장 종식

---

214) Id. 17쪽
215) 테드 게일런 카펜터 & 더그 밴도(유종근 옮김), 『한국과 이혼하라』 창해(2007), 252쪽
216) 피터 자이한(홍지수, 정훈 옮김), 『21세기 미국의 패권과 지정학』 김앤김북스(2018), 252-253쪽

제안에 반대한다. 예를 들면 노무현 대통령은 야당 활동가였을 때는 주한 미군의 존재를 비판하였으나, 당선 이후에는 입장을 선회하여 한미동맹이 매우 소중하다고 언급한 바 있다. 그리고 주한 미군을 한국 내에서 재배치하려는 미국의 계획에 공개적으로 우려를 표한 바 있다.[217]

중국과 북한은 순치 관계에 있어, 북한이 주장하는 종전 선언과 평화협정 체결 주장을 지지한다. 중국 국경에 근접하여 주둔하고 있는 주한 미군과 한미동맹은 중국에 큰 부담을 준다. 중국은 주한 미군 철수를 위해 친중 성격이 강한 한국의 진보정권이 한미동맹의 약한 고리로 인식하고 있다. 특히 이들 진보정권이 한미동맹에서 자주성을 요구하며 이탈하려는 극단적 사고를 하고 있음을 간파하고 있다.[218]

한반도를 에워싼 주변 국가들의 이해가 첨예하게 대립하고 있는 상황에서 한국은 동북아의 안정자 역할을 감당할 의지와 능력이 있는 미국을 동맹국으로 계속 선택하는 것이 최선의 길이다.[219] 중국이 글로벌 지역 및 한반도 차원에서 한국에 제공해 주는 이점이 한미동맹의 이점을 분명히 상회하지 않는 한, 한미동맹에 투자된 비용, 제도화된 협력, 공동 가치란 부분으로 인해 한국은 지속적으로 미국과 동맹 관계를 유지하는 것이 바람직하다.[220]

(3) 한국의 선택

미국이 쇠퇴하거나 한국에서 철수한다면 한국은 어떠한 선택을 해야 하나? 카터 미국 전 대통령의 국가안보보좌관 출신 브레진스키 교수는

---

217) Id. 236-237
218) 주재우, 『불통의 중국몽』 인문공간(2024), 60-61쪽
219) 차상철, 『한미동맹 50년』, 270쪽
220) 스콧 스나이더(권영근, 권율 옮김), 『기로에 선 대한민국: 패권경쟁 시대에서의 자주와 동맹』 연경문화사(2018), 328쪽

"미국의 핵우산이 사라지면 한국은 세 가지 옵션 가운데 고민스러운 선택을 해야 한다. 중국의 영향권 내에 들어가든지, 독자적 핵무장을 하든지, 일본과의 안보 협력을 강화해야 한다. 마지막 옵션이 가장 낫다고 본다. 한일 협력이 미국에 가장 덜 위협적이기 때문에 미국은 이를 지지할 것이며 동북아 안정에도 도움이 될 것이다. 이를 위해 한일 양국은 역사적 감정을 극복해야 한다."[221]

상당 수준의 국력을 가진 강대국 일본과 한국의 안보 협력은 그 자체로서 중국과 맞먹는 균형을 형성할 수 있을 정도로 막강하다. 그러나 국제정치를 극도로 정서적 관점에서 이해하고 있는 한국이 현실주의 국제정치학이 제시하는 모범답안을 과연 받아들일 수 있을지는 의문이다.

최근 미국은 중국에 집중하고, 북한의 재래식 도발은 한국이 전담하기 위해, 공군·해군 위주로 주한미군을 재편하면서, 전작권은 한국에 넘길 수 있다는 전망이 나오고 있다. 전작권 이양과 함께 주한미군 사령관은 중장으로 낮추고, 현재 중장이 맡고 있는 주일미군 사령관을 대장으로 올려 유엔군 사령관을 겸하게 하자는 의견도 대두된다.[222] 즉, 중국 견제를 위해 능력과 의지가 있는 일본을 중심으로 아시아 태평양에서 세력 판도가 변화되고 있다.

중국에 종속되기도 싫고, 일본과의 안보 협력은 불가능하다면, 그때 마지막 남은 옵션은 한국 스스로 살길 즉 핵무장을 강구하는 것이다. 이 방안은 어렵겠지만 우리가 궁극적으로 선택해야 할 길이다.[223]

---

221) VOA, 2012-2-10
222) 김진명, "유엔군 사령부가 일본으로 간다면", (조선일보, 2025-6-18)
223) 이춘근, 『미중 패권 경쟁과 한국의 전략』 김앤김북스(2016), 321-324쪽

2. 중국

중국은 아시아의 맹주를 넘어 미국과 패권을 추구하는 나라이다. 특유의 전랑외교(戰狼外交, 늑대 외교)를 기조로 한국을 포함하여 주변국을 공세적으로 다룬다. 전랑외교는 강한 자에겐 약하고, 약한 자에겐 무자비한 방식이다. 남중국해, 대만, 일본 센카쿠 제도를 둘러싼 중국의 대응이 그 예다.

중국은 일본의 집단적 자위권을 경계하며, 미국의 역내 개입에 반대한다. 중국은 남중국해에서의 행동이 국제법상 '무력 공격'의 수준을 넘지 않도록 조절하고 있으며, 주변국들의 개별적 또는 집단적 자위권 발동을 유발하지 않으려고 노력한다. 중국은 어선이나 해경 함정과 같은 전력을 활용하여 군사적 충돌을 피하면서도 자국의 주장을 강화하는 '회색지대 전략'을 적극적으로 구사하고 있다.

1) 중국의 안보 전략과 자위권

(1) 중국의 국가전략

중국은 미국과 같은 세계 강대국이 되고자 한다. 2014년 7월 9일 베이징에서 열린 제6차 미·중 전략경제대화 개막식 연설에서 시진핑 주석은 "광활한 태평양에는 중국과 미국 두 대국을 수용할 수 있는 공간이 충분하다"라며 '신형대국관계'를 강조했다.[224]

중국 국방부는 2019년 7월 24일 '신시대의 중국 국방'이라는 제목의 국방백서를 발표했다. 백서는 중국의 국방정책으로 국가 주권·안보·발전 이익의 확고한 수호, 패권 및 팽창 추구 부인, 신시대 군사전략 방침 관철, 중국 특색 강군의 길 유지, 그리고 인류 운명공동체 건설 공헌 등을 골자로 한다. 이 가운데 주목을 끄는 것은 중국이 '인류 운명공동체'를 건설하여 중국 주도의 새로운 질서를 구축하겠다는 의도다.[225]

중국은 '인류 운명공동체' 개념을 비전이나 목표라기 보다는 미국을 견제하기 위한 국가 차원의 대전략으로 활용하고 있다. 즉, 미국이 주도하는 동맹체계를 중국이 중심이 되는 동반자 관계의 글로벌 네트워크로 대체하고, 서구의 선거 민주주의보다 중국의 권위적 통치 모델을 내세우며, 세계가 평화와 번영에 유리한 중국의 경제 발전 방식을 인정하고 따라야 한다는 것이다. 미국 주도의 질서를 약화 및 해체하고 중국에 유리한 여건을 조성한다는 점에서 중국 부상을 위한 대전략이다.[226]

---

224) '신형대국관계'란 미국이 중국을 주요 강대국으로 인정하면 중국도 영토·주권 등 '핵심 이익'을 제외한 문제에 대해서는 미국과 충분히 협력하겠다는 중국의 외교 전략 용어이다.
225) 박창희, "중국의 대전략 전환과 글로벌 영역에서 국방의 역할 확대", 군사논단(2020년 6월), 171-172쪽
226) Id. 176-177

중국은 글로벌 영향력 강화를 위하여 '일대일로(一帶一路)'를 구축하고 있다. 이를 통해 육상 및 해상 기지를 구축하고 군사력을 확장 배치하고 있다. 남중국해와 동중국해에서 군사력을 증강하고 한반도 주변 해역 특히 서해를 내해화하고 있다.

중국의 일대일로(EJIL)

(2) 중국몽

가) 중국의 인식

중국은 20세기 중 18세기 동안 중국이 세계의 중심이었다고 여겨 왔다. 19세기 초부터 뒤처졌지만, 그전까지는 세계의 중심이었다는 인식이다. 시진핑은 2017년 미·중 정상회담 때 트럼프 대통령에게 "한국은 과거 중국의 일부였다"라고 언급하기도 하였다.

중국은 과거 500년간 조선을 대했던 인식으로 21세기 대한민국을 대하고 있다. 이것이 우리나라가 직면한 냉엄한 동아시아의 국제 현실이다. 특히 중국은 북한의 후원국으로 우리 안보의 최대 도전인 북핵 문제 해결에 별 도움을 주지 않는다. 중국은 평화통일을 위한 우리 안보

정책의 최대 걸림돌이다. 이를 극복하는 과제가 과거나 현재나 우리 앞에 놓여 있는 최대의 외교 안보적 도전이다. 인구 14억의 대국을 이웃으로 둔 우리의 지정학적 숙명이다.[227]

사실 1894~1895년 청일전쟁에서 패배한 중국은 긴 세월 동안 조공국이었던 조선을 대만과 함께 일본에 넘겨주었다. 1905년 제2차 한일협약에 따라 조선은 일본의 지배 아래 들어갔다. 청일전쟁 패배 후 한국을 빠져나간 중국이 130년이 지난 시점에도 '중국의 일부'를 논하고 있다니 놀라운 일이다. 중국 지도층 DNA에 각인된 모양이다.

1945년 9월 9일 조선총독부에서 미국 제24군단 사령관 하지(John R. Hodge) 중장과 아베 노부유키(阿部 信行) 조선 총독의 항복문서 서명으로 일장기가 내려가고 성조기가 게양되었다.[228] 노태우 정부의 북방정책으로 한국과 수교를 한 러시아가 지금 북한과 밀월을 즐기고 있는 현실은 한반도가 아직도 강대국의 지정학적 영향권에 있음을 여실히 보여 준다.

나) 초한전

중국은 중국몽을 슬로건으로 세계 패권 쟁취라는 대전략의 실천 수단으로 이른바 초한전(超限戰)을 구사하고 있다. 중국이 국민당에 승리한 요체인 모략을 기반으로 한 초한전은 수단과 방법을 가리지 않고 국가의 모든 영역을 전쟁의 수단으로 삼아 전쟁을 벌이는 전술로서 한국도 대상에 포함된다.

초한전(unlimited warfare)이 적용된 대표적 사례가 남중국해다. 중국은 남중국해에 대한 영유권을 주장하면서 전략 거점에 인공섬을 조성하여 군사 기지로 만들었다. 2015년 국제중재재판소에서 중국은 패소

---

227) 이병호, 182쪽
228) 구로다 가쓰히로(조양욱 옮김), 『날씨는 맑으나 파고는 높다』 조갑제닷컴(2017), 249쪽

하였지만, 이에 승복하지 않고 남중국해를 계속 지배하고 있다. 중국이 구사하는 '회색지대 전략'도 초한전의 일부이다. 하이브리드전을 능가하는 초한전은 군사, 외교, 무역, 금융, 여론, 심리, 네트워크, 법률 등 모든 분야를 이용해 목표를 달성한다는 점에서 유의해야 한다. 특히 한국을 친중 종속화하려는 다양한 시도에 안보적 관점에서 대비해야 한다.

다) 남중국해는 중국몽의 시작이다

중국몽을 내세운 중국의 공격적인 프로젝트의 일환인 일대일로 프로젝트 추진을 위해 개발도상국에 대한 중국의 투자는 개도국의 대중 의존도만 높였고, 개도국 주권을 크게 축소했다. 1947년 이래 중국은 남중국해 전역에 구단선[229](nine-dash line)을 긋고 그 안에 있는 섬과 바다가 모두 중국 관할이라고 주장하였다. 2016년 7월 국제중재재판소가 "중국의 구단선 주장은 근거가 없다"는 판결을 했는데도 이를 무시하고 남중국해에서 계속 세력을 확장해 베트남, 필리핀, 말레이시아 등 주변국의 반발을 야기하고 있다.

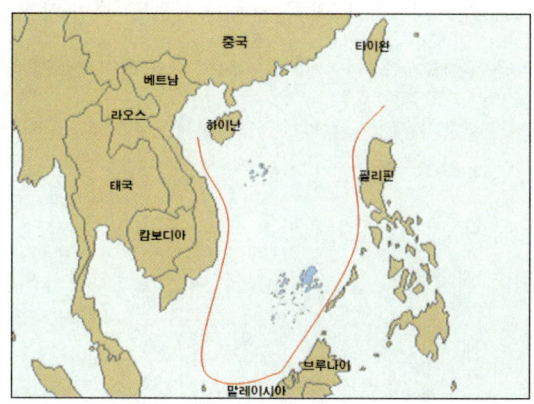

중국 U 라인(저자 작성)

---

229) 중국은 구단선(九段線, U라인) 안에 있는 바위·암초·산호초가 모두 중국 영토이며 남중국해의 80%가 중국 관할이라고 주장해 왔다.

(3) 중국의 자위권

공식적으로 중국은 주권 존중 원칙에 기반하여 유엔헌장 제51조를 엄격하고 제한적으로 해석하는 입장을 견지한다. 안전보장이사회의 승인이나 명백한 무력 공격 발생 없이는 무력 사용을 금지하고, 자위권의 확장적 해석을 거부하는 태도를 보인다.

그러나 중국 국방백서의 '적극 방어'라는 핵심 군사 전략 독트린은 작전 및 전술 수준의 공세를 허용함으로써 본질적인 모호성을 내포한다. 이 독트린은 시대 변화에 따라 국경 방어에서 해양, 우주, 사이버 영역을 포함하는 정보화 전쟁 수행 능력으로 진화해왔다. 적극 방어의 핵심 원칙은 "사람이 나를 범하지 않으면 나도 사람을 범하지 않고, 사람이 만약 나를 범하면 나는 반드시 사람을 범한다(人不犯我, 我不犯人; 人若犯我, 我必犯人)"는 것이다. 이는 기본적으로 공격을 받은 후 대응하는 태도를 시사하지만, 일단 공격을 받으면 공세적인 전술을 허용한다.[230]

1962년 중국-인도 전쟁과 1979년 중국-베트남 전쟁과 같은 역사적 사례, 그리고 남중국해, 대만 해협, 인도 국경 등 분쟁에서의 중국 행동은 공식적인 제한적 독트린과 실제 적용 사이에는 차이가 있다. 종종 자위권 주장은 인식된 주권 침해나 광범위한 전략적 목표 달성을 정당화하는 명분으로 활용되었으며, 때로는 국제법상 자위권의 엄격한 요건 충족 여부에 대한 의문을 남겼다. 특히 '징벌적 조치'나 '회색지대 전술' 사용은 현대 국제법의 틀과 충돌하거나 이를 회피하려는 시도로 해석된다.

국제 사회는 중국의 자위권 관련 주장과 행동에 대해 대체로 비판적인 반응을 보여왔다. 특히 남중국해에서의 행동과 2016년 국제 중재판

---

230) 中國人民解放軍國防大 [战略(2020版)第八章 战略威慑], 4-5쪽

결 거부는 국제법 규범, 특히 유엔해양법협약을 약화한다는 비판을 받고 있으며, 이는 중국의 공식적인 평화 및 법 준수 표방과 실제 행동 사이의 신뢰 격차를 심화시키고 있다.

중국의 공식 독트린을 분석하면 몇 가지 중요한 특징이 보인다.[231]

첫째, '적극방어' 독트린은 근본적으로 방어적이라고 주장되지만, 본질적으로 공세적인 작전 요소를 포함한다. 이러한 작전적 태세는 국제적으로 공격적으로 인식되거나, 특히 필요성 및 비례성 측면에서 엄격한 자위권 해석을 벗어날 수 있다. '적극방어'가 공세적 전술과 주도권 장악, 심지어 전술적 수준의 선제 타격까지 허용되는 점은 중국에게는 유연성을 제공하지만, 외부에서는 의구심을 불러일으키며, '적극방어' 하에 취해진 조치가 항상 제51조의 엄격한 기준을 충족하는지에 대한 의문을 제기한다.

둘째, 중국의 자위권 해석은 국가 주권과 영토 보전에 대한 최우선적인 강조와 깊숙이 얽혀 있다. 주권 수호를 위한 행동(예: 남중국해, 대만)은 비록 현상 유지를 변경하거나 다른 국가의 국제법 해석에 도전하더라도 방어적 행동으로 정당화될 수 있다. 중국 국방백서는 일관되게 주권 및 영토 보전 수호를 최우선 목표로 명시하고, 남중국해에서의 행동은 주권 행사로 정당화하며, 대만 정책은 어떠한 대가를 치르더라도 분열을 막겠다는 점을 강조한다. 이는 중국에게 있어 주권의 방어가 유엔헌장 제51조의 "무력 공격" 기준보다 우선임을 보여준다.

셋째, '적극 방어' 군사 전략의 내용은 국경 너머의 원거리 및 새로운 영역으로의 전력 투사를 포함하도록 발전하고 있다. 1998년부터 2019년까지 국방백서는 '방어적 성격'을 반복하지만, 2015년 백서는 해군 초

---

[231] LI Hao, JIIA Strategic Comments(No.14): Key Points of China's New Defence White Paper, 2019-9-13

점을 '원해 방어'로 명시적으로 전환하고, 2019년 백서는 해양 이익 및 우주, 사이버 안보 수호를 강조한다. 적극 방어 개념도 국경 방어에서 사이버 전쟁으로 진화해 왔다. 이러한 능력과 전략적 초점의 진화는 여전히 적극 방어라는 틀 안에서 제시되지만, 실제로는 초기의 엄격한 영토 방어 개념보다 더 확장된 방어를 의미하며, 이는 자위권의 제한적인 해석과 마찰을 일으킬 가능성이 있다.

2) 한중 갈등 현안

(1) 서해는 중국의 핵심 이익인가?

가) 중국의 핵심 이익

핵심 이익 개념은 2003~2004년경 대만 독립 문제와 관련하여 중국 공식 담론에 등장하기 시작했다. 이후 2009년 7월, 미·중 전략경제 대화에서 당시 다이빙궈(戴秉國) 국무위원이 핵심 이익의 구체적인 내용을 제시하면서 국제적으로 주목받기 시작했다. 다이빙궈는 핵심 이익을 ① 중국 공산당의 영도와 사회주의 제도 유지 및 국가 안보 수호, ② 국가 주권과 영토 수호, ③ 경제·사회의 지속적이고 안정적인 발전 보장 등 세 가지 요소로 설명했다.[232]

2015년 제정된 국가안전법은 핵심 이익을 "정권, 주권, 통일과 영토 완정, 인민 복지, 경제·사회의 지속 가능한 발전 및 국가의 기타 중대한 이익"으로 정의하며, 그 범위를 더욱 포괄적으로 규정하고 남중국해, 센카쿠/댜오위다오 등 구체적인 영유권 분쟁 지역과의 연관성을 명시

---

232) 김흥규, "중국 핵심 이익 연구 소고", 동북아연구 제28권 2호(2013), 292-293쪽

적으로 포함했다. 시진핑 집권 이후 핵심 이익 개념은 더욱 강조되고 있으며, '중화민족의 위대한 부흥'이라는 '중국몽' 실현의 초석으로 간주된다.[233]

티베트, 신장, 남중국해, 동중국해 등으로 적용 범위가 확대되면서, 핵심 이익은 중국의 외교, 군사, 국내 정책 전반에 깊은 영향을 미치고 있다. 이는 국제 사회, 특히 미국과 주변국들의 우려와 경계를 낳고 있으며, 전략적 경쟁의 핵심 요인이 되고 있다. 학계에서는 그 모호성, 확장성, 갈등 유발 가능성에 대한 비판적 논의가 활발하며, '평화 발전' 수사와의 긴장 관계도 지적된다. 핵심 이익은 '중국의 꿈' 실현과 공산당 정당성에 직결되어 있어, 향후에도 중국 대외 정책의 중심축으로 작용하며 국제 관계에 지속적인 영향을 미칠 것으로 전망된다.[234]

핵심 이익 개념이 해양 영역으로 확장된 것은 중요한 변화를 의미한다. 이는 주로 기존 영토 통제(본토, 티베트, 신장)를 방어하고 분리(대만)를 막는 것에서 더 나아가, 전략적 해양 지역에서 분쟁 중인 주권 주장을 내세우는 방향으로의 전환을 나타낸다. 대만, 티베트, 신장을 포함하는 것은 주로 중화인민공화국이 이미 통제하거나 '하나의 중국' 원칙 하에 주장하는 지역에 관한 것이었다. 반면 남중국해와 동중국해를 추가하는 것은 여러 국가와 분쟁 중이며 해상무역로(SLOC)와 자원에 필수적인 지역에 대한 권리 주장을 포함한다. 이러한 확장은 중국의 해군 현대화 및 지역 내 힘 투사 능력 증대와 일치하며, '핵심 이익'이 민족국가 통합에서 외부 환경 형성에 영향을 미치는 방향으로 진화하고 있음을 보여준다.

핵심 이익 방어는 인민 해방군(PLA)의 주요 임무 중 하나이다. 특히

---

233) "Core Interest", Wikipedia
234) Duan Xiaolin, The Evolving Definition of China's Core Interest and its Implications, Univ. of Macau(2012), Master's Thesis, 37-41쪽

해양 영역에서 핵심 이익의 확장은 중국군의 현대화, 해군력 투사 능력과 관련이 있다. 특정 사안을 핵심 이익으로 지정하는 것은 최후의 수단으로 군사력 사용 의지를 내포한다.

그런데 중국은 반복적인 주장과 무력 분쟁으로 비화하지 않는 저수준의 도발을 지속하기 위하여 해경을 적극 활용하고 있다. 중국 해경은 정기적으로 활동을 통해 관할권을 확장한다. 중국은 해상보급 능력의 확보, 함선의 대형화 등을 통해 해경 함이 해상에서 오랜 시간 작전할 수 있는 능력을 갖추도록 함으로써 해양 영유권 분쟁 대응 활동이 장기화할 때 대비하고 있다. 2023년을 기준으로 중국 해경은 15,000톤급 경비함 2척을 각각 동중국해와 남중국해에 배치하여 운용하고 있으며 2,500톤급 이상 경비함을 60척 보유하는 등 과거에 비해 원양작전 능력이 크게 확장하였다.[235]

나) 전략적 병목

서해는 중국 수도권에 인접한 지리적 위치와 역사적 경험으로 인해 외부의 군사적 활동이나 불안정성에 극도로 민감하게 반응하는 요충지이다. 동시에 중국 북부 경제의 중요한 교통로이지만, 반폐쇄적인 지리적 특성으로 인해 제1도련선[236] 내에서 활동하는 적대 세력에 의해 쉽게 감시당하거나 차단될 수 있는 전략적 병목이기도 하다. 이러한 경제적 의존성과 전략적 취약성은 중국의 서해 정책에 큰 영향을 미친다. 중국 인민해방군 해군의 3대 함대 중 하나인 북해함대는 산둥성 칭다오(青島)에 사령부를 두고 서해와 보하이만을 주 작전구역으로 담당한

---

235) 김현승, "해양 영유권 확장 수단으로서의 중국 해양경찰의 능력 강화 평가", 동아연구 제44권 1호 (2025), 55-56쪽
236) 도련선(島鏈線, island chain)은 태평양의 섬을 사슬처럼 이은 가상의 선으로, 중국 해군의 작전 반경을 뜻한다. 중국 근해인 제1 도련선과 좀 더 멀리 있는 제2 도련선이 있다.

다. 북해함대의 핵심 임무는 수도 베이징과 톈진으로 향하는 해상 접근로를 방어하고, 연안 지역을 경계하며, 역내 해상 위협에 대처하는 것이다.

다) 한중 EEZ 경계 미획정 수역

서해에서는 중국과 한국 간의 배타적 경제수역(EEZ) 경계 획정이 미해결 상태로 남아있다. 양국 모두 자국 연안으로부터 200해리의 EEZ를 주장하지만, 서해의 폭이 400해리 미만인 구간이 많아 필연적으로 중첩 수역이 발생한다.

양국의 입장은 첨예하게 대립한다. 한국은 국제관례에 따라 양국 해안선의 중간선을 경계로 삼는 '등거리 원칙'을 주장하는 반면, 중국은 해안선 길이, 배후 인구, 역사적 어업 활동 등 다양한 요소를 고려해야 한다는 '형평의 원칙(equitable principle)'을 내세우며 자국에 유리한 경계선 설정을 시도하고 있다. 특히 중국은 동경 124도 선을 경계선으로 주장하려는 경향을 보이는데, 이는 서해 면적의 상당 부분을 중국 수역으로 편입시키려는 의도로 해석된다.

이러한 경계 획정의 어려움 속에서 양국은 2000년 한중 어업협정을 통해 중첩 수역 일부를 '잠정조치수역(PMZ)'[237]으로 설정하고 어업자원을 공동 관리하기로 합의했다.

최근 중국은 PMZ 내에 '선란(深藍)' 시리즈로 불리는 대형 철골 구조물을 연이어 설치하고 있다. 중국은 이를 심해 양식 시설이라고 주장하지만, 한국 측은 이를 사실상의 해양 구조물로 간주하며, 현상 변경을

---

237) 한중 잠정조치수역(Provisional Measures Zone, PMZ)은 서해 중부에서 한국과 중국의 배타적 경제수역(EEZ)이 중첩되는 해역에 설치된 임시 조치 수역을 말한다. 2000년 8월 3일 체결된 한중 어업협정에 근거하여, 양국이 해양 경계 획정 이전까지 어업자원에 한해서만 공동으로 관리하기로 합의하면서 설정되었다.

통해 향후 영유권 주장의 근거를 마련하려는 회색지대(grey-zone) 전략의 일환으로 의심하고 있다. 더욱이 중국은 한국 해양조사선의 접근에 물리력을 동원해 방해하는 행위를 서슴지 않고 있다.

이러한 중국의 행동, 즉 경계 획정 협상 지연, 자국에 유리한 법리 주장, 합의를 무시한 구조물 설치 등은 자국의 영토와 해양 권익을 수호하고 확장하려는 핵심 이익과 직접적으로 연결된다. 이는 서해라는 전략적으로 중요한 해역에서 점진적으로 현상 유지를 자국에 유리하게 변경하려는 의도를 명백히 보여준다. 중국의 서해 EEZ 분쟁 접근 방식은 형평 원칙이라는 법적 논리와 양식 시설이라는 경제적 명분을 내세운 구조물 설치를 통해 주권 주장을 강화하여 한중어업협정에 도전하는 '법률전' 및 '점진적 관할권 확대' 전략이다.

라) 반접근/지역 거부

중국은 제1도련선을 자국의 인구 밀집 및 경제 핵심 지역인 연안부를 보호하는 필수적인 방어 완충 구역으로 간주한다. 특히 서해를 포함한 제1도련선 내에서의 통제력 또는 영향력 확보는 잠재적 적대 세력인 미국이 중국 본토를 위협하는 것을 사전에 차단하는 데 결정적이라고 본다.

이러한 인식은 중국의 '반접근/지역 거부(Anti Access/Area Denial, A2/AD)' 전략과 밀접하게 연관된다. 중국의 A2/AD 능력은 제1도련선을 중심으로 가장 강력하게 구축되어 있으며, 이는 미사일, 잠수함, 항공기, 수상함 등 다양한 군사 자산을 동원하여 이 해역 내로 진입하려는 외부 군사력을 저지하거나 격퇴하는 것을 목표로 한다. 서해는 한반도, 대만 해협 등 잠재적 분쟁 지역과 미군 및 동맹국 기지에 근접해 있어 A2/AD 전력 배치 및 운용에 있어 핵심적인 위치를 차지한다.

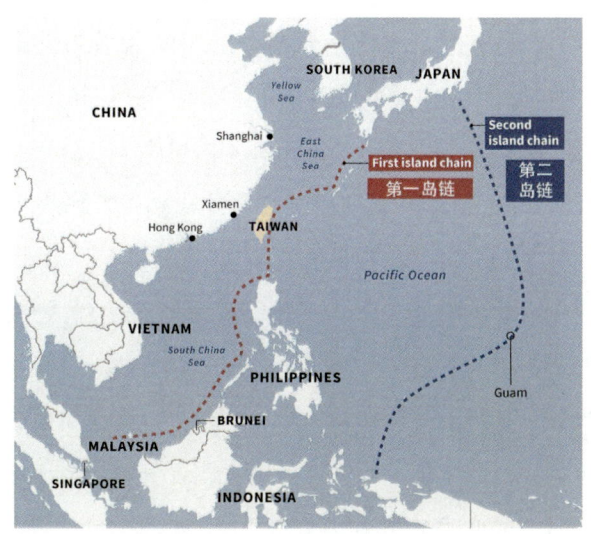

중국의 도련선(Chain of Islands, 미 국방부)

또한, 중국은 제1도련선 및 서해에서의 군사 활동 강화를 통해 미국의 역내 군사적 영향력과 동맹 체제에 적극적으로 도전하고 있다. 자국의 통제력과 군사능력을 확장함으로써 미국의 작전 반경을 제한하고, 미국 주도의 '전략적 포위' 구도를 약화시킨다.

궁극적으로 제1도련선, 특히 서해에서의 안정적인 통제력 확보는 중국 해군이 더 먼 바다, 즉 태평양으로 군사력을 투사하기 위한 전제 조건이다. 제1도련선의 주요 해협을 자유롭게 통과할 수 있는 능력은 중국이 추구하는 대양 해군 건설 목표 달성에 필수적이다. 서해는 북해함대의 모항이자 이러한 광범위한 작전의 출발점이다.

(2) 중국과 한미동맹

가) 한미동맹의 중요성

남북한 군사 대치, 북핵 위협 등 다양한 안보 문제를 가진 한국에 있어 미국과의 동맹을 유지하는 것은 '최소한의 보험'으로서 필수이지만 동시에 경제적 문화적 상호의존성의 심화를 통해 이웃 거인과도 비적대적 우호 협력 관계를 유지 발전시켜 나가야 한다. 중국에게는 한미동맹을 이해시켜야 하고 미국에게는 중국과의 비적대적 관계의 필요성을 이해시켜야 한다. 그것이 최대 생존 외교이다.[238]

국익에 따라 양국 관계를 주체적으로 끌고 나가야 한다. 이를 위해 자강(군사, 경제)+보험(한미동맹+한미일 협조+쿼드)+헤징(중국 의존도 줄이기)으로 중국의 패권적 횡포에 대처해야 한다.[239] 사드 사태는 한국이 미·중 사이에서 처신하기가 얼마나 어려운지를 보여주는 대표적 사례이다. 사드(THAAD) 배치에 대한 중국의 3불 요구는 내정간섭이고, 이에 대한 굴복은 국가 안보 주권의 포기이다. '사드 3불'은 지난 2017년 한국 문재인 정부가 밝힌 방침으로 "사드를 추가 배치하지 않고, 미한일 군사동맹을 추진하지 않으며, 미국 주도 미사일방어 체계에도 동참하지 않겠다"라는 내용을 담았다.[240]

중국은 한미동맹을 약화하지 않는 한 한국을 지배할 수 없다는 사실을 잘 알고 있기 때문에, 한국과 미국의 관계를 갈라놓기 위해 다양한 수단을 동원하고 있다. 중국이 사용하는 주요 무기는 교역과 투자다. 중국은 '경제 책략', 정확히 말해서 경제 협박의 명수다. 중국에 경제적으로 의존하는 것을 이용해 다른 나라의 정치적 양보를 받아낸다.[241] 중국은 한국의 재계, 학계와 경제계, 문화계, 언론계 지도층 전반에 걸쳐 친중 인사들을 확보했다. 중국은 영향력 행사자는 물론 첩보 공작원들도 동원하며, 대규모로 네트워크를 통해 한국 기관들의 독립성을

---

[238] 김태우, 『북핵을 넘어 통일로』 명인문화사(2012), 229-230쪽
[239] 천영우, 270-282쪽
[240] 한겨레, 2022-8-10
[241] 클라이브 해밀턴(김희주 옮김), 『중국의 조용한 침공』 세종서적(2021), 7쪽

훼손함으로써 지역 패권을 노리는 중국에 저항할 한국의 힘을 약화하는 것이다.[242]

이러한 중국의 압력에 버팀목이 되는 것이 바로 한미동맹이다. 그런데 동북아시아에서 미국의 중요한 동맹국은 한국 이외에 일본도 있다. 과거 애치슨 선언에 따라 한국은 미국의 전략적 이익선에서 배제된 사례가 있다. 만약 한국의 친중 정권이 여론몰이하여 미국과 결별을 선언한다면 제일 반길 나라는 중국과 북한이다. 만약 한국이 중국과 군사동맹을 맺는다면 핵을 가진 북한보다 서열이 뒤진 중국의 여러 동맹국 중 하나가 된다.

나) 한미상호방위조약 적용 여부

한미상호방위조약 제3조는 "각 당사국은 타 당사국의 행정 지배하에 있는 영토와 각 당사국이 타 당사국의 행정 지배하에 합법적으로 들어갔다고 인정하는 영토에 있어서 타 당사국에 대한 태평양 지역에 있어서의 무력 공격을 자국의 평화와 안전을 위태롭게 하는 것이라고 인정하고 공통한 위험에 대처하기 위해 각자의 헌법상의 수속에 따라 행동할 것을 선언한다."라고 규정한다.

한미상호방위조약 비준 과정에서 미국 상원은 조약 제3조에 대한 중요한 '양해 사항'을 첨부했으며, 이는 조약 해석에 결정적인 영향을 미친다.[243] 이 양해 사항은 다음과 같은 내용을 명확히 한다.

첫째, 타방 당사국을 원조할 의무는 오직 그 당사국에 대한 '외부로부터의 무력 공격'이 있을 경우에만 발생한다. 둘째, 미국이 대한민국을 원조할 의무는 '미합중국에 의하여 대한민국의 행정 관리하에 합법적

---

242) Id. 8쪽
243) TIAS 3097, 5 UST 23602376. Ratification advised by the Senate Jan. 26, 1954, and ratified by the President Feb. 5, 1954, subject to an understanding; entered into force Nov. 17, 1954.

으로 들어왔다고 인정된 영토'에 대한 무력 공격이 발생한 경우로 제한된다.[244]

이 양해 사항은 한미상호방위조약의 적용 범위를 해석하는 데 있어 매우 중요한 의미가 있다. 조약 제3조 자체도 '행정 지배하 영토' 및 '일방이 인정하는 장래의 영토'를 언급하지만, 양해 사항은 미국의 원조 의무 발동 조건을 '미국이 인정한' 한국의 행정 지배하 영토에 대한 공격으로 명확히 한정한다.

이는 특정 지역(예: 잠정조치수역, 독도 또는 북한 지역)에 대한 한국의 주권 또는 행정권 주장만으로는 미국의 조약상 방위 공약을 자동으로 발동시키기에 충분하지 않으며, 해당 지역의 법적 지위 및 행정권 귀속에 대한 미국의 입장이 결정적인 요소임을 의미한다. 따라서 잠정조치수역에서 핵심 요지는 한국이 해당 수역을 어떻게 간주하는가를 넘어, 미국이 조약 목적상 해당 수역을 한국의 행정 지배하 영토로 인정하는지이다. 현재까지 미국이 잠정조치수역을 조약상 방위 범위에 포함되는 것으로, 명시적으로 인정한 공개적인 증거는 없다.

결국, 한중 간 서해 EEZ, 이어도, 잠정조치수역은 한국의 '행정 지배하에 있는 영토'가 아니므로 한미상호방위조약이 적용되지 않는다. 따라서 잠정조치수역에서 한중 간 무력 충돌이 발생할 경우 한국은 독자적으로 대응해야 한다.

2024년 한미 양국이 제6차 한미 외교·국방 장관회의 공동성명에서 '사이버 공격'을 상호방위조약 제3조의 무력 공격과 동등하게 간주할 수 있음을 확인하였다. 이를 참고하여 한미동맹 차원에서 항행의 자유 침해 차원에서 공동 대응하는 방안을 고민해 볼 필요가 있다.

---

[244] "Territory which has been recognized by the United States as lawfully brought under the administrative control of the Republic of Korea"

(3) 서해 공정

가) 중국 서해 구조물 설치

2022년부터 중국은 서해 한중 잠정조치수역에 무단으로 50m 높이의 대규모 철 구조물을 설치하고 있다. 우리는 남중국해 상황을 참고할 필요가 있다. 중국은 남중국해에 인공섬 7개를 조성하고, 레이더, 대함·대공 미사일 등을 반입하고 활주로를 조성하면서 군사 요새를 구축하였다.

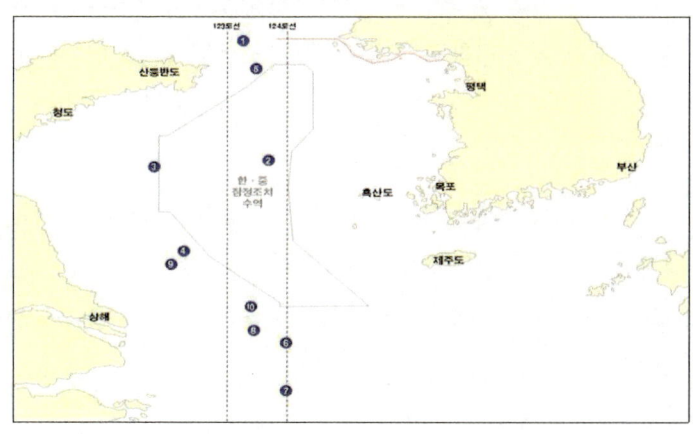

구조물 설치 현황(해군)

한·중·일 연안 간 거리가 400해리에 미치지 못하기 때문에 우리 영해 바깥 수역의 상당 부분은 중국과 일본의 대륙붕 또는 배타적 경제수역 권원이 중첩되고, 아직 경계가 획정되지 않았다. 이에 한국은 일본, 중국과 각각 어업협정을 체결하여 중간수역과 잠정조치수역을 운영 중이다. 2001년 한중어업협정에 따르면 잠정조치수역에서 어업만 가능하고 그 외 활동은 금지돼 있다.

우리 측은 항의하였으나 중국은 '어업 보조시설'이라며 건설을 강행했다. 중국은 한중잠정조치수역에 총 12기의 구조물을 설치할 예정이다. 한중 잠정조치수역은 '어업'에 관해 한·중 어업공동위원회의 결정에 따른 공동 관리와 공동 규제가 적용된다. 잠정조치수역은 경계 획정 이전 양국이 '기국주의[245]'에 따라 조업하는 구역이다. 2025년 3월 26일 해양수산부 해양조사선인 온누리호(1422t급)가 잠정조치수역에 설치된 중국 구조물에 대한 점검을 시도했다. 직경 70m, 높이 71m 규모 양식 가능한 공간이 9만㎡에 달해 세계 최대 양식장인 '선란'이다. 그러자 중국 해경과 민간 고무보트 3대가 우리 조사선을 막았고 한국 해경이 급파되며 양측 대치는 2시간 넘게 이어졌다. 중국 고무보트에 승선한 민간인들은 흉기를 소지하고 있었다. 2025년 3월 21일 조태열 외교부 장관은 일본 도쿄에서 열린 한중 외교부 장관 회담에서 중국 왕이 외교부장에게 공식적으로 항의하였다.

2025년 4월 23일, 서울에서 개최된 제3차 한중 해양 협력 대화에서 우리 정부는 논란이 된 구조물 3기를 PMZ 밖으로 옮길 것을 요구했다. 그러자 중국 수석대표인 홍량(洪亮) 외교부 변계 해양사무국장은 구조물 이전 요구에 난색을 보이면서 이어도를 언급했다. 홍량 사무국장은 "이어도는 고정 시설물로 중국 동쪽 퉁다오섬에서 247㎞(약 133해리) 거리에 있다"면서, "중국 배타적 경제수역(EEZ)에 들어가는 것"이라고 주장했다. 중국 구조물이 안 된다면 이어도 기지 설치도 안 된다는 것이다.[246] 중국의 현장 조사 제안은 외교적 파장을 관리하면서 구조물

---

245) 기국주의(旗國主義)는 국제법상 선박이나 항공기가 게양한 국적(기국)에 따라 해당 선박이나 항공기에 대한 관할권을 결정하는 원칙이다. 즉, 공해상에 있는 선박이나 외국 영공을 비행하는 항공기의 경우, 해당 선박이나 항공기가 소속된 국가의 법률이 적용된다.

246) 조선일보, 2025-4-26

의 현존 상태를 고착화하려는 전략적 술수이다.

한·중 어업협정 위반은 아니지만 유엔해양법협약 위반이다. 어업협정은 어업에 국한하여 규정하고 있지만, 구조물 설치에 관한 규정은 따로 없다. 중국이 설치한 구조물은 해저를 굴착하고 그 위에 설치한 것이라 유엔해양법협약이 적용된다. 유엔해양법협약 제74조 제3항(EEZ)과 제83조 제3항(대륙붕)에 따르면 "관련 국가는 최종적 경계획정에 이르기 전까지 최종적 경계획정에 이르는 것을 위태롭게 하거나 방해해서는 안 될 법적 의무를 가진다." 특히 '경계 미 획정 구역'에서 해저에 물리적 손상을 주는 행위는 위법하다.

국제사법재판소의 1976년 그리스-터키 에게해 사건, 국제해양법재판소의 2004년 가이아나-수리남 사건, 2014년 가나-코트디부아르 사건에서 재판부는 "해양환경에 '물리적 손상'을 주는 시추 행위는 위법하다"고 판시한 바 있다. 즉, 구조물을 사용하는 탐사 및 개발, 현실적으로 자원을 획득하거나 이용하는 행위, 해양환경에 물리적 변경이 일어나는 활동 등이 금지되는 행위의 종류에 해당한다.

또한 중국의 행위는 유엔해양법협약의 '항행의 자유'를 침해한다. 해상에 구조물을 지어 자국 권익을 주장하는 건 중국의 상투적 수법으로 현상 변경을 시도하는 것이다.

나) 일본의 경우

중국은 남중국해에 인공섬을 만들고 비행장이나 거주 시설을 지어 실효 지배를 시도하거나, 동중국해에 가스전 개발 관련 구조물 혹은 부표를 설치해 일본과 대립하였다.

동중국해에 중국이 설치한 해상구조물 18개 중 하나(일본 방위성)

2000년부터 중국은 동중국해에서 가스전 탐사 및 개발을 위한 플랫폼, 시추 시설 등 구조물과 부표를 설치하고 운영하면서 일본과의 심각한 외교적, 정치적 마찰을 야기하고 있다. 가장 근본적인 원인은 양국 간 해양 경계가 획정되지 않았다는 점이다.

또한 동중국해 가스전 분쟁은 인근 센카쿠/댜오위다오를 둘러싼 영유권 분쟁과 밀접하게 연관되어 있다. 중국과 일본은 2008년 6월, 동중국해 가스전 공동개발에 관해 합의했다. 그러나 2010년 센카쿠 열도 인근에서 발생한 중국 어선과 일본 순시선 간 충돌 사건 이후 양국 관계가 급랭하면서 후속 협상이 중단되었고, 합의는 사실상 사문화되었다.

일본은 외교적 항의, 국제법 및 합의 준수 촉구, 정보 공개 등 국제 규범에 기반한 방식을 주로 사용하고 있지만, 중국의 일방적인 개발 활동을 실질적으로 저지하는 데는 한계가 있다. 중국의 구조물 건설은 일본의 항의에도 불구하고 지속적으로 이루어졌으며, 이는 일본이 중국과의 관계 악화나 군사적 긴장 고조를 감수하면서까지 더 강경한 조처를 하기 어려운 상황에 도달했음을 보여준다.[247] 일본은 중국의 가스전 개발 활동을 단순히 자원 문제로 국한하지 않고, 센카쿠/댜오위다오 주변에서의 활동이나 남중국해에서의 공세적인 행동과 연관 지어 중국의 전반적인 해양 팽창 전략의 일환으로 규정한다. 이는 가스전 문제를 더 넓은 안보적 맥락에서 다루면서 국내외적 지지를 확보하고, 중국의 행동이 지역 질서에 대한 도전임을 부각하려는 전략으로 이해된다.

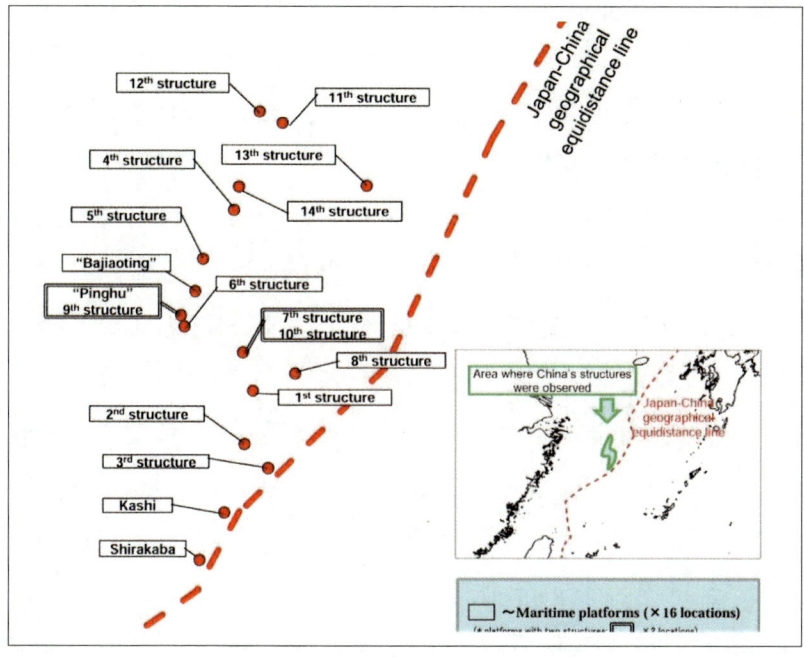

동중국해 중국 구조물 설치 현황(일본 방위성)

---

247) Jeffrey W. Hornung, "Get Ready: China-Japan Tensions Set to Flare over East China Sea", The National Interest, 2015-8-12

필리핀의 사례와 같이 외교적 해결, 법적 해결은 문제 해결에 도움이 되지 않는다. 베트남처럼 일전을 감수한다는 각오가 필요하며, 확고한 대응 태세 증진을 위해 해경을 포함해 해군·공군 협력 훈련을 강화하여 유사시 현장에서 단호히 대응해야 한다.

(4) 한국 군함에 대한 퇴거 요구

중국 군함이 서해 등 우리 관할 구역 안으로 들어오는 일도 증가하고 있다. 국방부가 2020년 공개한 '최근 5년간 주요 외국 군함의 한반도 인근 활동 현황'에 따르면, 중국 군함이 배타적 경제수역 등 잠정 등거리선을 넘어 한반도 인근에 출연한 횟수는 2016년부터 2019년까지 5년간 900회가 넘었다.[248]

중국은 서해를 내해화하려는 '서해 공정'에 나서고 있다. 남중국해에서 공세적으로 영역을 확장하며 미군의 진입을 차단하는 데 이어 서해에서도 해·공군 전력을 한국 쪽으로 점점 더 접근시키면서 활동 범위를 넓혀 서해를 중국의 앞마당으로 만들려는 전략이다. 중국은 동경 124도 서쪽 해역을 자국의 해상 작전구역(AO) 경계선으로 간주하고 있다. 중국이 지난 2013년 한국과 협의 없이 일방적으로 설정하였다. 그해 7월 우성리(吳勝利) 당시 중국 해군 사령관은 중국을 방문했던 최윤희 전 합참의장에게 "한국 해군은 이 선(동경 124도)을 넘어오지 말라"고 요구했다. 최 전 의장은 "동경 124도는 국제법상 공해이고, 북한의 잠수함이나 잠수정이 동경 124도를 넘어 우리 해역에 침투하기 때문에 이를 막기 위해 작전을 할 수밖에 없다"고 반박하였다. 해군 작전해역의 축소는 수도권 안보에 치명적이며, 해양 권익에 막대한 손실을 초래한다.

---

248) 조선일보, 2025-1-10

중국은 과거 동경 123도와 124도 중간에서 경비 작전을 하면서 의도적으로 한국 경비 해역 쪽으로 진입했던 것과는 달리, 2020년부터는 노골적으로 동경 124도 선을 넘어와 우리 군함이 적극 대응 중이나 수적 대응에 한계가 있다. 일례로, 2020년 12월 이후 중국해군 경비함이 동경 124도에서 동쪽으로 10km 이상 전진(백령도 서쪽으로 약 40km)해 경비 작전 수행 중이며, 중국은 해상 침범과 함께 2018~2020년까지 3년 동안, 중국 군용기가 서해 KADIZ도 60번 이상 침범하였다.[249]

또한 서해 공해에서 경비 작전 중인 우리 군함 및 해경 경비 선박에 대하여 중국 측의 퇴거 요구가 빈번하게 발생하고 있다. 마찬가지로 서해 및 남해를 포함한 동중국해에서 해양탐사를 하는 우리나라 해양조사 선박에 대하여 중국 측의 퇴거 요구도 발생하고 있다. 중국의 퇴거 요구는 국제법상 불법이다. 왜냐하면 유엔해양법협약에 따라 선박과 항공기는 공해는 물론 배타적 경제수역(EEZ)에서 항행의 자유를 향유하기 때문이다.

서해 어업수역은 동경 124도 선을 가상 경계선을 기준으로 획정되었다. 이러한 연유로 동경 124도 서방은 물론 동방에서 경비 중인 우리 군함에 대한 퇴거 요구가 이루어지고 있다. 그러나 현행 한중어업 협정상 잠정조치수역은 어업에 있어서 공동 어업수역일 뿐 선박의 항행에 있어서는 법적으로 배타적 경제수역(EEZ) 내지 공해에 해당하므로 선박과 항공기의 항행의 자유가 인정되는 구역이다. 한중 EEZ 경계획정 시까지 잠정조치수역은 공해이며, 양측 중간선은 등거리 기준으로 동경 123도 선임을 분명히 주장할 필요가 있다.

중국은 남중국해 필리핀, 베트남과 같은 약소국은 물론, 큰 갈등을

---

[249] 김덕기, "중국의 서해와 동중국해 내해화를 위한 군사 활동 증가와 한국의 대응 전략에 관한 소고", 한국해양안보논총, 제5권 제1호(2022년 6월), 18쪽

회피하고 싶은 미국을 상대로 회색지대 작전을 벌이고 있다. 해상민병대-중국 해경-중국 해군에 대응하는 '상황별 대처 요령'과 '교전규칙'을 수립해야 한다.

중국은 경제성장과 함께 공세적인 군사·외교 전략으로 아시아는 물론 미국과도 대립각을 세우고 있다. 2013년 동중국해에 방공식별구역(ADIZ)을 선포한 것이나, 남중국해에 인공섬을 구축하여 군사기지화하는 것, 반접근 지역 거부(AZAD) 전략의 일환인 도련선(Chain of Islands)을 구축하는 것은 이러한 의도를 여실히 보여주는 징표이다. 남중국해와 서해는 중국의 제1도련선 내에 있다. 이것은 서해가 중국이 지켜야 하는 바다가 되었음을 의미한다.

(5) 해저케이블 손상

전 세계 Data 통신의 99%는 485개의 해저케이블로 전송된다. 부산, 태안, 거제 등 해저케이블이 손상되면 한국은 데이터 암흑천지로 변하기 때문에 대비가 필요하다.

또한 정부가 추진 중인 '서해안 해저 전력 고속도로' 계획은 고의적인 손상 가능성을 고려하여 안보적 관점에서 접근해야 한다.

서해안 전력망로(산자부)

중국은 최근 수심 4,000M에서도 작업이 가능한 강력한 티타늄 심해 케이블 절단기를 개발한 것으로 알려졌다. 이 절단기는 민간 해양 구조 및 심해 자원 채굴을 목적으로 개발됐지만, 군사적으로도 활용할 수 있는 이중 용도 기술이라는 점에서 국제 사회의 우려를 자아내고 있다. 예컨대, 미국의 중국 견제를 위한 전략적 요충지인 태평양 괌 근처 심해 케이블이 끊기면 지정학적 위기 상황에서 글로벌 통신이 불안정해질 수 있는 것이다. 괌 기지는 미국 정부의 '인도-태평양 전략'의 핵심으로 구글을 포함한 10여 개의 군사 및 민간용 광케이블이 깔려있다.250)

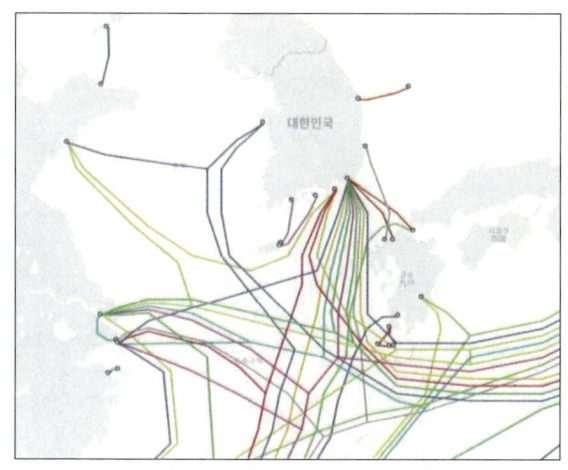

한국 해저케이블 지도(TeleGeography)

가) 핀란드-에스토니아 해저 전력케이블

2024년 12월, 핀란드(송전)와 에스토니아를 연결하는 해저 송전선 '에스트링크(Estlink)-2'에 흐르던 전기가 갑자기 뚝 끊겼다. 에스토니아-핀

---

250) 매일경제, 2025-3-26

란드 국경 간 용량이 1,016MW에서 358MW로 감소했다.

이어서 핀란드와 에스토니아, 독일 간 통신에도 추가로 장애가 발생했다. 해저 광케이블 4개가 절단되었다. 유조선 '이글 에스(Eagle S)'호가 송전선과 광케이블이 매립된 곳 부근을 지나갔다는 사실이 곧 확인됐다. 러시아의 원유 수출항 우스트루가에서 이날 오전 출항한 배였다.

핀란드는 이 배가 갈고리 닻으로 해저를 훑어 송전선과 케이블을 절단한 것으로 의심하고, 국경수비대를 동원해 나포했다. 핀란드 경찰이 승선해 수색한 결과, 배 안에서는 러시아의 정찰용 장비가 쏟아져 나왔다.[251]

나) 대만 해저케이블

2025년 1월 3일 대만 통신사 중화텔레콤이 대만 북부 지룽항 외해에 설치된 해저케이블이 훼손됐다고 대만 해경에 신고했고, 출동한 대만 해경 선박이 사고 해역에서 카메룬 선적의 화물선 순싱 39호(Shunxing 39)를 발견했다.

대만 정부는 순싱 39호의 소유주가 홍콩의 한 법인이며, 해당 법인의 등재 이사는 중국 본토 출신 인사 한 명뿐이었고, 선박자동식별장치(AIS)의 정보와 위성사진 등을 분석한 결과 해당 화물선이 2024년 12월 8일부터 대만 북부 해안 주변을 돌아다니는 행적이 있는 것을 고려할 때 고의로 닻을 내려 해저를 긁는 방식으로 해저케이블을 끊은 것으로 보고 있다.

하지만 대만 당국은 악천후 및 시간 경과로 현장에서 순싱 39호를 나포할 수 없어 1월 5일 대만 해안경비대 당국자가 순싱 39호의 다음 행선지인 부산항에 정박할 때 조사를 도와줄 것을 한국 정부에 요청했다.

---

251) 조선일보, 2025-1-10

러시아는 2022년 2월 우크라이나 침공 이전부터 북대서양 해저케이블 주변에서 활동하며 해저 기간시설에 상당한 관심을 보여왔다. 대만은 중국이 대만 침공을 앞두고 이러한 방안을 이용할 가능성이 높다며 해저케이블 훼손을 대만 봉쇄 전술로 활용할 수 있다고 경계한다.

(6) 중국 군용기의 영공침범

중국이나 러시아 전폭기가 독도 인근 KADIZ 공역을 비행하다가 독도나 울릉도 '영공'을 침범하면 격추할 수 있다. 영공은 한국의 '주권'이 '배타적'으로 적용되기 때문이다. 물론 사전 경고를 하면 좋겠지만, 경고 없는 격추도 적법한 주권 행사다. 2019년 7월 23일 독도 영공을 침범한 러시아 A-50 정찰기에 대해서 차단 기동과 함께 플레어를 투하하고 380발의 경고사격을 가하였다. 반면 KADIZ에서는 무력행사가 금지되지만, 조종사의 안전이 위태롭게 될 때 자위권 차원에서 무력을 행사할 수 있다.

(7) 이어도 관할권 문제

중국은 본토 지역이나 핵심 이익이 걸려있는 영토분쟁에서는 강경한 태도를 고수해 오고 있다. 그 핵심 지역이 대만해협, 인도와의 국경, 센카쿠열도, 남중국해·동중국해 해역과 도서이다. 한국은 중국과 서해 배타적 경제수역 획정을 못 하고 있다. 아직 갈등이 부각되고 있진 않지만, 이어도에 대한 중국의 입장을 경계할 필요가 있다.

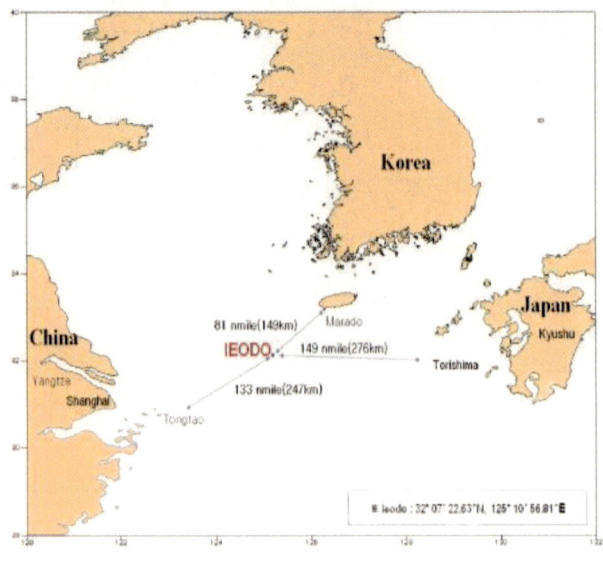

이어도 위치(KIOST)

  이어도는 마라도에서 149킬로미터 떨어진 곳에 있는 '수중 암초'로 중국은 쑤옌자오(蘇岩礁)로 부르고 있다. 2003년 설치된 이어도 해양과학기지는 우리나라 최초의 해양과학기지로 해양, 기상, 환경 등 종합 해양 관측을 수행하기 위해 설치되었다. 이어도는 고조 시는 물론 저조 시도 수면 위로 돌출하지 않는 수중 암초로서 영토의 주장이 불가능하다. 따라서 인공섬이나 해양구조물을 설치하더라도 영토로는 인정될 수 없고, 영해, 배타적 경제수역 또는 대륙붕의 경계 획정에 영향을 미치지 못한다. 다만 해양 구조물의 외연으로부터 500미터까지를 안전수역으로 설정할 수 있다. 이어도가 수중 암초로서 영유권 분쟁 대상이 되지 않음은 한중 모두 인정하고 있다.

  이어도 관할권은 한중 간 배타적 경제수역 경계 획정이 이루어졌을 때 이어도 수역이 어느 국가의 배타적 경제수역에 속하는 가에 따라 결정된다. 한국은 '중간선 원칙', 중국은 '육지의 자연 연장 원칙'에 따라 경계를 획정하고자 하여 쉽사리 합의가 안 되고 있다. 중국은 한·중 간 경계 획정에 적극적으로 나서기보다는 소극적으로 대처하며 현상 유지를 하는 지연 전략을 구사할 것이다. 원해 도서 지역을 둘러싼 영토 분쟁에서 중국이 추구해 온 목표는 해양 경계를 확보하는 것이다. 중국은 이 지역에서의 분쟁에 대해서는 강경하게 대처하여 관련 국가들과의 협력보다는 지연 전략을 선호하여 왔다. 특히 배타적 경제수역과 관련하여 자국의 가장 유리한 해결 방안이 도출될 때까지 분쟁의 근본적인 해결을 보유한 채로 기다린다.[252)]

이어도는 한중어업협정이 규정하고 있는 과도수역에서 벗어나 있는데, 주변 어장은 이미 중국 어선의 독무대가 되었다.

(8) THAAD 사태와 중국의 압박

주한 미군의 사드 배치 결정은 북한의 핵·미사일 위협이라는 직접적인 안보 도전과 에서 시작되었으나, 그 파장은 군사적 차원을 훨씬 넘어서는 것이었다. 사드 배치는 국내적으로는 부지 선정 과정에서의 격렬한 지역 주민 저항, 환경 및 건강 문제에 대한 루머 등 심각한 사회적 갈등을 유발했다. 국제적으로는 특히 중국의 강력한 반발과 전방위적인 경제 보복을 초래하여 한중 관계를 급랭시켰다.

중국이 반대하는 가장 핵심적인 이유는 사드 시스템의 핵심 구성 요소인 AN/TPY-2 X-밴드 레이더의 강력한 탐지 능력 때문이었다. 중국은 이 레이더가 전방 배치 모드로 운용될 경우, 탐지 거리가 한반도를 넘어 중국 영토 깊숙한 곳까지 미칠 수 있으며, 이를 통해 중국 인민해방군의 군사 활동, 특히 탄도미사일 발사 움직임을 조기에 탐지하여 자

---

252) 테일러 프레이벨(장성준 옮김), 『중국의 영토 분쟁』 김앤김북스(2021년), 356-357쪽

국의 핵 억제력을 무력화할 수 있다고 우려했다.

미국과 한국은 해당 레이더가 북한 미사일 요격을 위한 종말 모드로 운용될 것이며 탐지 거리가 제한적이라고 설명했지만, 중국은 이러한 해명을 신뢰하지 않았고, 레이더가 언제든지 모드를 전환하거나 방향을 변경하여 중국을 감시할 수 있다는 의구심을 거두지 않았다.

사드 배치 결정에 대한 중국의 대응은 강력한 외교적 항의와 함께 광범위한 비공식적 경제 보복 조치로 나타났다. 외교적으로는 결정 직후 주중 한국대사를 불러들여 항의하고, 한중 국방 고위급 대화를 중단했으며, 주요 외교 행사에서 의전 등급을 낮추는 등의 조치를 했다. 더욱 심각한 것은 2016년 하반기부터 본격화해 2017년에 최고조에 달했던 경제 보복이었다. 중국 정부는 공식적으로는 보복 조치를 부인하며 "중국 민중의 자발적인 불만 표출"이라고 주장했지만, 그 범위와 강도, 일관성을 볼 때 정부 차원의 개입이나 최소한 묵인이 있었다고 보는 것이 합리적이다.

홍콩을 포함한 대중국 수출 비중은 한국 대외무역의 31.8%, 외국인 관광객 45%를 차지할 정도로 중국 의존도가 높았다. 중국은 사드 사태 시 경제 제재를 통해 한국을 압박했다. 첫째 한국산 제품 통관·위생 검사 등 비관세 장벽 강화, 둘째 관광상품 중단과 비자 발급 지연 등 중국인 관광객 통제, 셋째 관영 언론 등을 활용한 불매운동과 한국기업 이미지 깎아내리기, 넷째 중국 진출 한국기업의 표적 단속을 통해서 압박하였다. 채권을 비롯한 한국 금융 시장에 진출한 중국 자본 철수 방안도 있었지만, 파급력이 워낙 커서 사용되지는 않았다.[253]

유통 부문(롯데마트 철수), 한류 콘텐츠 금지, 한국인 비자 발급 거부 및 지연, 중국 진출기업 철수가 제재의 대표적인 예다. 한국은행은 지

---

253) 최지원, 김흥규, "사드 도입 논쟁과 중국의 對韓 경제보복 가능성 검토", 아주대 중국정책연구소(2016)

난 2016년 7월 THAAD 배치 이후 발생한 중국의 경제 보복으로 관광 수입이 21조 원 넘게 줄어들었다고 평가한 바 있다.[254]

그러나 이러한 특정 분야의 심각한 피해에도 불구하고, 2017년 한중 전체 교역 규모는 오히려 증가했다는 점은 주목할 필요가 있다. 이는 중국의 경제 보복이 전면적이기보다는 매우 선별적이었음을 의미한다. 중국은 한국 경제 전체에 치명타를 가하기보다는, 여론에 민감하고 정부 통제가 용이한 특정 분야를 타격하여 정치적 압력을 극대화하는 전략을 사용한 것으로 보인다. 동시에 반도체 등 양국 경제에 깊숙이 연관된 핵심 산업의 공급망을 교란하는 것은 자국 경제에도 미칠 파장을 고려하여 자제했을 가능성이 높다.

3) 중국의 회색지대 전략

(1) 개요

2009년 미국 정보수집함 임팩커블호(USNS Impeccable) 사건에서 중국 해군, 해경, 해상민병대 간의 협력이 두드러졌다. 2012년 필리핀령이었던 스카보로 암초에 대한 물리적 통제권을 확보하기 위하여 중국은 해경, 해상민병대를 함께 동원하였다. 2014년 베트남 인근 파라셀 군도에서 중국은 하이양시유(Hai Yang Shi You) 981 시추 장비를 보호하기 위하여 해상민병대를 동원하였다. 요컨대, 중국은 해양 영역 확장을 위해 해상민병대를 이용하여 그레이존 작전을 적극적으로 이용하고 있다. 그레이존 작전은 마오쩌둥의 '인민 전쟁'을 해양에 적용한 것이다.

---

254) 서울경제, 2020-12-2

실제 무력 충돌·전쟁으로 확대되지 않을 정도의 저강도 도발로 안보 목표를 이루려는 군사 행동이다. 이를 위해 중국의 국가 총역량을 투입한다.

중국은 남중국해에서 준 군사력을 활용하여 전쟁과 평화 사이를 넘나드는 그레이존 전략을 구사함으로써 점진적으로 주도권 장악에 성공하였다. 남중국해 영유권 분쟁에서 중국은 다자간 협상을 배제하고 양자 협상을 선호하였다. 하지만 양자 협상도 영유권 분쟁 해결에 도움이 되지 않았다. 필리핀이 제소한 남중국해 분쟁에서 국제해양법재판소가 '구단선'이 해양법 협약에 어긋난다고 판결하자 중국은 중재 판결의 승복을 거부하였다.

남중국해와 대만 해협이 중국 회색지대 전략의 주요 무대였다면, 최근 서해는 새로운 회색지대 전선으로 부상하고 있다. 중국이 잠정조치 수역 내 구조물 설치, 해경을 동원한 대치 상황 유발, 한국의 정당한 해양 활동 방해 등 남중국해 등지에서 사용했던 유사한 전술을 서해에도 적용하기 시작한 정황이 뚜렷하다. 이는 서해의 특수한 법적 상황(잠정조치수역, EEZ 미획정)을 교묘히 이용하여 한국의 핵심 안보 이익에 직접적인 압박을 가하는 행위로 심각한 안보적 도전이 되고 있다.

(2) 해상민병대, 해경 동원 이유

동중국해와 남중국해에서 중국은 이 지역의 해양과 도서에 대한 통제를 강화하기 위하여 비군사적 강제력을 사용한다. 이를 통해 중국은 남중국해 여러 암초에 군사시설을 건설하면서 미국을 견제하기 시작하였다.

회색지대 전략의 목표는 비군사적 활동을 임계점 미만으로 유지함으로써 상대 국가에게 국제법에 따른 합법화된 보복 근거를 제공하지 않는 것이다. 이를 통해 상대 국가의 '한계'를 시험한다. 상대 국가가 제풀에 나가떨어지면 최상이고, 버티면 점차 강도를 올려 반응을 살펴본 후 다음 단계로 나아간다.

전술적 차원에서 그레이존 작전은 '캐비지(Cabbage) 전략' 또는 '캐비지(양배추) 전술'로 묘사된다. 한 지역을 여러 층의 보안망으로 포위하고 경쟁 상대의 접근을 거부한다. 캐비지 전술에는 많은 어선, 해경, 중국 군함이 분쟁 지역을 캐비지처럼 겹겹이 포위한다.[255]

(3) 해상민병대의 지위

중국 헌법 제55조에는 중화인민공화국 공민의 기본 권리와 의무가 명시되어 있다. "중국의 모든 공민은 조국을 수호하고 침략에 저항할 신성한 의무가 있다. 법에 따라 병역을 수행하고 민병대에 입대하는 것은 중화인민공화국 공민의 영광스러운 의무이다." 국방법 제22조는 "중화인민공화국은 중화인민해방군, 중화인민무력경찰, 민병대로 구성된다."고 규정한다.

민병대원이 실제로 부대에 동원되어 정규군으로 복무하거나 공연히 무기를 휴대하여 군사 작전을 수행하지 않는 경우, 모두를 군대의 구성원으로 전투원으로 판단하는 것은 문제의 소지가 있다. 그러나 이들이 중국 해군, 해경의 지시 또는 단독으로 활동하면서 적대행위를 하는 것이 입증될 때는 교전자가 될 수도 있다.

또한 해상민병대의 선박이 군함이라면 중국의 책임이 대두될 텐데, 이를 피하고자 중국은 '해상민병대'를 활용하여 회색지대 전략을 사용한다. 하지만 국가책임법 제5조에는 "개인이나 단체가 특정한 경우 그

---

255) 앤드류 에릭슨 & 라이언 마틴슨(곽대훈 옮김), 『중국의 해양 그레이존 작전』 박영사(2021), 200쪽

자격으로 행동하는 경우에 한하여 국제법에 따른 국가의 행위로 간주한다"라고 명시하고 있다. 따라서 개인이나 단체가 국가기관이 아닌 것으로 판단되더라도 해당 국가가 법률에 따라 국가를 대신하여 행동할 수 있는 권한을 부여한 상황에 해당되는 행위는 국가에 귀속될 수 있다.

중국이 해상민병대 소속 어선, 즉 준 군사력을 활용하여 외국 선박의 진로를 방해할 경우, 중국은 국제법적으로 잘못된 행위 또는 부작위에 대해서 책임을 갖는다. 해상에서 안전을 위해 '국제 해상충돌 예방 법규'와 유엔해양법협약은 기국의 감독 의무를 규정한다. 유엔 해양법 협약 제94조는 "모든 국가는 자국 국기를 게양하는 선박에 대해 행정적, 기술적, 사회적 문제에서 관할권과 통제를 효과적으로 행사해야 한다"라고 규정하고 있다. 따라서 중국은 자국 선박의 활동에 대해서 해상 안전에 대한 위협을 효과적으로 완화해야 할 책임을 지고 있다. 해양에서 위험한 행동에 대한 조사 결과 중국 어선의 위반행위가 입증되면 중국 정부는 관련자들에게 책임을 물어야 한다.

(4) 예상되는 시나리오

회색지대 활동은 본질적으로 전면전을 회피하려는 목적을 가지지만, 여러 요인에 의해 의도치 않게 또는 의도적으로 무력 분쟁으로 비화할 수 있다. 한중 간 잠재적인 분쟁 양상은 다음과 같다.

첫째, 제한적 국지 충돌이다. 서해 잠정조치수역이나 이어도 근해 등 분쟁 해역에서 해경 또는 해군 간의 제한적인 교전이나 비살상무기나 소규모 화력의 사용 가능성이 있다. 특히 중국 12,000톤급 대형 해경선의 물대포가 주로 사용할 될 것이다. 이를 통해 중국은 국지적 통제권을 확보하거나 한국의 의지를 시험하고자 할 것이다.

필리핀 선박에 대한 중국 해경의 물대포 공격
(Philippine Coast Guard)

중국 해경의 물대포 사용은 중국의 '회색지대(grey zone)' 전략의 핵심 요소이다. 이는 전면적인 군사적 충돌을 회피하면서도 물리력을 사용하여 상대방(주로 필리핀, 베트남)의 합법적인 해양 활동(보급, 순찰, 어업)을 방해하고, 자국의 해양 관할권을 기정사실로 하려는 전술적 목표를 가진다. 물대포는 비살상무기로 분류되어 군사적 대응의 명분을 약화하면서도 상대 선박에 상당한 피해를 주고 승조원에게 상처를 입힐 수 있는 효과적인 강압 수단으로 활용된다.

중국 해경은 1,000톤급 이상 대형 함정을 150척 이상 보유한 세계 최대 규모로 일본, 미국 등 주요 해양 국가들의 해안 경비 전력을 압도한다. 특히 '괴물 함선'으로 불리는 1만 톤급 자오터우(Zhaotou)급 순시선을 포함한 대형 함정들은 76mm 함포, 대함 미사일(일부 함정), 그리고 강력한 물대포를 탑재하여 상당한 물리적 압박 능력을 갖추고 있다. 또한 중국 해경은 해상민병대와 연계 작전을 통해 분쟁 해역에서 수적으로 우위를 점하며 상대 선박을 에워싸거나 항로를 차단하고, 때로는 충돌을 감행하며, 정보 수집 및 감시 활동을 수행한다.

중국의 회색지대 전술에 효과적으로 대응하기 위한 명확한 대응 교리와 작전 절차를 개발해야 한다. 여기에는 물대포와 같은 비살상무기 대응 방안, 호위 작전 수행 기준, 정보전 및 법률전 대응 등이 포함된다.

둘째, 확대된 국지전이다. 예상되는 위험은 지속적인 대치와 강압 속에서 발생하는 오판이나 우발적 사고이다. 물대포 오발, 선박 충돌로 인한 심각한 인명 피해나 침몰 등이 발생할 경우, 이는 정치적 결단을 유발하여 군사적 대응으로 이어질 수 있다. 서해 또는 동중국해에서 해군과 공군 자산이 동원되는 비교적 광범위한 충돌과 해상 봉쇄 시도, 제한적인 군사 목표(함정, 항공기, 레이더 기지 등) 타격 가능성이 있다. 중국이 한국의 기를 꺾기 위한 중간급 무력행사일 것이다. 중국은 속전속결을 통해 서해 내해화의 기정사실화 시도를 노릴 것으로 보인다. 한국이 서해에서 한번 쫓겨나면 다시는 못 들어간다. 정부는 국면별 대처방안을 수립하고, 자위권 행사 차원의 교전규칙을 준비해야 한다.

셋째, 가능성은 낮지만, 전면전의 가능성도 있다. 회색지대 전략 자체는 전면전을 피하려 하지만, 심각한 오판이나 대만 침공과 같은 대규모 지정학적 위기 상황과 연계될 경우, 다수의 영역(해상, 공중, 육상, 사이버, 우주)에서 재래식 및 비대칭 전력이 총동원되는 전면전으로 확산할 가능성도 있다.

(5) 대책

첫째 공식적인 대화를 통해 중국 정부에 불법적인 행동에 대한 구체적인 우려 사항을 전달해야 한다. 이러한 대화에는 양국 정부의 여러 기관이 단일 포럼에 포함되도록 진행해야 한다. 복수의 기관이 대화에 참여하면 중국 정부가 대화에 참여하지 않은 기관에 대한 첩보를 부인하거나 책임을 전가하려는 위험을 완화할 수 있다. 그러나 대화에 큰 기대를 안 하는 것이 상책이다.

둘째, 유엔 안전보장이사회, UN 해양법협약 당사국 회의, 국제해사기구(IMO)와 같은 다자간 포럼에서 중국의 해상민병대 사건과 행동 패턴에 대하여 의견을 교환하고 법적인 우려를 공유해야 한다. 특히 미국, 일본, 호주 등 우방국과 공동 대응해야 한다.

셋째, 중국의 해상민병대의 공격적인 행동으로부터 방어를 사전에 준비해야 한다. 이러한 사전 준비에는 교전규칙뿐만 아니라 효과적인 퇴치 능력도 포함된다.[256]

(6) 사례 1: 일본의 대응

중국이 센카쿠 인근에서 그레이존 작전을 확대함에 따라 일본도 일본 해상보안청 법 집행에 초점을 둔 거부 정책을 입안하였다. 아울러 일본 남부 열도 주변에 억제력을 강화하기 시작하였다. 2010년 일본 국방 계획지침에 '그레이존'이라는 용어를 처음 도입한 후 일본은 안보 강화를 위한 제반 조처를 하고 있다. 일본은 이미 중국이 레드 라인을 회피하면서 현상 유지에 대한 점진적인 하위 임계점을 변경하고 있는 시도를 인식하고 있다.

일본의 경우를 고려할 때, 한반도 주변 해역에서 중국이 그레이존 작전을 펼칠 경우를 다음과 같이 상정해 볼 수 있다.

첫째 서해 경비 구역에서 경비 중인 해군 군함, 해경 선박 등에 대하

---

256) Id, 73-74쪽

여 '해상민병대'를 이용한 퇴거 요구이다. 이 경우 세밀한 작전지침과 교전규칙이 준비되어야 한다. 현장 지휘관이 판단하기에는 어려우므로 사전에 대응 지침이 준비되어야 한다. 청와대 국가안전보장회의뿐만 아니라 외교부, 국방부, 해수부, 국정원 등 유관기관이 모두 참여할 필요가 있다.

둘째 서해 중첩 지역에서 우리 측 해양조사선에 대한 퇴거 요구에 대하여 해군과 해경의 지원 체계를 구축해야 한다.

셋째 이어도 해양과학 기지가 위치한 수중 암초에 대한 영유권 주장에 대비해야 한다. 본래 수중 암초는 영유권 주장에 해당되지 않지만, 중국의 터무니없는 주장에 대비할 필요가 있다. 결국 한반도 주변 해역에서 항해의 자유를 지키는 것이 우리 국익에 부합하므로 미국 일본 등 우방국과 연대할 필요가 있다.

남중국해 상황에서와 같이 중국이 일단 점유했던 해양과 영토를 원상 복귀시키는 것은 거의 불가능하다. 따라서 중국의 일방적인 시도에 신속하고 강력한 대응을 해야 한다.

(7) 사례 2: 베트남과 필리핀의 대응

2014년 5월 중국이 초대형 석유 시추 시설 HYSY-981을 시사 군도에 있는 베트남 배타적 경제수역에 기습적으로 설치하여 탐사시추를 실시하였던 사건이 있다. 당시 베트남 정부는 주권 침해라고 강력히 항의하며 29척의 연안경비대 및 어업자원감시국 선박을 현장에 급파하여 중국 시추선의 퇴거를 요구했지만, 약 140척에 달하는 중국 선박으로부터 충돌, 물대포 살수 등으로 인하여 베트남 어선 1척이 침몰하고 다수의 부상자가 발생하였다. 이러한 사실이 언론을 통해 보도되자, 5월 11일~12일 하노이(Hanoi)에 있는 베트남 주재 중국대사관 주변에 수백 명의 시민들이 대규모 시위를 벌였다. 이러한 대규모 시위는 공산당이 통제하고 있는 사회주의 국가인 베트남에서는 유례가 없는 것이었다. 5월 13일에는 베트남 전역에 중국을 규탄하는 시위가 일어났는데, 이 시위가 폭력시위로 변질되면서 중국인 6명이 살해당하는 사태가 발생하자 중국 정부는 베트남 정부에 강하게 항의하고 베트남을 여행 경고지역으로 지정하였다.[257]

7월 15일 중국 정부는 작업완료를 이유로 예정된 작업 일정보다 1개월 당겨 시추선을 철수함으로써 교착상태가 해소되었다. 베트남의 필사적인 대응에 중국도 교훈을 얻었다. 베트남은 중국이 자국의 배타적 경계수역에서 석유 탐사를 할 경우에는 어떤 일이 벌어지는지를 여실히 보여주었고, 중국은 재차 같은 시도를 하지 않았다.

필리핀이 점령하고 있던 스카버러 산호초의 경우는 베트남과 반대의 결과를 가져왔다. 중국은 해양관리국 주도로 해상민병대의 활동을 통해 스카버러 산호초를 점유하였다. 필리핀은 '법과 동맹' 중심 전략으로 대응하였지만, 결국 스카버러 산호초를 중국에 넘겨 주었다. 스카버러 사건은 필리핀이 중국을 상대로 협상으로 해결할 수 없고, 미국과 같은 우방국도 도와줄 수 없다는 현실적인 자각을 가져왔다. 이러한 자각은 약소국이 강대국을 상대할 수 있는 유일한 호소인 국제법에 따른 해결 방안에 이르게 되었다. 그러나 중국은 중재 법정의 결정을 무시하였다.

필리핀의 온건한 대응과 달리 베트남은 중국에 강력한 항의를 하였다. 베트남은 과거 프랑스와 미국 등 강대국의 침략을 물리친 경험과 저력을 가지고, 일찍이 시사 군도(西沙群島)를 둘러싸고 중국과 해전을 벌인 바 있다. 또한 1979년 베트남은 캄보디아를 지원하고 있던 중국의

---

257) CSIS, "Counter-Coercion Series: China-Vietnam Oil Rig Standoff", https://amti.csis.org/counter-co-oil-rig-standoff/

침공에 맞서 북부 국경 지역 전투에서 압도적인 규모의 중국군을 격퇴한 경험이 있다.258) 이 차이가 중국이 베트남에서 한 걸음 물러나는 형국을 가져온 것이다.

그렇다면 중국은 왜 베트남 수역에 HYSY-981을 보냈을까? 첫째, 중국은 아시아를 중국의 무대로 삼기 위해 저강도 도발을 통해 주변국과 미국의 반응을 미리 떠 보는 것이다. HYSY-981 해양 위기가 발생하자, 미국을 포함하여 여러 국가로부터 '도발적인 행위를 자제하라는 메시지'를 전달받았지만 그뿐이라는 것을 중국은 확인하였다. 둘째, 일본이나 필리핀과 달리 베트남은 미국과 동맹 관계에 있지 않기 때문에 비교적 다루기 쉬운 상대이며, 베트남을 잘 알고 있는 중국으로서는 사태의 완급 조절에 베트남만 한 상대가 없다는 것을 잘 인식하고 있다는 것이다.259)

아울러 이러한 중국의 조치는 남중국해 장악을 위한 '점진적 현상 변경전략'의 일환에 해당한다.260)

2014년 중국 시추선 사건은 국력이 월등한 중국을 자극하지 않는 범위 내에서, 베트남의 주권이 훼손될 때 베트남은 중국에 대항할 수 있다는 것을 보여준 것으로 평가된다.261) 특히나 베트남은 중국의 퇴거를 요구하기 위해 파견한 선박에 외국인 취재단을 동승시켜 전 세계를 상대로 홍보전을 통해 중국의 불법성을 부각함으로써 베트남에 우호적인 여론을 조성하였다.262)

---

258) Miles Maochun Yu, "The 1979 Sino-Vietnamese War and Its Consequences", 2022-12-20, Hoover Institute.
259) Paul J. Leaf, "Learning From China's Oil Rig Standoff With Vietnam", The Diplomat(August 30, 2014)
260) Robert Haddick, "Salami Slicing in the South China Sea", Foreign Policy(August 3, 2012)
261) Thayer, Carlyle. "Vietnam's Strategy of Cooperating and Struggling with China over Maritime Disputes in the South China Sea", Journal of Asian Security and International Affairs, vol.3(2), 2016, pp.212-213.
262) Id. pp.212-213.

2014년 중국의 초대형 석유 시추 시설 HYSY-981 설치에 대한 항의 시에도 베트남 응웬 떵 중(Nguyen Tan Dung) 베트남 수상은 다른 국가들과 동맹을 맺지 않는 것이 베트남의 일관된 정책이라고 강조하였다. 그러나 베트남은 공식적인 동맹조약을 체결하지는 않더라도 역외 강대국과 비공식적이고 느슨한 형태의 포괄적이고 전략적 동반자 관계 구축이 자국의 이익에 부합한다는 것을 인식하게 되었다.

3. 일본

1) 일본의 안보 전략과 자위권

(1) 개요

 제2차 세계대전 패전 이후 평화헌법 제9조의 제약에 따라 '전수방위(專守防衛)' 원칙을 유지해 왔던 일본의 안보 정책은 중대한 변화를 겪고 있다. 이는 북한의 핵·미사일 위협 고도화, 중국의 급격한 군사력 팽창과 해양 진출 강화, 러시아의 우크라이나 침공 등 주변 안보 환경의 급변에 대한 인식에서 비롯되었다.
 아베 신조 내각 이후 일본은 '평화주의'의 재해석을 통해 보다 '적극적' 안보 역할을 추구하는 방향으로 선회하였다. 이는 '보통 국가'를 지향하며 자위대의 역할과 능력을 확대하려는 움직임으로 나타났다.
 2014년 일본 정부는 각의(내각) 결정을 통해 헌법 해석을 변경하여, 자국과 밀접한 관계에 있는 타국에 대한 무력 공격이 발생하여 '일본의 존립이 위협받고 국민의 권리가 근저로부터 뒤집힐 명백한 위험이 있는 경우(존립 위기 사태)' 등 엄격한 조건에서 집단적 자위권을 행사할 수 있도록 했다. 이는 2015년 관련 안보 법제 개정을 통해 법적으로 뒷받침되었다.

2022년 12월, 일본 정부는 안보 3문서(국가안전보장전략 등) 개정을 통해 적의 미사일 기지 등을 공격할 수 있는 '반격 능력' 보유를 공식화했다. 이는 일본에 대한 무력 공격이 발생했을 경우, 미사일 방어만으로는 충분히 막기 어렵다고 판단될 때, '무력행사 3 요건' (① 일본 존립 위협 ② 다른 수단 부재 ③ 필요 최소한도) 하에서 상대방의 미사일 발사 기지 등을 타격할 수 있는 능력을 의미한다. 이는 순수한 방어 목적이며 선제공격은 허용되지 않음을 명시했다. 이를 위해 미국산 토마호크 순항 미사일 도입, 자국산 12식 지대함 유도탄 개량 등 장거리 타격 능력 확보에 나서고 있다.

이러한 정책 변화는 미일 동맹 강화와 긴밀히 연계되어 추진되고 있다. 2015년 미일 방위협력 지침 개정을 통해 자위대의 활동 범위가 지구적 차원으로 확대되었고, 우주·사이버 영역까지 협력이 강화되었다. 또한 방위 예산을 대폭 증액하고, 방위 산업 육성 및 장비 수출 규제 완화도 추진하고 있다.

일본은 주변 안보 환경 변화에 대응하여 과거의 제약적인 안보 정책에서 벗어나 자위대의 역할과 능력을 실질적으로 확대하는 방향으로 나아가고 있다. 집단적 자위권 행사 용인과 반격 능력 보유는 이러한 변화의 핵심적인 상징이다. 이는 일본의 억제력 강화에 기여할 수 있지만, 동시에 평화헌법의 유명무실화, 군비 경쟁 촉발, 주변국과의 긴장 고조 등 다양한 우려와 논란을 야기하고 있다.

(2) 일본 안보 환경의 변화

섬나라인 일본은 대표적인 무역 국가로서 '해로 보호'와 '연안 방어'가 핵심 군사전략이었다. 특히 냉전기 구소련의 태평양 진출을 차단하기 위한 대잠전과 기뢰전 능력은 세계 최고 수준이다. 4개 호위대군(Escort Flotilla)으로 구성된 해상자위대 호위함대는 일본의 해로 보호를, 5개 지방대는 일본 연안 방어가 주 임무이다. 호위대군은 한국의 기동 전단, 지방대는 한국의 1, 2, 3함대에 해당한다.

해상자위대(JSDF)

일본 호위대군은 '8함 8기 체제'로도 불리며 구축함 8척과 대잠헬기 8대로 편성되어 '신 88함대'로도 부른다. 각 호위대군은 경항모로 개조할 수 있는 헬기항모 호위함 1척, 이지스 구축함 2척, 일반 구축함 5척으로 구성되고, 이지스 구축함은 SM-3 Bloc-II 유효사거리 1,500km(최대 2,500)의 고고도 요격미사일을 탑재하고 있다. SM-3 미사일은 미국 레이시온사와 미쓰비시 중공업이 공동 개발하였다.

해상자위대는 4개 호위대군, 5개 지방대 외에도 2개 잠수함 함대(신형 잠수함 22척), 소해대군, 7개의 해군항공단으로 구성된다. 향후 호위함대

체계는 수상함대로 재편된다. 해상자위대 해상전력을 통합해서, 중국의 팽창을 저지하고 주변국 군사력에 대응하기 위해 항모강습단을 즉시 구성할 수 있는 체계로 바뀐다.

중국의 견제를 위해 미국-일본 동맹의 활동이 인도와 아시아로 확대되면서 일본 자위대의 활동도 급격히 확장되고 있다. 일본의 관심은 1980년대 구소련의 견제를 위한 전수방위에서, 1990년대 이후 중국 견제를 위해 동중국해와 남중국해로 관심 범위가 확장되고 제해권 확보를 위해 인도-태평양으로 더 확장되었다. 구소련의 대외 팽창 정책에 대항해 일본은 '1,000해리 해상교통로 방위'와 '3 해협 봉쇄'를 안보 중점으로 다뤘다. 1980년대 일본은 대미 무역수지 흑자로 인한 미국과 마찰을 줄이기 위해 대잠초계기 P-3C 100대를 도입하기도 하였다.

일본 자위대의 활동 범위가 확장된 것에는 몇 가지 계기가 있었다. 첫째, 1990년 걸프전쟁 때 미국은 일본이 연합국 일원으로 참전하기를 희망하였지만, 일본은 헌법상 제약으로 파병하지 못하고 대신 전쟁 비용 130억 불을 제공하였다. 이에 대하여 서방에서는 수표 외교, 안보 무임승차국이라는 비난을 하였다. 둘째 2001년 9·11 사태를 계기로 일본은 호위함대, 보급함 전력을 중동으로 파견하고 미국에 대해 해상급유를 하는 등 활동 범위를 확대하였다. 셋째 1990년 중반 이후 북한의 계속되는 탄도미사일 발사는 일본의 대탄도 미사일 방어망 확충에 계기가 되었다.

결정적으로 중국의 부상에 일본은 '원거리 도서 방위 및 탈환' 전략을 세우고, 해상교통로 보호범위를 인도·태평양으로 확대하였다. 인도·태평양에서의 해상교통로 방위를 위해 미국의 핵심 파트너로서 제해권 확보에 동참한 것이다. 전후 자위대 최초로 지부티(Republic of Djibouti)에 해외 기지를 확보하고, 2016년부터 매년 인도·태평양 해역으로 해상자위대 함정을 장기간 파견하여 남중국해, 인도양 연안국들과의 연합 훈련 및 전략적 기항을 적극적으로 실시하고 있다. 결국 일본의 해상교통로 방위 전략은 시간상으로는 유사시에서 평시로, 지리적으로는 일본 주변 해역 및 아시아·태평양에서 중동 해역을 포함하는 인도·태평양으로 확대되었다.[263]

일본은 오키나와 남단인 미야코섬, 센카쿠 제도가 코앞인 이시가키섬에 장거리 미사일 배치하였다. 센카쿠에서 150km 거리 일본 최서단 요나구니섬(與那國島)에는 육상자위대 레이더를 설치하여 운영 중이고, 오키나와 나하(那覇) 제5항공단에 P-1, P-3 해상초계기를 추가 전개하였다. 오키나와 나하에 남서항공방면대 제9항공단을 배치하여 운용 중이며, 이곳에 F-15J 전투기 1개 대대, 고정식 지상레이더 및 패트리어트를 운용하고 있다. 일본식 반접근/영역 거부(A2/AD) 전략인 셈이다.

(3) 일본의 국가전략

보통 미일 관계는 코너스톤(주춧돌), 한미 관계는 린치핀(핵심축)이라고 부른다. 미국이 언급하는 미일 동맹은 인도-태평양이라는 넓은 지역에서의 평화와 안보와 직결된 의미이고, 한미동맹은 동북아라는 비교적 좁은 지역에서의 안정과 안보를 담보하고 있어서, 미국에게 일본은 한국보다 훨씬 중요한 동맹이다.

2010년 미·중 갈등이 시작된 이래, 일본은 미국의 동맹으로서 충실한 역할을 하기 시작하였다. 2012년에는 센카쿠 열도를 국유화하고, 2015년 미국 주도의 다국적 '항해의 자유 작전'에도 적극 참여 중이다.

개정된 국가전략은 중국을 북한과 러시아보다 먼저 다루면서 "유사 이래 최대의 전략적 도전"으로 규정하였다. 일본은 중국의 해·공군력 증강

---

263) 배준형, "일본의 해양전략과 해상자위대 전력운용 변화 분석", 한일군사문화연구, 제36권(2022), 19쪽

과 현상 변경적 대외정책 확대, 러시아의 우크라이나 침공, 북한의 핵·미사일 능력 증강 등에 의해 국제 안보 정세가 '전후 가장 엄중한 환경'에 처하게 되었다고 인식한다. 이 같은 엄중한 안보 환경에 대응하여 일본 전략서들은 3가지 전략적 어프로치, 즉 일본의 국력과 방위력 강화, 미일 동맹 강화, 우호 국가들과의 제휴 등을 심화하겠다는 방침을 세웠다.

이 가운데 가장 역점을 둔 부분은 일본의 방어 체제 및 방위 능력 강화와 관련한 것이다. 그 세부 항목의 하나로 상대 국가가 탄도미사일 등을 사용하여 일본에 무력 공격을 가할 경우, 장거리 미사일을 이용한 반격 능력 보유를 최초로 명시하였다.

이를 구현하기 위해 향후 육상자위대는 기존에 운용하던 12식 지대함 미사일 사거리를 180km에서 1,000km로 늘리고, 미국으로부터 사정거리 1,250km의 토마호크 미사일을 도입하여 해상자위대 호위함에 탑재하고, 사정거리 900km의 노르웨이제 공대지 미사일을 획득한다는 계획을 추진하였다.

그 외에 통합 방공미사일 체제 구축, 무인 무기체계의 구축, 우주 및 사이버 등을 망라한 영역 횡단 작전 능력 강화 방침도 표명하였다. 소요되는 방위비 확보를 위해 향후 5년간 방위 예산을 기존의 5조 엔에서 8.9조 엔 수준으로 증대한다는 계획도 제시하였다. 또 일본의 안보 체제 변화와 관련된 내용도 포함되었는데, 육해공 자위대를 지휘하는 통합사령부를 신설하고, 유사시 국토교통성 예하의 해상보안청을 방위성이 지휘하게 된다.[264]

일본은 2020년 미국-일본-호주-인도 4개국의 쿼드(QUAD)에 참여하였고, 2022년 일본-호주 신안보 공동선언을 하였다. 2023년에는 한미일

---

[264] 박영준, "일본제국 전쟁사에 비추어본 21세기 일본의 안보전략 평가", 동북아역사리포트, vol.62(2024), 6-7쪽

안보 협력체 및 미국, 일본, 필리핀 협력체제를 출범하여 중국의 대항 세력을 구축하였다.

반면 대한민국은 북한에만 초점을 맞추어 이러한 국제적인 흐름에서 벗어난 좁은 행보만을 거듭하고 있다. 중국을 지나치게 의식해 향후 아시아 안보 협력 체제에서 소외될 위험성이 있음을 인식하고 향후 더욱 적극적인 행보를 걸어야 한다.

(4) 일본 핵농축 및 재처리, 미사일 개발

가) 미일 원자력협정 개정(1988)

전후 일본의 체제는 평화헌법과 미일안보조약에 바탕을 두고 있다. 요시다 노선은 비핵 3원칙, 무기 수출 3원칙, 우주의 평화적 이용, 해외 파병 금지, GDP 대비 방위비 1% 제한, 집단적 자위권의 불인정, 전수방위 등 제한적 방위 정책을 토대로 안보는 미국에 기대며 경제 발전에 매진하였다. 그 결과 일본 내부에서 자성의 목소리가 커졌다.

요시다 시게루(吉田茂) 전 총리가 일본 경제발전의 토대를 닦았다면, 나카소네 야스히로(中曽根 康弘) 전 총리는 전후 행정개혁과 미일 정상 유대를 통해 양국 관계를 동반자 관계로 구축했던 일본의 외교·안보 설계자였다. 나카소네는 경제 중심 소극적 외교에 머물렀던 요시다 체제를 탈피하여 국제주의적 일본을 지향하였다.[265] 나카소네는 자주국방론, 헌법개정 등 '전후 체제의 극복'을 주장하면서 적극적 미일 협조주의를 표방하였다. 이를 통해 1987년 미·일 원자력협정을 개정하여 재처리와 농축 권한을 확보하였다.

1970년대 후반, 일본은 핵연료 자급자족 권리를 주장하며 미국에 재

---

265) 최희식, "전후 일본 외교에서 나카소네 외교의 의미", 일본공간 제23호(2018), 261-262쪽.

처리 사전 동의를 반복적으로 요청했다. 당시 많은 과학자는 플루토늄을 연료로 사용하는 고속증식로가 원자력의 미래라고 믿었으며, 일본 역시 이러한 전망 하에 도카이무라 재처리 시설 건설을 추진하고 있었다. 그러나 당시 지미 카터 행정부(1977-1981)는 핵확산 우려를 이유로 재처리에 강력히 반대했다. 카터 대통령은 1977년 미국 내 상업적 재처리를 금지했으며, 플루토늄 재활용을 불필요하고 위험한 것으로 간주했다. 그런데도 카터 행정부는 일본의 에너지 안보 필요성을 인정하고, 플루토늄 분리를 제한하는 등 특정 조건으로 도카이무라(東海村) 시설 가동을 결국 허용했다.

상황은 로널드 레이건 행정부가 들어서면서 극적으로 변화했다. 레이건 행정부는 일본의 재처리 구상에 대해 훨씬 우호적인 태도를 보였다. 특히 마이크 맨스필드(Michael J. Mansfield) 주일 미국 대사는 재처리 제한이 미일 관계의 "가시"라며 동맹 강화를 위해 이를 제거해야 한다고 강력히 주장했다. 레이건 대통령은 일본과 같은 신뢰할 수 있는 동맹국의 재처리는 비확산 목표와 양립 가능하다고 보았다. 1982년 레이건 대통령은 국가안보 결정 지침(NSDD) 39호에 서명하여, 일본과의 재처리 및 플루토늄 이용 문제에 대한 협상 개시를 지시했다. 이 협상의 핵심 목표는 미국의 사전 동의권에 대한 예측 가능한 정책을 수립하는 것이었다. 협상은 애초 1년 내 타결을 목표로 했으나, 실제로는 5년이라는 긴 시간이 소요되었다. 이 기간에 미국 내부에서는 핵확산 위험과 동맹 관리 및 일본 에너지 안보 지원 사이에서 격렬한 논쟁이 벌어졌다.

긴 협상 끝에 1987년 타결되어 1988년 7월 17일 발효된 개정 협정은, 일본에게 전례 없는 장기적이고 포괄적인 '사전 동의' 권한을 부여했다. 이는 미국산 핵연료를 해외는 물론 향후 건설될 롯카쇼와 같은 국내 시설에서 재처리하는 것을 포괄적으로 허용하는 것이었다. 이 협정은 30년 기한으로 자동 연장되도록 규정되었다.

카터 행정부의 엄격한 비확산 정책에서 레이건 행정부의 유연한 접근으로의 전환은 결정적이었다. 이는 단순히 기술적 문제를 넘어선 미국 전략 우선순위의 변화를 반영한다. 즉, 플루토늄 관련 내재적 위험과 일부 반대에도 불구하고, 신뢰할 수 있는 동맹인 일본과의 관계 강화 및 에너지 안보 지원이라는 정치·전략적 고려가 일반적인 비확산 우려보다 더 중요하게 작용한 것이다. 또한, 당초 예상보다 훨씬 길어진 5년의 협상 기간은 미국 내 상당한 이견과 복잡한 협상 과정을 시사한다. NSDD 39호가 사전 동의 부여를 일본의 다른 비확산 협력 강화와 연계했던 점을 고려할 때, 최종 합의는 단순히 재처리 문제뿐 아니라 다른 현안들과의 연계를 포함한 치열한 외교적 타협의 산물이었을 가능성이 높다. 이는 미국 정부 내 깊은 견해차와 양국 모두에게 걸린 높은 이해관계를 반영한다.

미국이 동 협정 개정을 동의해 준 이유는 정확히 알 수 없다. 양상훈 조선일보 주필은 "나카소네는 1985년 자발적으로 일본 엔화를 대폭 절상하는 '플라자 합의'에 서명한다. 미국 경제를 위하고 일본 경제에 타격을 주는 합의다. 여러 국제적 환경이 있었겠지만, 필자는 이 양보에 미·일 원자력협정을 개정하려는 나카소네의 포석도 들어 있었다고 생각한다. …… 이 합의가 이뤄지자, 나카소네는 이틀 뒤 총리직을 사임했다. 국가를 위한 30여 년 사명을 완수한 이상 그에게 총리직은 더 이상 의미가 없었을 것이다. 현재 일본은 플루토늄을 30t 확보하고 있다. 핵무기를 5,000개 만들 분량이다. 핵무기를 단 3개월 만에 만들 기술도 갖고 있다. 고체연료 위성 로켓으로 ICBM 기술을 얻었고 우주 광물을 가지고 온다는 명분으로 탄두 대기권 재진입 실험도 성공했다."라고 적고 있다.[266]

---

266) 조선일보, 2019-12-12

미국은 소련의 팽창을 억제하고 동아시아 지역에서의 영향력을 유지하기 위해 일본과의 안보 협력을 강화하는 동시에, 경제적으로는 일본의 급성장에 따른 무역 불균형 문제를 해결해야 하는 상황에 직면했다. 이러한 복잡한 국제 정세 속에서 미일 원자력 협정과 플라자 합의가 이루어진 것이다. 미일 원자력협정은 미일 양국의 상호 신뢰와 국익 조화, 그리고 전략적 협력을 바탕으로 체결된 협정이다.

나) 미사일

1955년 로켓 독자개발 이후 일본은 우주발사체 또는 관측 로켓이라는 명목으로 계속적으로 '고체로켓'을 발사해 왔다. 이토카와 히데오(系川英夫) 전 도쿄대 교수를 중심으로 1955년의 펜슬로켓 성공이 Baby, α, K, Σ, Λ, M-series로 이어지는 고체로켓 개발로 이어졌으며, 이로 인한 군사적 기술 발전과 확산을 막고자 미국이 액체로켓 기술 제공을 제안하여, 일본의 우주개발을 미국의 통제 속에 두고자 하였다. 일본은 더욱 대형의 탑재체 발사가 가능하고, 이로 인한 우주 개발의 상업적 발전 및 이용이 가능하다는 산업계의 주장과 당시 오키나와 반환을 갈망한 사토 에이사쿠(佐藤栄作) 총리의 정치적 결단이 미국의 제안을 수락하게 된 배경이었다.[267] 이를 계기로 일본의 로켓 기술은 다시 비약적으로 발전했다. 액체로켓이 없던 일본은 1단에 미국 'MB-3엔진'을 장착한 'N-1'로켓을 개발, 1975년 9월 첫 발사에 성공하며 액체로켓의 시대를 열었다. 'H-1' 로켓에선 2단에 독자개발 액체 엔진을 장착했고, 1994년 2월엔 1단 엔진까지 100% 국산화에 성공한 'H-2' 로켓을 발사하며 확고부동한 우주 선진국 대열에 오른다.[268]

---

267) 최우영, "일본 우주개발의 안보강화에 대한 고찰", 한국항공우주학회 2013년 학술발표회 초록집, 1165쪽
268) 한국일보, 2022-12-9

2014년 12월 3일 일본은 두 번째 소행성 탐사선 '하야부사(隼, 송골매) 2'를 일본 우주항공 연구기구(JAXA)[269]와 미쓰비시(三菱) 중공업이 공동 개발한 로켓 H2A(26호기)에 실어 발사하기에 이르렀다. 지구에서 약 3억 4천만km 떨어진 소행성 류구에 접근해 '터치 앤 고(touch and go) 방식', 금속탄환으로 웅덩이를 만든 뒤 표면 아래 내부 물질을 채취하는 데 성공했다. 이미 '하야부사 1'이 이토카와에 도착하는 것 자체를 두고 "날아가는 총알을, 총으로 쏴서 맞추는 것"에 비유할 정도로 엄청난 기술이라는 평가를 받았다. 하야부사2는 소행성 샘플을 지구로 떨어뜨리고 또 다른 탐사를 위해 우주로 떠났다. 샘플을 담은 용기는 대기권의 거친 환경을 뚫고 호주 사막에 안착하였다. 일본의 기술력은 미국, 유럽연합보다 10년 이상 앞서 있는 것으로 평가된다. 핵무기 보유국이 가진 모든 기술력과 기반을 갖추고 있다. 일본은 원자력선 '무츠(むつ)' 운용 경험을 토대로 핵추진잠수함 보유도 항시 가능하다.

일본 H-3 발사(JAXA)

---

269) JAXA: Japan Aerospace eXploration Agency

미일 우주 협력을 보며 타산지석의 교훈으로 삼아야 하는 점은 첫째, 우리 나름의 연구 개발을 통해 로켓 기술을 어느 정도 확보해 놓아야 협상력을 높일 수 있다는 점이다. 둘째, 미국과의 협상은 투 트랙(two-track) 즉, 정부 간 레벨의 협상과 기업 간 협력이 동시에 진행되어야 성과를 얻는다는 점이다. 미국의 기술 이전 시스템은 정부가 허가한다고 해서 다 되는 것이 아니라 기업이 협력해야 가능하다. 반대로 기업 간의 협의가 이루어졌다 해도 정부가 반대하면 아무 소용이 없다는 점이다.[270]

(5) 일본의 자위권 확대

가) 보통 국가화

일본의 자위권 정책은 제2차 세계대전 패전 이후 헌법 제9조라는 평화주의적 이상과 변화하는 안보 현실 사이의 끊임없는 긴장 관계 속에서 진화해 왔다. 초기에는 자기방어 전쟁조차 포기한다는 극히 제한적인 해석에서 출발했으나, 냉전의 도래와 미일 동맹 체결을 거치며 '필요 최소한도의 실력' 보유를 인정하는 방향으로 점차 변화해 왔다. 자위대는 이러한 해석을 바탕으로 창설되어 점진적으로 능력을 강화해 왔다.

탈냉전 이후 국제 공헌 요구 증대와 9·11 테러 등 새로운 안보 위협 등장은 유엔평화유지활동(PKO) 참여, 후방 지원 활동 등 자위대의 활동 범위를 해외로 넓히는 계기가 되었다. 특히 2010년대 이후 중국의 부상과 북한의 핵·미사일 위협 심화는 일본 안보 정책의 근본적인 전환을 가져왔다. 2014년 집단적 자위권 행사 용인을 위한 헌법 해석 변경과 2015년 평화 안전법제 제정, 그리고 2022년 반격 능력 보유 명기와

---

270) 김경민, 『김경민 교수 북핵, 일본핵을 말하다』 가나북스(2013), 272-273쪽

방위비 대폭 증액 결정은 이러한 변화를 보여준다.

이는 미일 동맹 강화라는 틀 안에서 미국의 요구와 일본의 자체적인 필요성이 결합한 결과이며, 동시에 '보통 국가'를 지향하는 일본 내 보수 정치 세력의 오랜 염원이 반영된 것이기도 하다. 그러나 헌법 제9조의 평화주의 정신을 중시하는 국내 여론과 정치 세력의 반발 또한 만만치 않아, 자위권 확대와 헌법 개정을 둘러싼 논쟁은 여전히 현재 진행형이다.

향후 일본은 방위력 강화와 미일 동맹 심화를 지속적으로 추진할 것으로 예상된다. 헌법 개정 시도는 계속되겠지만, 그 성공 여부는 불확실하다. 일본의 이러한 움직임은 동아시아의 안보 지형을 바꾸고 있으며, 주변국과의 관계 및 지역 안정에 복합적인 영향을 미칠 것이다. 일본이 앞으로 자국의 안보 역할을 어떻게 설정하고 주변국 및 동맹국과 어떤 관계를 맺어갈지는 향후 동아시아 및 국제 안보 질서의 향방을 가늠하는 중요한 변수가 될 것이다.

나) 집단적 자위권

집단적 자위권은 동맹국이 군사 공격을 받게 되면 이를 자국에 대한 공격으로 간주하여 반격에 나서는 국가의 권리이다. 일본 헌법 제9조는 전쟁과 무력행사를 영구히 포기하며, 교전권을 부인하고 있다. 종전 후, 일본은 직접 공격받는 경우에만 자위권 행사를 허용하고, 동맹국이 공격받는 경우 집단적 자위권은 허용하지 않는 것으로 해석하여 왔다.

2006년 7월 5일 북한이 대포동 2호 등 탄도미사일을 동해에 발사하고 2006년 10월 9일 핵 실험을 하자, 미일 동맹은 한층 강화되었고 집단적 자위권과 헌법 개정 논의가 박차를 가하게 되었다.[271]

---

271) 오동룡, 『일본 방위 정책 70년과 게이단렌 파워』 곰시(2016), 71쪽

2014년 7월 1일 일본 정부는 "일본과 밀접한 관계에 있는 나라에 무력 공격이 발생해 일본의 존립이 위협받고, 국민에게 명백한 위험이 있는 경우 '최소한의 실력행사'는 헌법상 허용된다"는 평화헌법 해석 변경을 통해 집단적 자위권 행사의 근거를 마련했다. 집단적 자위권 행사가 가능하도록 하였지만, 필요 최소 한도의 실력 행사로 제한된다는 점에서 종래의 전수방위 원칙은 계승된 것이다.[272] 그러나 일본 정부의 주관적 판단에 따라 집단적 자위권에 의한 무력행사의 가능성은 상당히 높다.[273] 2015년 9월 일본은 집단적 자위권 행사를 규정한 '안보법제'를 완성하였다.

무력 사용이 제한되었던 패전 국가에서 '보통 국가'의 길로 가고 있다. 일본의 집단적 자위권 용인에 대하여 피해 경험이 있는 한국에서는 부정적 인식이 강하다. 그러나 일본 내 주일미군기지를 활용하지 않고서는 한국의 안보를 보장할 수 없다는 측면에서 일본의 집단적 자위권 용인은 한국에게 이중적 측면을 갖는다.[274] 한반도 유사시 한국의 방어를 지원하기 위해 투입되는 미군의 증원 전력은 육해공군 및 해병대를 포함하여 병력 69만여 명, 함정 160여 척, 항공기 2,000여 대에 이른다. 이러한 대규모 증원 전력이 원활하게 한국에 투입되기 위해서는 일본의 협조가 필수적이다. 따라서 일본이 집단적 자위권 행사를 해금하여 미군에 대한 지원을 강화하고 지원의 대상을 미군 이외에 한국을 비롯한 여타 국가로 포함한 것은 북한에 대한 억지력을 강화하고 한국의 안보적 이익에 부합하는 효과가 있다.[275]

---

272) 박철희 외, 『일본의 집단적 자위권 도입과 한반도』 서울대 출판문화원(2016), 121쪽
273) Id. 184쪽
274) Id. 9쪽
275) Id. 180-181쪽

일본의 집단적 자위권 용인으로 중국의 대만 침공, 북한의 침공에 대하여 일본의 해외파병은 계속 금지되지만, 집단적 자위권의 제한적 행사에 따라 타국 영역에서의 무력행사로 기뢰 제거와 적기지 공격은 허용된다는 것이다.[276] 2022년 12월 16일, 일본은 3대 안보 문서(국가안전보장전략, 국가 방위 전략, 방위력 정비 계획)를 개정해 적국에 대한 '미사일 선제공격'을 의미하는 군사적 반격 능력 부여를 공식화하였다.

한편 일본의 헌법 해석 변경을 통한 집단적 자위권 인정은 일본 자위대가 한반도 유사시 한국 정부의 동의 없이 북한 지역에 진입할 수 있다는 주장이 제기되면서, 한국의 주권 침해 가능성에 대한 논란이 일었다. 우리 정부는 동의 없이 일본의 진입은 불가능하다고 밝혔지만, 나카타니 겐(中谷 元) 당시 일본 방위상은 북한에 진입할 때 한국의 동의가 필요한 것은 아니라고 주장하기도 하였다.[277]

일본의 자위권 확대는 미일 동맹을 공고히 하는 효과를 가지는 동시에, 중일 간 전략적 경쟁을 심화시키고 주변국들의 안보 불안을 증대시키는 양면성을 지닌다. 일본이 동맹 강화를 통해 억지력을 높이려는 시도가 역설적으로 지역 전체의 불안정성을 심화시킬 위험을 내포하고 있다. 미국과의 동맹 강화라는 틀 내에서 추진되는 일본의 안보 정책 변화는 중국에게는 직접적인 위협으로 인식되어 안보 딜레마를 격화시키고, 한국 등 다른 역내 국가들은 일본의 군사력 증강 자체와 미·중 간 잠재적 충돌 가능성 모두에 대해 우려하는 복잡한 상황에 놓이게 된다.

---

276) Id. 123쪽
277) 세계일보, 2015-10-21

(6) 한국전쟁과 일본의 역할

일본 시코쿠 다카마스시(高松市)에는 종전 후 소해 작업 중 순직한 70여 명의 소해 순직자 추모비가 있다. 비문은 '요시다 시게루' 당시 일본 총리가 썼다. 그중 추모비 명단 중 한 명은 한국전쟁에서 소해 작업 중 전사한 '나카타니 사카타로(中谷 板太郞)'이다.

한국전쟁 중 미국의 요청으로, 일본은 군사 지원 작전의 일환인 소해 작업 뿐만 아니라 탄약 생산 등 병참기지로서 역할을 충실히 수행하였다. 당시 소련 등 공산권의 반발로 일본의 참전은 비밀리에 이루어졌다. 원산, 진남포, 해주에서 소해 작업이 주로 수행되었다. 당시 일본 소해정은 산업 시설을 뜻하는 기(E-flag)를 게양하였다. 이는 군함이 아니라는 의미다.

한국전쟁 시 미국의 요구를 충실히 수행한 일본은 1951년 9월8일 샌프란시스코 강화조약에서 주권과 독립을 되찾고, 그날 오후에는 미일 안보조약을 체결하에 본격적인 서방 세계로의 첫발을 내딛게 되었다. 마고사키 우케루(孫崎 享) 전 일본 외교관은 일본이 유엔 참전국 16개국에 이은 17번째 참전국이라고 평가하였다.

사실 일본은 인천상륙작전에도 관여하여 한국전쟁의 판도를 바꾸는 데 크게 일조하였다. 한반도 지형에 정통했던 일본 육군과 해군 장교 출신들은 미군의 전략지도 작성에 참여하였다. 제공된 해도에는 인천항에 이르는 상세한 항로와 인천항의 정보가 수록되었다. 또한 인천상륙작전에 후쿠주 호(Fukuju Maru, 福寿丸) 등 6척의 일본 화물선이 투입되었다.

유엔사 후방 기지는 한반도 유사시 증원되는 병력과 물자가 일본에 있는 유엔사 기지를 통해 들어오며, 이를 위해 유엔군 사령부가 일본 정부에 단순한 '통지'를 통해 전쟁 수행을 지원할 수 있다는 점에서 매우 중요하다.[278] 다시 한반도에 전쟁이 발발할 때 미국과 일본의 지원 없이 생존할 수 있을까?

2) 한일 갈등 현안

(1) 한일 관계

한국과 일본은 동북아시아 지역의 주요 우호 국가로서 지정학적 위치와 경제적 상호 의존성을 고려할 때 안보 및 경제 협력은 필수적이다. 일본은 1965년 한일 국교 정상화 당시 청구권 자금으로 한국에 5억 달러 경제원조(무상 3억, 유상 2억)와 민간 차관 3억 달러의 원조를 제공하였다. 당시 일본 외환보유고는 20억 달러였다. 일본의 원조로 포항제철, 경부고속도로, 소양댐 등 근대화 작업이 이루어졌다. 특히 포항제철은 일본 야하타 제철(현 新日鐵住金)을 중심으로 일본 철강사들의 기술지원에 크게 힘입었다.[279]

한국 경제는 역사적으로 두 차례에 걸친 일본 자금의 대규모 도입이 결정적인 계기로 작용하여 두 차례의 격렬한 공업화 과정을 통해 경제적 도약을 이루었다. 첫 번째 도약은 1930년대에서 40년대 전반에 걸친 약 15년간의 식민지하에서의 1단계 공업화 과정이라면, 두 번째 그것은 60년대 70년대 약 20년간 박정희 시대에 전개된 일본 자본, 기술의 대량 도입에 의한 2단계 공업화 과정이었다. 두 차례의 후기 산업혁명을 통해 경제적 기적을 이루었다.[280]

---

278) 김동욱, 『한반도 안보와 국제법』 195쪽
279) 구로다 가쓰히로, 『누가 역사를 왜곡하는가?』 7분의 언덕(2022), 129-137쪽
280) 이대근, 『귀속재산연구: 식민지 유산과 한국 경제의 진로』 이숲(2019), 603쪽

미국 전략국제문제연구소의 빅터 차(Victor Cha)는 한국과 일본이 서로 군사동맹을 맺고 있지는 않지만, 미국을 공동의 동맹국으로 하는 유사동맹이라고도 하였다. 특히 한일 안보 관계는 냉전기부터 미국이 주도하는 양자 동맹 체제의 일부로 발전해 왔다. 그러나 역사적, 정치적 이슈로 인해 양국 관계는 지속적인 갈등과 마찰을 겪고 있다. 특히 독도, 과거사 문제는 한국 안보에 직접적인 영향을 미치는 중요한 요소이다.

한일 양국은 갈등 해결을 위한 적극적인 노력을 기울여야 하며, 상호 신뢰를 바탕으로 안보 및 경제 분야에서 협력 관계를 강화해야 한다. 미래지향적인 관점에서 역사 문제를 해결하고, 공동의 이익을 위한 협력을 통해 한일 관계를 발전시켜 나가는 것이 한국 안보와 동북아시아 평화를 위해 필수적이다. 특히, 북한의 핵·미사일 위협, 미·중 갈등 심화 등 급변하는 안보 환경 속에서 한일 양국은 과거의 갈등을 극복하고 협력을 강화해야 한다. 이는 양국 국민의 안전과 번영을 위한 필수적인 선택이며, 동북아시아 지역의 평화와 안정에 크게 기여한다.

(2) 독도

가) 독도는 섬이 아니다

2016년 필리핀이 중국을 상대로 제소한 남중국해 분쟁에 대하여 국제중재 법정(PCA)은 중요한 판정을 내렸다. 국제중재 법정 남사군도에서 가장 큰 지형으로 현재 대만이 점유하고 있는 태평도(Itu Aba)를 유엔해양법협약 제123조 제3항 상 '섬'으로서의 요건을 충족시키지 못한다고 하면서, 그보다 작은 개별 지형은 모두 '암석(rock)[281]' 또는 '간조

---

281) 섬(island)과 암석(rock)은 모두 바다 위에 솟아 있는 자연적인 지형이지만, 국제법상 섬은 인간이 거주할 수 있거나 독자적인 경제활동을 유지할 수 있는 곳이고, 암석은 그렇지 못한 곳으로 구별된다. (유엔해양법협약 제121조 3항)

노출지(LTE)²⁸²'로 판단했다. 이러한 기준에 따르면 독도는 태평도보다 작고 인간의 거주에 적합하지 않으므로 암석으로 분류된다. 향후 한일 간 배타적 경제수역 획정은 울릉도와 오키도를 기점으로 합의하면 된다. 한국과 일본 간 독도로 둘러싼 갈등이 줄어들 수 있다. 혹자는 독도의 영유권은 한국이 가지고 주변 해역은 한일 공동으로 개발하자는 의견을 제시하고 있다.

한국과 일본은 민주주의 국가이다. 따라서 민주 평화 이론에 따르면 한일 간 독도를 둘러싸고 전쟁까지 갈 가능성은 거의 없다. 그런데 영토 문제는 민족주의와 결합하여 휘발성이 강한 사안이다. 1982년 영국-아르헨티나 포클랜드 전쟁과 같이 전면전이 아닌 제한전이 벌어질 가능성이 있다. 독도 영유권과 관련하여 일본은 사법적 해결을 선호하고 한국 정부는 현상 유지를 선호한다. 한일 양국 모두 현상 변경을 원하는 쪽은 없다. 다만 독도를 둘러싼 갈등 상황은 조성될 수 있다. 원만한 외교 협력이 필수적이다.

나) 일본은 독도를 공격할 것인가?

일본 육상자위대 간부학교 교관 출신인 다카이 사부로(高井三郞) 씨는 "다케시마 폭격 작전은 가능한가?"에서 일본이 독도에 대한 기습 작전을 통해 간단히 독도를 접수할 수 있다고 하였다.²⁸³⁾ 이에 한국이 대응 차원에서 대마도를 공격할 가능성을 염두에 두고, 대마도와 이키섬에 대한 경비 병력을 증강해야 한다는 의견을 제시하였다.

먼저 일본의 독도 공격에는 규슈(九州)나 혼슈(本州)에서 발진하는 F-2

---

282) 간조 노출지(Low-tide elevation)는 썰물 때 드러나고 밀물 때 잠기는 지형을 말한다. 간조 노출지는 그 일부 지역이 본토나 섬으로부터 영해의 폭을 넘지 아니하는 거리에 위치하는 경우 영해기선으로 설정할 수 있다. 하지만 간조 노출지는 직선기선의 기점으로는 사용할 수 없다.

283) 高井三郞, "考察 : 竹島奪回, 対馬防衛作戦 竹島砲爆撃作戦は可能か?", 軍事研究 3月号(2009)

기 4기가 탑재하는 JDAM 12발로 충분할 것으로 보았다. 이와 함께 F-15J 전투기 40기는 한국 공군을 제압하고, 전자전기 4기는 한반도 일대, 연안 및 공중에 있는 한국군 레이더를 무력화시킨다. 폭격이 끝나면 특수부대가 잠수함을 통해 상륙한다.

다카이 사부로는 "한국이 대마도를 공격해 정치적 교환을 노릴 가능성이 있다"라고 주장했다. "한국군은 AH-1 무장헬기로 대마도의 자위대 주둔 시설을 파괴하고, 동시에 수송 헬기 CH-47 5기에 분승한 특수부대원들이 공항을 접수한다. 또한 한국의 F-16 전투기는 서일본 일대의 해군 기지, 미사일 기지, 레이더 시설을 폭격한다. 그 직후 포항과 진해의 해병대 600여 명과 탱크 70여 대가 대마도에 상륙한다"고 지적하고 있다. 따라서 1개 중대가 방어하고 있는 대마도에 지상군 병력을 여단 규모로 늘려야 한다고 주장했다.

2018년 일본은 사세보(佐世保) 기지에 육상자위대 소속 일본판 해병대인 수륙기동단을 창설했다. 사실 일본이 독도를 침공할 가능성은 매우 낮다. 논자에 따라서는 일본이 만일 독도를 침공할 경우, 중국에게 센카쿠에 대한 귀중한 선례를 제공하게 될 것이므로 일본의 독도 침공 가능성을 일축하기도 한다. 유엔헌장에 따르더라도 무력행사와 무력 사용 위협은 국제법상 불법으로 규정되어 있다. 하지만 국가의 생존은 만의 하나라는 가능성에도 대비해야 할 필요는 있다. 참고로 한국은 매년 해군 제1함대 사령관 주관으로 '동해 영토 수호 훈련'을 실시하고 있다.

다) 일본이 독도를 공격하면 미일 안보 조약은 적용되나?

미일안보조약 제5조는 "각 체약국은 일본국 시정하에 있는 영역 내에서 일방에 대한 무력 공격이 자국의 평화와 안정을 위협한다고 인식할 경우, 헌법상의 규정과 절차에 따라 공통의 위협에 대처하고자 행동한다."고 규정하고 있다. 독도와 북방 영토는 '일본의 시정하'에 있지 않다. 따라서 미일안보조약 제5조가 적용되지 않아 미군은 방위 의무를 지지 않는다. 쉽게 얘기하면 독도는 한국 영토이기 때문에 분쟁이 발생해도 미국은 개입하지 않는다는 것이다.

그럼, 한미 상호 방위 조약을 체결하고 있는 한국 지원을 위하여 미군이 개입할 것인가? 결론적으로 말하면 개입하지 않는다. 한미상호방위조약 제3조는 "각 당사국은 타 당사국의 행정 지배하에 있는 영토와 각 당사국이 타 당사국의 행정 지배하에 합법적으로 들어갔다고 인정하는 금후의 영토에 있어서 타 당사국에 대한 태평양 지역에 있어서의 무력 공격을 자국의 평화와 안전을 위태롭게 하는 것이라 인정하고 공통한 위험에 대처하기 위하여 각자의 헌법상의 수속에 따라 행동할 것을 선언한다."고 규정한다. 일본, 한국과 각각 상호방위조약을 맺고 있는 미국의 입장에서는 비록 독도가 한국의 영토라고 하지만, 헌법상 수속에 따라 미국 의회는 미일 동맹 관계를 감안하여 개입을 거부할 것이다.

오바마 미국 대통령과 클린턴 국무장관의 발언과 같이 "미국은 센카쿠 분쟁에 개입할 것이다"라는 언급은 어떤가? 2004년 3월 24일 엘레리 국무부 부공보관의 설명은 다음과 같다. "첫째, 1972년 오키나와 반환 이래 센카쿠 열도는 일본 관할이다. 1960년 미일안보조약 제5조는 일본 관할에 적용된다고 적고 있으며, 따라서 제5조는 센카쿠 열도에 적용된다. 둘째 센카쿠 주권은 분쟁 중이다. 미국은 최종적인 주권 문제에 개입하지 않는다." 결국 센카쿠 열도가 미일안보조약의 대상이라는 것과 센카쿠 열도에서 군사 분쟁 시 미군이 출동한다는 것은 같은 의미가 아니라는 것이다.[284]

---

284) 마고사키 우케루(양기호 옮김), 『일본의 영토』 메디치미디어(2012), 167쪽

(3) 광개토대왕함 사통레이더 작동 사건

가) 파장

2018년 12월 20일, 동해 상공에서 광개토대왕함(DDH-971)과 일본 해상자위대 P-1 해상초계기 사이에 발생한 근접 조우 및 레이더 관련 논란은 한일 양국 간 심각한 외교적, 군사적 긴장을 유발했다. 비록 무기 발사 등 직접적인 무력 충돌은 없었으나, 이 사건은 이후 수년간 양국 국방 교류를 중단시키는 등 한일 관계에 깊은 악영향을 미쳤다.

이 사건 발생 전 2018년 10월 제주 국제 관함식에서 욱일기(旭日旗) 논란이 불거졌다. 같은 해 10월 30일, 한국 대법원은 일제 강점기 강제동원 피해자들에 대한 일본 기업의 손해배상 책임을 인정하는 판결을 내렸다. 일본 정부는 이 판결이 1965년 한일청구권협정으로 최종 해결된 사안이라며 강력히 반발했고, 이는 이후 일본의 경제 보복 조치로 이어지는 직접적인 계기가 되었다. 화해·치유재단 해산[285] 등 일련의 외교적 마찰은 이미 양국 간 불신이 최고조에 달한 상태였다.

이 사건은 단순히 군사적 조우를 넘어선 복합적인 의미가 있다. 첫째, 사건은 당시 악화 일로를 걷던 한일 관계를 더 경색시키고 국방 당국 간 신뢰를 훼손하며 필수적인 군사 협력 채널을 장기간 마비시켰다. 둘째, 사건의 발발과 전개 과정은 양국 간 뿌리 깊은 역사 인식 문제와 정치적 불신이 안보 현안에 어떻게 투영되는지를 보여주는 사례가 되었다. 셋째, 해상에서의 우발적 조우 시 국제적으로 합의된 행동 규범(CUES)의 해석과 적용, 그리고 역내 해양 안보 질서 유지에 대한 과제를 제기했다. 특히, 2024년에 이르러 양국이 사건의 진실 규명보다는 재발

---

285) 2018년 11월 21일, 문재인 정부는 2015년 위안부 합의에 따라 설립되었던 '화해·치유재단'의 해산을 공식 발표했다.

방지에 초점을 맞춰 국방 교류 정상화에 합의한 점은, 사건 자체의 해결보다는 전략적 관계 관리의 우선순위 변화를 시사한다.

나) 사건 경위

2018년 12월 20일 독도 동북방 160km 부근 한국 방공식별구역 외곽(일본 방공식별구역)인 대화퇴어장 인근 공해에서 북한 선박의 구조를 위해 광개토대왕함과 해경 5001함(삼봉호)이 출동하였다. 이 지역은 한일어업협정 상 중간수역에 속하는 공해이자 일본 방공식별구역(JADIZ)에 해당하는 구역이다. 따라서 일본의 해상 초계기가 이 지역을 초계하는 것은 법적으로 문제없다. 하지만 구조 작업 중 일본 해상자위대 소속 P-1(대잠초계기) 1대가 광개토대왕함과 삼봉함을 향해 거리 500m, 고도 150m로 접근하였다. 이 과정에서 일본 측은 한국 측이 사격통제 레이더 STIR-180를 수 분간 지속해서 조사하였다고 주장하여 논란이 촉발되었다.

광개토대왕함 위치(저자 작성)

참고로 기존 P-3C 초계기의 노후화로, 2007년 일본 가와사키 중공업이 제작한 P-1 차기 해상초계기는 잠수함 탐지 능력이 향상된 신형 음향체계 및 레이더 시스템을 탑재하였고, 일본산 4발 터보제트 엔진을 달아 항속거리가 배가되었다. 특히 P-1 초계기는 기존 P-3C 기종에 없었던 잠수함의 어뢰 발사관 개폐음 등 미세한 음성 신호를 탐지할 수 있는 장치도 갖추고 있다.[286]

한일 양측 주장의 요체는, 만약 양국 간 군사적 긴장이 고조되었다면 한일 방공식별구역에서 부대 자위권에 근거한 무력 대응이 발발할 수 있는 상황이었고, 원인 제공자는 상대국이라는 것이다. 이와 관련하여 일본 산케이 신문은 12월 21일 일본 방위성 관계자의 발언을 인용해, 레이더 조준이 무기사용 직전의 위협적인 행위라고 지적하면서, 레이더를 맞은 초계기 쪽이 공격해도 국제법상 문제가 없는 사안이며 미군이라면 즉시 격침했을 사안이라고 보도하였다. 한국 국방부도 해당 사건에서는 이미 피아식별장비(IFF)로 우방국 항공기임을 확인한 상태였기 때문에 한국 군함이 부대 자위권을 행사하지 않았지만, 만약 미식별 항공기가 그와 같이 저공 위협 비행을 하였다면 자위권적 조처를 하였을 것이라고 하였다.[287]

국방부가 2010년 발간한 전쟁법 해설서에 따르면 "우군에 대한 무력의 임박한 사용 위협", 예컨대 "화력 발사 위치로 이동하는 경우, 사격 준비를 하는 경우, 기뢰를 부설하는 경우 등 수중 미식별 잠수함이 사격 준비를 하고 있다고 판단될 때, 수중 미식별 잠수함이 화력 발사 위치로 이동하는 경우, 어뢰 발사구를 여는 경우, 군용 항공기가 상대방에게 레이더를 조준, 미사일을 발사할 듯한 태도를 취하는 경우" 적대

---

286) 오동룡, 『일본자위대』 곰시(2019), 207쪽
287) 정민정, "한국 군함 사격통제레이더의 일 초계기 조준 여부 공방에 관한 법적 쟁점과 대응방안", 중앙법학, 제21집 제4호(2019), 356쪽

의도로 보고 있다.[288]

한일 양국이 자유민주주의를 추구하는 우호 국가이고 안보협력 관계를 유지하고 있기 때문에, 실제로 한일 양국이 적대 의도를 내세워 '부대 자위권'을 행사할 가능성은 없다고 볼 수 있다. 그러나 이러한 해프닝은 문재인 정부 당시 한일 관계가 얼마나 악화해 있는지를 단적으로 보여주는 예이다.

문재인 정부는 이 사건을 계기로 낮은 고도로 근접 비행하는 일본 해상초계기에 대해 현장 지휘관이 추적 레이더를 쏘는 등 적극적으로 대응하라는 지침을 만들었다. 그런데 이 지침은 한국방공식별구역(KADIZ)을 끊임없이 무단진입하는 중국이나 영공을 침범했던 러시아에겐 적용되지 않고 유독 일본에만 적용되는 것이어서 문제가 되었다.[289]

이 내용이 언론을 통해 보도된 이후, 일본과 한국의 시민단체들은 두 가지의 가설을 두고 논의했다. 하나는 북한 김정은의 답방에 목을 매고 있던 터에 이를 성사하기 위해 모종의 남북 간 불법 거래가 공해상에서 이루어지고 있지 않았나 하는 것이다. 다른 하나는 북한을 탈출한 북한 선박을 한국 군함과 해경이 나포하여 북한에 인계하려 했다는 것이었다.

북한 선박과 승조원을 북송했다고 밝힌 당시 조명균 통일부 장관의 발표문에서도 확인되었다시피, '광개토대왕함'과 '삼봉호' 사이에 있던 북한 선박에는 4명이 타고 있었고, 그중 1명은 이미 사망한 상태였으며 모두 남성이었다. 여기에 덧붙여 조난 신호 자체가 없었던 배의 위치와 정체를 한국 측이 어떻게 알게 되었는가에 대해 일본은 지금도 의구심

---

288) 국방부, 『전쟁법해설서』 2010, 111-112쪽
289) 중앙일보, 2022-8-18

을 가지고 있다. 심지어 일본의 한 시민단체는 해군 '광개토대왕함'까지 출동한 이유가 무엇인지 의문을 표시하면서 해군과 해경을 동시에 움직일 수 있는 곳은 당시 한국의 청와대밖에 없다고 주장하였다.[290]

다) 사실관계 분석

"South Korean navy ship. South Korean navy ship. Hull number 971. Hull number 971. This is Japan navy. This is Japan navy. We observed that your FC antenna is directed to us. What is the purpose of your act? over."

"한국 군함. 한국 군함. 함 번호 971, 함 번호 971, 여기는 일본 해상자위대, 여기는 일본 해상자위대, 우리는 귀측 사통 레이더가 우리를 향하고 있음을 관측하였다. 그러한 행동의 목적은 무엇인가? 이상."(방위성 공식 유투브)

해상자위대 초계기 P1에서 바라본 광개토대왕함(JSDF)

---

290) 월간조선, 2022년 9월호

사건 이후에 나온 국방부 내부의 입장은 다음과 같다. "무선 상태가 양호하지 못했고 기상이 좋지 않았으며, 자신들이 아닌 해경 삼봉호에 보내는 무전이라 생각하고 응답하지 않았다." 그리고 3회나 국제 주파수를 바꿔가며 보내는 일본 초계기에 아무런 답변을 하지 않은 것은, 의도적인 회피이지 다른 탓을 할 사안은 아니라는 것이 일반적인 상식이다.[291]

한국 국방부 설명에 따르면 한국 측은 해상 수색용 레이더를 운용 중이었다. 만약 일본 측이 탐지한 레이더가 그 해상 수색 레이더였다고 한다면 일본 초계기가 앞서 2회 근접 비행을 했을 때, 그때 레이더 감지가 울려야 했다. 그리고 레이더 감지는 계속돼야 했다. 감지가 되다가 말다가 하지 말아야 하는 것이다.

그런데 일본 측 영상을 보면 초계기가 우리 함정에 가까이 있을 때는 레이더 탐지가 안 되다가 근접 비행을 모두 마치고 이격 상승 중일 때 레이더가 탐지된다. 그리고 다시 레이더 감지가 멈췄다가 잠시 후 다시 감지되기 시작한다. 일본 측이 해상 수색용 레이더(MW-08) 전파를 맞은 것이 아니라 사격 관제용 레이더(STIR-180)에 조준당했다고 의심하는 대목이 바로 여기인 것으로 보인다. 해상 수색 레이더 전파였다면 근접 비행 때부터 시작해서 레이더 감지가 지속돼야 했기 때문이다.

왜 우리 해군은 일본 측의 무선 교신 시도에 대해 응신을 안 한 것일까? 일본 측 영상을 보면 당시 현장에서 일본이 세 개의 주파수 대역을 이용해 각 2회씩, 총 6회의 교신 시도를 하는 장면이 나온다. 이 세 개의 주파수 대역은, 순서대로 VHF 121.5 MHz, VHF 156.8 MHz, 그리고 UHF 243 MHz이다. 이 주파수 대역은 일본 측이 임의로 정한 것이

---

291) Id.

아니다. 2014년 서명된 '해상에서의 우발적 충돌에 관한 강령'(CUES[292]) 3장 12절에 따르면, 각국 해군의 우발적 충돌로 인한 위험을 방지하기 위해 해군 함정과 해군 항공기 간에 1차적으로 서로 사용해야 하는 주파수 대역을 정해 놓았다. 일본 측이 사용한 3개의 주파수 대역이 바로 여기에 정해진 3개의 주파수 대역이다.

이 주파수 대역들은 세계 각국의 해군들, 최소한 CUES에 서명한 나라의 해군끼리, 무슨 일이 있으면 반드시 이 주파수 대역으로 교신하자고 사전에 합의해 둔 주파수 대역이다. 따라서 함정과 해군기의 통신 담당자는 반드시 항상 이 주파수 대역을 열어 두고 주시하고 있어야 할 의무가 있다. 이 3개의 주파수 대역을 모두 사용하여 교신 시도를 했는데도 아무 응신이 없으면, 자칫 적대적 의도가 있는 것은 아닌가 하는 의심을 불러일으킬 수도 있다.

일본 측 영상 첫 장면을 보면 한국 측 해경 함 좌측으로 북한 조난 선박으로 추정되는 선박이 보인다. 한국 해경선으로 추정되는 선박들이 조난 선박에 접근하고 있다. 만약 이것이 북한 조난선이 맞다면, 당초 한국 국방부의 설명과 배치된다.

한국 국방부는 조난 선박 수색 목적으로 레이더를 사용했다고 했다. 나중에 조용히 설명을 바꾸긴 했지만, 맨 처음에는 수색 목적으로 사격 관제용 레이더도 사용했다고 했다. 그런데 일본 측 공개 영상에 보면 북한 조난 선박은 이미 발견돼 있다. 광개토대왕함에는 여러 종류의 레이더가 탑재돼 있다. 이미 발견된 선박을 찾기 위해 수색용 레이더 혹은 사격 관제 레이더까지 사용했다는 것은 이해가 어렵다.

한편, 한국 언론에 따르면, 합참 전비 태세 검열단은 한일 간에 논란이 되는 광개토대왕함의 레이더 운용에 '문제가 없었다'라는 결론을 내

---

292) Code for Unplanned Encounters at Sea(해상에서 예상치 못한 조우에 대한 규정)

렸다. 국제 기준에 맞게 악천후에서 다양한 레이더를 가동했고, 일본이 공격용 레이더라고 시비를 걸고 있는 STIR 레이더는 가동하지 않은 것으로 전비 태세 검열단은 확인했다는 것이다.[293]

일본 측으로서도 해명해야 할 부분이 있다. '해상에서의 우발적 충돌에 관한 강령'(CUES)를 보면, 2장 8절 1항 a목에서 상대방에 대한 사격 관제 레이더 조준 자제를 권고하고 있지만, 같은 항 e목에서는 해군기에 대해 함정 주변에서의 곡예비행이나 공격 태세 시연도 피해야 한다고 권고하고 있다.[294]

라) 2024년 재발 방지 합의

2024년 6월 1일, 한국과 일본은 국방장관 회담을 통해 양국 간 군사 현안인 '초계기 갈등' 재발 방지 대책에 합의했다. 양국은 시비를 가리지 않은 채 '함정과 항공기 간 안전거리 유지' 등의 재발 방지 대책에 합의하는 방식으로 5년 반 만에 초계기 갈등을 봉합했다.

재발 방지 대책은 국제 규범인 '해상에서의 우발적 조우 시 신호 규칙'(CUES)에 바탕을 두고 있다. 양쪽은 함정과 항공기 간 안전거리를 유지하고, 조우한 함정 혹은 항공기 방향으로 함포·미사일·사격통제레이더·어뢰발사관 등을 조준해 공격을 모의하는 행위를 피한다는 규정을 준수하기로 했다.[295]

마) 향후 과제

향후 양국 간 신뢰가 충분히 회복된다면, 당시 광개토대왕함의 레이더 운용 기록과 일본 P-1 초계기의 HLR-109B ESM 탐지 원본 데이터

---

293) SBS 뉴스, 2018.12.27
294) 장부승, "한일 레이더갈등, 어떻게 해결할까", 오마이뉴스, 2019-1-5
295) 한겨레, 2024-6-3

에 대한 공동 조사 또는 제3자 검증을 통해 사건의 기술적 진실에 더 접근할 필요가 있다. 2018년 레이더 갈등은 한일 국방 관계에 큰 상처를 남겼지만, 변화된 안보 환경 속에서 양국은 실용적인 접근을 통해 관계 정상화의 길을 모색했다. 그러나 사건의 진실 규명 부재와 한일 관계의 구조적 취약성은 여전히 풀어야 할 숙제로 남아 있다.

(4) 강제징용자 배상 문제

문재인 정부 출범 이후, 과거사 문제에 대한 새로운 접근과 사법부의 판결은 한일 관계를 급격히 경색시키는 도화선이 되었다. 특히 2018년 강제징용 대법원판결은 양국 관계를 파국으로 몰아넣는 결정적인 변곡점이 되었다.

가) 대법원판결

2018년 대법원의 강제징용 확정판결 이후 한·일 관계가 최악의 상황을 보였다. 2018년 대법원판결은 사실 2012년에 있었던 강제 징용 관련 대법원판결(2009다68620)의 재상고심이었다. 2012년 5월 24일 김능환 당시 대법관이 주심을 맡은 대법원 민사1부는 원고(原告)인 강제징용 피해자들에게 패소 판결을 내린 1심과 2심 결과를 뒤집고, 원고 승소 취지로 하급심으로 돌려보냈다. 서울고등법원은 이에 따라 원고인 강제징용 피해자 승소 판결을 내렸다.

이에 대해 피고인 신일본제철은 대법원에 상고했다. 대법원은 2018년에야 상고를 기각, 원고 승소가 확정됐다. 2012년 당시 주심 김능환 대법관은 주변에 "건국하는 심정으로 판결을 썼다"라고 언급한 바 있다. 그런데 법관은 건국하는 사람이 아니라 법에 따라 재판하는 사람이다. 결국 '공'은 한국 사법부에서 문재인 행정부로 넘어갔다. 그러자 정부는 사법부 판결에 관여할 수 없다며 '공'을 그냥 일본으로 던져 버렸다.

나) '한 목소리 원칙' 위반

일본은 반도체 제조 공정에 사용되는 3개 품목에 대한 한국 수출 규제를 강화하고, 반도체뿐만 아니라 자동차·가전·전자 등 산업 전체 분야로 한국에 대한 수출 규제를 확대하였다.

1965년 한일청구권협정 제2조에 따르면 "양국의 청구권은 물론 양국 국민의 청구권 문제도 완전히 최종적으로 해결되었다"라고 규정되어 있다. 한편, 제3조에 따라서, 분쟁이 발생하면 먼저 외교 경로로 해결하고, 그것이 여의치 않으면 양국 간 중재위원회를 구성하며, 어느 한 국가가 거부할 때 3국을 통한 중재위원회를 구성하도록 규정하고 있다. 이에 일본은 2019년 1월 제3조 1항에 따른 외교 협의를 요청하고, 3조 2항에 따른 양국 중재위원회 구성을 요청하였지만, 우리 정부는 모두 거부함으로써 일본 정부는 제3국 중재위원회 회부 요청을 한 것이다. 문재인 당시 대통령은 "사법부의 판결에 대하여 정부가 간섭할 수 없다"라고 하였다. 국가 간 관계에 있어 그런 식의 대응이 가능한 건가?

사법부 판결과 정부의 입장이 일치하지 않으면 외국과 갈등이 생길 수밖에 없다. 따라서 대부분 국가에서는 법원이 외교정책이나 조약과 관련 있는 사건을 판단할 때 정부의 의견을 조회한 후 이를 존중하여 판결에 반영한다.

일본은 대법관 15인 중 1인은 외무성 출신자를 임명하며, 미국 연방대법원은 외교정책이나 조약 관련 사건은 통상 국무부의 의견을 묻는 '법정 조언자(Amicus Curiae)' 제도를 운용하고 있다.

우리나라에도 '참고인 의견서 제출 제도'가 있다.[296] 대법원이 국가기

---

296) 민사소송규칙 제134조의 2

관과 공공단체 등 참고인이 대법원에 주요 쟁점에 대한 의견서를 제출할 수 있도록 하였다. 이 규정에 따라 우리나라 법원도 관련 정부 기관의 입장을 반영하여 판결을 내리곤 한다. 그런데 그것도 판사 재량이라 판결마다 제각각이다.

'한 목소리 원칙'(the one voice policy)에 따라 국가는 한 사안에 대하여 두 목소리를 낼 수 없다. 즉, 사법부는 이 말을 하고 행정부는 다른 말을 할 수 없다.(One state cannot speak with two voices on such a matter, the judiciary saying one thing, the executive another). '법원은 외교정책을 수립할 수 없다(Courts Shouldn't Make Foreign Policy)'. 즉, 외교정책의 수립은 행정부나 입법부의 소관이지 사법부의 소관은 아니다.[297]

강제 징용자 대법원판결에서 판사의 '건국하는 심정'이 우선하고, 행정부도 사법부 핑계를 대며 사안을 회피하는 것은 문명국의 자세가 아니다. '조약법에 관한 비엔나협약' 제26조는 "유효한 모든 조약은 그 당사국을 구속하며 또한 당사국에 의하여 성실하게 이행되어야 한다."라고 규정하며, 동 협약 제27조에 따르면 "조약의 불이행에 대한 정당화의 방법으로 국내법 규정을 원용할 수 없다"라고 규정하고 있다.

조약 의무 위반은 대표적인 국제 의무 위반으로 국가책임이 성립한다.[298] 상대 국가로서는 국제법도 제대로 지키지 않는 상종하기 어려운 국가라고 생각할 수밖에 없는 상황을 스스로 만들었다.

1965년 우리 정부가 발간한 「대한민국과 일본국 간의 조약 및 협정 해설」은 피징용자의 미수금 및 보상금에 관한 청구권은 이미 소멸했다고 기술하고 있다. 또한 1971년 「대일민간청구권 신고에 관한 법률」, 1974년 「대일민간청구권 보상에 관한 법률」을 공포하여 실제 보상금을

---

297) 김동욱, "조약의무 이행을 위한 사법부 판결과 행정부의 상관관계에 관한 연구 : 1965년 한·일 청구권 협정을 중심으로", 부경법학 제12권(2021년 12월), 5쪽
298) Id, 4쪽

지급한 바 있다. 아울러 2005년 8월 노무현 정부 시절 '민관합동 위원회'는 일본 자금 중 무상 3억 달러는 징용 피해 보상이 포함된 것으로 판단하였다. 대법원과 문재인 전 대통령은 기존에 내려졌던 입법 조치 및 공식적인 판단을 부정함으로써 한일 양국 간의 신뢰를 깨고 일본의 반발을 초래하고 말았다.[299]

---

299) Id. 37-40쪽

4. 러시아

1) 러시아의 안보 전략과 자위권

(1) 러시아의 국가전략

러시아는 부상하는 패권국이 아니라 사실 쇠퇴하고 있는 부패 국가이다. 인구가 고령화되어 줄고 있고 경제는 에너지 수출에 의존하고 있으며 그 가치도 시간이 지날수록 쇠퇴할 가능성이 있다.[300] 그러나 러시아는 쇠퇴하고 있기는 하지만 여전히 영향력 있는 지역 강국이다.[301]

러시아의 안보 전략 기조는 구소련과 달리 세계적 패권을 포기하고 자국 안정을 도모하기 위해 연방 보전과 자원 보호를 목표로 하고 있다. 러시아 연방은 구소련과 달리 세계적인 블록과 능력을 보유하고 있지 않다. 러시아는 NATO의 동진과 일부 구소련 공화국들의 NATO 가입이 러시아의 가장 심각한 안보 위협이라고 생각한다.[302]

---

300) Walt, 215쪽
301) Id. 335쪽
302) 유영철, "러시아의 국가 안보 전략 평가와 영향", 군사논단, 제115권(2023), 31쪽

러시아 연방 군사 독트린에 따르면 "어느 국가나 러시아를 적대시하는 군사 동맹체가 러시아 연방 및 동맹국을 침략하였을 때는 반드시 이를 격퇴하고 적을 선별한다"라고 한다. 따라서 러시아가 세계적 패권을 포기하였다 하더라도 동맹국으로서 북한에 대한 지원은 현실적으로 가능하다.

(2) 러시아의 자위권

가) 러시아 침공의 역사

러시아의 역사는 지정학적 위치와 광활한 영토로 인해 끊임없는 팽창과 외부 세력과의 충돌로 점철되어 왔다. 16세기 모스크바 공국 시절부터 제1차 세계대전까지 영토 확장, 부동항 확보, 정교회 보호 등이 외교 정책의 핵심 목표였다. 이러한 팽창 과정은 군사적 충돌을 동반했으며, 특히 서쪽 국경에서는 유럽 열강과의 경쟁 속에서 기회를 엿보는 정책이 지속되었다.

구소련 시기에는 이념적 확장과 영향권 구축이 중요한 목표였고, 냉전이라는 특수한 국제 환경 속에서 동유럽 위성국들에 대한 통제력을 유지하려는 노력이 군사 개입으로 이어지기도 했다.

탈냉전 이후 러시아는 국력 약화를 경험했지만, 푸틴 집권 이후 '강한 러시아' 재건을 목표로 하며 주변국에 대한 영향력 회복을 추구하고 있다. 특히 NATO의 동진(東進)을 자국의 핵심 안보 이익에 대한 위협으로 간주하며, 이를 저지하기 위한 군사적 수단 사용을 불사하는 경향을 보여왔다.

나) 러시아 자위권 평가

러시아/소련이 명시적 또는 암묵적으로 자위권을 주장한 사례들을 종합적으로 평가할 때, 대부분의 사례는 국제법적 요건을 충족하지 못한다.

첫째, 헝가리, 체코슬로바키아, 조지아, 우크라이나 등 대부분의 사례에서 러시아의 자위권 행사는 ICJ가 제시한 '가장 중대한 형태의 무력 사용'이라는 기준에 미치지 못한다. 즉, 내부 정치적 변화, 국지적 충돌 또는 입증되지 않은 미래의 위협 등을 근거로 자위권을 주장하는 것은 유엔헌장 제51조의 발동 요건을 충족하지 못한다.

둘째, 설령 초기 위협이 일부 존재했다고 가정하더라도, 러시아의 군사적 대응은 대부분 과도했다. 러시아의 전면적 침공, 장기간 점령, 정권 교체 시도 등은 방어적 목적을 훨씬 넘어서는 것으로 필요성과 비례성 원칙에 명백히 어긋난다. 외교적 해결 노력이 충분히 이루어지지 않은 상태에서 군사력을 사용한 때도 많아 필요성 요건 충족에도 실패했다.

셋째, 국제법상 국가로 인정되지 않는 도네츠크, 루한스크 '공화국'을 대신하여 집단적 자위권을 행사한다는 주장은 법적 근거가 없다. 유엔헌장 제51조는 유엔 '회원국'에 대한 무력 공격을 전제로 하며, 이 '공화국'은 유엔 회원국이 아닐뿐더러 그 성립 자체가 러시아의 이전 불법 개입과 연관되어 있다.[303]

결론적으로, 러시아(구 소련)의 군사 개입 명분은 국제법, 특히 자위권의 엄격한 요건에 비추어 불법이다. 러시아가 인용한 자위권, 제노사이드 방지, 보호책임 등 국제법적 개념들은 그 법적 의미와 요건에서 벗어나 러시아의 지정학적 목표를 정당화하기 위한 수단으로 동원되었다. 이는 국제법 규범의 의미를 희석하고, 무력 사용 금지 원칙의 근간을 약화했다. 러시아는 NATO의 동진이 자국의 안보 이익을 근본적으로 침해했으며, 우크라이나의 NATO 가입 가능성이 군사 행동을 유발

---

303) Michael Schumitt, Russia's "Special Military Operation" and the (Claimed) Right of Self-Defense, https://lieber.westpoint.edu/russia-special-military-operation-claimed-right-self-defense/

한 핵심 요인이라고 지속적으로 강조했다.

그러나 NATO는 방어 동맹이며, 그 확장 여부는 개별 국가들의 주권적인 결정에 따르는 문제이다. NATO 확장이 러시아의 정치적 불만을 야기했을 수는 있으나, 이는 국제법상 '무력 공격'에 해당하지 않으며, 유엔헌장 제51조에 따른 군사적 대응을 정당화할 수 없다. 과거 러시아 지도부 역시 우크라이나가 스스로 안보 정책을 결정할 주권적 권리가 있음을 인정한 바 있다.

존 미어샤이머 교수는 러시아의 침공을 NATO 확장과 EU 팽창이라는 서방의 정책이 초래한 비극으로 설명하며, 러시아의 안보 우려가 침공의 근본 원인이라고 주장한다.[304] 그러나 이러한 설명은 러시아의 동기를 이해하는 데 일정한 시각을 제공하지만, 러시아의 국제법 위반 행위를 정당화할 수는 없다.

러시아의 자위권 주장은 국제 사회로부터 거부되었다. 유엔 총회는 러시아의 우크라이나 침공을 명백한 국제법 위반으로 규탄하는 결의안을 채택했다. 미국, EU 등 서방 국가들은 강력한 규탄 성명과 함께 전례 없는 제재를 부과하고 우크라이나에 대한 지원을 제공했다. 우크라이나는 침공 직후인 2022년 2월 26일, 러시아가 집단살해 협약[305]을 자의적으로 해석하고 이를 침공의 구실로 삼았다고 주장하며 러시아를 국제사법재판소(ICJ)에 제소했다. 우크라이나는 러시아의 제노사이드 주장이 허위이며, 설령 사실이라 해도 제노사이드 협약이 일방적인 무력 사용을 정당화하지 않는다고 주장했다.

ICJ는 2022년 3월 16일, '잠정조치'를 결정하여 러시아에 대해 즉각적

---

304) John J. Mearsheimer, "Why the Ukraine Crisis Is the West's Fault", Foreign Affairs, Sept./Oct. (2014), 4-5쪽, 미어샤이머 교수는 서방 국가들의 3가지 정책인 NATO 확장, EU 팽창, 민주주의 증진이 푸틴의 행동에 불을 질렀다고 보았다.(4쪽)

305) 집단살해죄의 방지와 처벌에 관한 협약(Convention on the Prevention and Punishment of the Crime of Genocide), 약칭 집단살해 협약(Genocide Convention)이라고 부른다.

인 군사 작전 중단을 요구했다.[306] 이 결정에서 ICJ는 러시아의 제노사이드 주장을 뒷받침할 증거가 부족하며, 제노사이드 협약이 일방적 무력 사용을 승인한다고 보기 어렵다는 견해를 밝혔다.

2) 러시아-북한 협력 관계와 한국의 자위권

최근 러시아와 북한의 관계는 군사, 경제 등 다방면에 걸쳐 급속도로 심화하고 있으며, 이는 한반도 및 동북아 안보 환경에 심각한 우려를 낳고 있다.

(1) 협력 심화 배경

양국 관계 밀착의 주요 동인은 우크라이나 전쟁 장기화로 인한 러시아의 무기 부족 및 국제적 고립, 국제 제재하에서 경제난과 첨단 기술 확보에 어려움을 겪는 북한의 필요, 공동의 반미·반서방 연대 강화라는 전략적 이해관계의 일치 등이다.

(2) 군사 협력의 내용

가장 우려되는 부분은 군사 분야에서의 협력이다. 북한은 우크라이나 전쟁에서 사용될 대량의 포탄, 단거리 미사일 등 재래식 무기를 러시아에 제공하고 있다. 이는 러시아의 전쟁 수행 능력을 지원하는 동시에, 국제사회의 대러 제재를 무력화하는 행위이다.

---

306) ICJ, Press Release, No. 2022/11 16 March 2022

그 대가로 러시아가 북한에 군사 정찰위성, 탄도미사일(ICBM 재진입 기술 등), 핵 추진 잠수함, 전투기 등 첨단 군사 기술이나 부품을 이전할 수 있다는 우려가 매우 크다. 이는 북한의 비대칭 전력, 특히 핵·미사일 능력의 질적 향상으로 이어져 한반도 군사 균형을 심각하게 위협할 수 있다.

2024년 북러 정상회담에서 체결된 '포괄적인 전략적 동반자 관계에 관한 조약'은 사실상 자동 군사 개입 조항에 가까운 내용을 포함하여, 양국 관계를 냉전 시대의 동맹 수준으로 격상시켰다는 평가를 받는다.

(3) 한국 안보 및 자위권에 대한 영향

러시아의 기술 지원은 북한의 핵 투발 능력과 재래식 군사력 현대화를 가속해 한국에 대한 직접적인 군사적 위협을 증가시킨다. 이는 한국의 방어 및 억제 부담을 가중시킨다. 북러 간 무기 거래 및 경제 협력은 유엔 안보리의 대북 제재 결의를 정면으로 위반하고 그 실효성을 약화해, 비핵화 노력을 더욱 어렵게 만든다.

북한의 군사 능력이 강화되고 러시아라는 강력한 후원 세력의 존재가 부각됨에 따라, 한국이 북한의 도발에 대응하여 자위권을 행사하는 데 있어 더욱 신중해질 수밖에 없게 된다. 러시아의 개입 가능성까지 고려해야 하는 복잡한 상황에 직면할 수 있다.

북한 위협의 증가는 미국의 확장억제 공약의 신뢰성에 대한 의문을 다시 불러일으키고, 한국의 자체적인 방위력 강화, 나아가 독자 핵무장 논의를 자극할 수 있다. 부활하는 북러 밀착, 특히 군사 분야에서의 협력 강화는 냉전 이후 한반도 안보 구도에 심각한 도전 중 하나이다. 이는 북한의 위협을 질적으로 변화시키고 한국의 안보를 직접적으로 위협하며, 자위권 행사를 포함한 한국의 국방 및 외교 정책 전반에 걸쳐 중대한 재검토와 대응 전략 마련을 요구하고 있다.

제6장

사이버전과 자위권

1. 사이버전의 개념과 특징

1. 사이버전은 비대칭전력 수단이다

핵무기와 함께 사이버전 능력은 대표적인 비대칭전력이다. 북한은 자금난과 외교적 고립 등 국력의 열세를 만회하기 위해 비대칭전력 중 사이버전을 가장 선호한다. 물론 피해국의 대응이 어렵다는 것도 한몫한다.

미국의 군사력 조사기관 글로벌파이어파워(GFP)가 발표한 2025년 세계 군사력 평가 결과에 따르면 한국은 5위, 북한은 34위이다. 그러나 GFP의 평가에는 핵무기나 사이버 전력 등 비대칭 전력이 평가 대상에서 제외되기 때문에 실질적인 군사력 평가에 한계가 있다. 혹자는 핵무기를 보유한 북한과 그렇지 않은 한국의 전력을 100:0으로 평가한다.

북한은 핵무기뿐만 아니라 고도의 사이버전 능력을 보유하여 한국의 안보에 커다란 위협을 주고 있다. 사이버 공간을 통한 사이버전, 사이버심리전은 북한의 대표적인 비대칭전력이다. 북한은 자기에게 유리한 환경조성을 위한 여론 조성과 사회 혼란을 야기하기 위해 허위 정보 유포와 정보 조작을 수행하고 있다.

2. 북한의 사이버전

손자병법 모공편에 따르면 가장 좋은 용병법은 "싸우지 않고 적을 굴복시키는 것이다(不戰而屈人之兵, 善之善者也)". 핵무기를 가진 북한이 한국을 상대로 '항복'을 강요할 때 자중지란에 빠져 결국 나라를 '헌납'할 수 있다. 강한 국방은 강한 군사력과 국민의 굴하지 않는 정신에서 나온다.

(1) 사이버 심리전

북한의 사이버전을 통해 '조선 혁명을 위한 3대 혁명 역량(북한, 남한, 해외)'을 사이버 공간으로 확장하고 있다. 과거 북한은 '삐라' 살포에 치중된 재래식 심리전에서 '사이버 심리전'으로 전술의 전환을 꾀하고 있다. 사이버 심리전은 인터넷 특성상 익명성이 보장되고 비용이 적게 들며 한국의 대응조치를 무력화하기 위한 최적의 방안이다.

사이버 작전을 지도하는 김정은

2004년 김정일은 일찍이 "한국의 인터넷은 보안법이 무력화된 공간으로 항일유격전 당시 가장 큰 전과를 올렸던 소중한 무기인 총과 같다. 사이버 공간을 한국 내 친북 의식화 수단으로 적극 활용하라"는 지침을 내린 바 있다. 이에 북한은 사이버 공간을 최대한 활용하여 허위 정보 유포, 음모론 확산으로 국내 여론을 조작하고, 북한에 유리한 정치인과 정당을 지지하는 선거 공작을 전개하며, 친북세력을 지원하고 있다.

대표적으로 2010년 북한의 천안함 폭침 사건 당시 북한의 어뢰로 인한 폭침이라는 정부의 공식 발표를 무력화하고 미국에 의한 사고 또는 한국의 자작극이라는 등의 악의적 허위 정보와 음모론을 확산시키고 논란을 증폭시켜 심각한 사회 혼란을 가져왔다.[307]

특히 천안함 폭침 사건에 대해 북한은 당시 해킹 등을 통해 입수한 학생·주부·노인 등의 주민등록번호를 도용하면서 '천안함 폭침이 북한 소행이라는 정부 발표는 날조'라는 내용의 글을 인터넷에 유포시켰고, 이에 과학적 증거를 두고도 자국민이 사실을 믿지 못하고 음모, 괴담 등을 믿는 현상이 지속된 바 있다.[308]

북한은 조직원 1명이 선전물을 사이트에 게재하면 국내외에 연계된 9명이 다른 사이트에 공유해 90명에게 확산시키는 '1:9:90의 법칙' 아래 동조 세력을 확산하고 갈등을 유도하는 전술을 취하고 있다. 이와 함께 추적이 어려운 해외 이메일 계정을 통해 대남 선전물을 국내에 무차별적으로 발신하는 '온라인 삐라' 전술을 구사하고 있다.[309]

---

307) 김은영, "북한의 사이버상 영향력 공작에 대한 탐구적 연구", 사이버안보연구, 창간호(2024), 166-178쪽
308) 이상호, "북한 사이버 심리전의 실체와 대응 방향," 한국정치외교사논총, 제33권 제1호(2011), pp. 276-277
309) 박수유, "남한의 민주화와 정보화를 활용한 북한의 대남혁명전략 변화", 신아세아, vol.30(3) (2023), 110쪽

(2) 기반 시설 파괴 및 외화벌이

북한은 2009년 7.7 디도스 공격, 2011년 농협 전산망 장애, 2012년 중앙일보 해킹, 2013년 3·20 사이버테러, 2014년 소니픽처스 해킹, 2016년 인터파크 개인정보 유출, 국방부 전산망 공격 한미 '작전계획 5015' 탈취, 2021년 법원행정처 전산망 해킹을 통해 한국에 큰 피해를 주고 있다. 북한은 2018년부터 악성코드를 이용해 3억 1,640만 달러의 가상화폐를 탈취했는데 북한이 석탄 수출로 연 4억 달러를 벌고 있는 점을 감안하면 가상화폐 탈취는 북한에 중요한 수입원인 셈이다. 김정은 체제의 핵 무력 완성이라는 과업 달성을 위한 자산 확보 수단으로 해킹을 적극적으로 이용하고 있다.

북한은 우리 국민의 일상생활에서 필수적인 GPS 사용을 교란함으로써 한국 국민의 안전과 생명을 위협하고 있다. 북한은 주로 서해 북방한계선 인근과 수도권, 강원도 접경 지역을 대상으로 GPS 교란 전파를 발사하고 있다. 전파 공격 시간은 짧게는 몇 분에서 길게는 하루 6시간 넘게 지속하는 경우도 있다.

서해 지역에는 인천항과 인천국제공항이 자리하고 있어 수많은 선박과 항공기가 운행되고 있는데 북한은 선박과 항공기의 자동항법장치를 교란할 목적으로 전파 공격을 감행하고 있다. 북한의 GPS 전파 교란은 단순한 도발을 넘어 명백한 국제법 위반이며 국민의 생명과 안전을 직접적으로 위협하는 테러 행위이다.

사이버 공격은 과거처럼 단순히 공격이나 정보 수집 수단을 넘어 대규모 자금조달을 통해 체제의 기능성과 권력을 유지하게 하는 기능을 수행하는 것이다. SNS 공간으로 확장된 북한의 사이버 선전 선동은 정치공작에 그치지 않고 남한 시민사회 곳곳으로 스며들어 대내외에 체

제의 정당성을 강화하는 데 활용되고 있다.[310]

이에 대한 철저한 대비가 필요하다.

첫째, 국가적 차원에서는 '사이버 안보법' 제정이 긴요하다. 아울러 대공 사건 수사를 강화해야 한다. 특히 국가보안법, 간첩죄에 해당하는 사이버 범죄를 강력히 처벌해야 한다.

둘째, 군대 차원에서는 교전규칙에, 사이버전에 대한 대응 방안을 포함해야 한다. 미국의 경우와 같이, 어느 상황에서 자위권 차원의 무력을 사용할 수 있는지를 명시해야 한다.

셋째, 우방국과 사이버전에 관한 안보 협력을 강화해야 한다. 사이버전 대책 능력이 발달한 미국, EU, 일본 등 사이버전 선진국과 교류 협력을 강화해야 한다.

---

310) Id. 112쪽

2. 사이버 공격에 대한 자위권 행사

1. 국제법적 평가

사이버공격은 자위권의 대상이 될 수 있나? 유엔에서는 중국, 러시아의 거부로 강제력 있는 국제법 규범을 채택하지 못하였다. 그러나 국제법적으로 다음과 같이 평가할 수 있다.

"컴퓨터 네트워크 공격이 직접적이든 간접적이든 인명피해나 재산 피해 등 물리적 피해로 이어진다면 자위권 행사로서 대응하는 것은 허용된다. 사이버 공격이 재래식 공격과 동등한 수준의 파괴와 사망자가 발생한다면 국가는 자위권으로 대응할 권리를 갖는다." 즉, 사이버전도 현행 국제법에 조응하여 판단해야 한다는 것이다.[311]

이러한 태도는 국제 사법재판소의 판결에서도 찾아볼 수 있다. 1996년 Nuclear Weapons 사건의 권고적 의견에서 ICJ는 "유엔 헌장 제51조는 사용된 무기와 무관하게 어떠한 무력의 사용에도 적용된다"라고

---

311) Heather Denniss(이민효 옮김), 『사이버전과 전쟁법』 연경문화사(2017), 121-124쪽

판단하였다.[312] 즉, 사이버공격도 자위권의 대상이 된다. 탈린 매뉴얼(Tallinn Manual 2.0)도 이를 인정하고 있다.[313]

2013년 채택된 탈린 매뉴얼은 아직 법적 강제성을 가지지 않는 연성법(soft law)이지만, 향후 국가 실행의 방향성을 제시한다는 점에서 매우 중요하다. 탈린매뉴얼은 사이버전에도 '국제인도법'이 적용된다는 규칙을 제시한다. 탈린 매뉴얼이 규정한 '사이버 전쟁'은 국가와 국가가 사이버 공간에서 적대적 군사 행위를 하는 '무력 충돌'의 한 형태다. 일반적 사이버 범죄나 사이버 스파이 행위와는 차별화된 개념이다.

탈린 매뉴얼 제1장은 사이버 공간에서 국가 주권 및 관할권, 국제적 위법행위에 대한 국가 책임, 제2장은 무력 사용의 허용 여부, 즉 사이버공격이 무력 공격으로 간주해 자위권 행사 등의 대상이 될 수 있는지 여부, 제3장~제7장은 무력 사용 시 금지 사항을 다루고 있다.

탈린 매뉴얼은 사이버 공격으로 인해 대량 인명피해가 발생하거나 국가의 자산이 손상 또는 파괴되는 경우, 즉 '치명적이고 파괴적인' 물리적 피해가 발생하면 자위권 행사가 가능하다고 본다. 탈린 매뉴얼을 기초한 Michael Schmitt 교수는 아직 국가 실행은 없지만 "사이버공격이 개인이나 재산에 심각한 피해를 줄 경우, 즉각적인 피해를 줄 경우, 직접적인 피해를 줄 경우, 측정 가능한 피해가 발생한 경우, 국경 침범 행위는 자위권의 대상이 될 수 있다."고 한다.[314]

탈린 매뉴얼은 시민들의 생존에 필수 불가결한 목표물들은 공격을 삼가도록 하고 있다. 광범위한 인명의 손실을 가져올 잠재적 위험성이 있기 때문에 농업과 식품, 가축, 식수, 관개시설 등의 사이버공격은 금

---

312) ICJ, Nuclear Weapons Case, p.244, para.39
313) Tallinn Manual 2.0, Rule 71, para.4
314) Michael Schmitt, "Cyber Operations and Jus ad Bellum Revised," Villanova Law Journal, Vol. 56(2011), 575-577쪽

지된다. 또한 댐과 제방, 원자력 발전소와 같은 시설에도 특별한 주의를 기울이라고 주문한다. 병원과 의료시설, 문화재도 보호 대상이다. 그러나 시민들의 일상생활이나 삶의 질과 관련된 목표물들은 탈린 매뉴얼상 사이버공격으로부터 보호를 받는 대상이 아니다. 방송사와 금융기관, 인터넷, 통신망 등이 그 예이다.

이러한 기준에 따르면, 사이버공격으로 인한 댐, 원자력발전소의 오작동, 혈액형 오조작 등 병원 시스템 교란으로 인한 환자 피해 발생, GPS 교란에 따른 항공기, 선박 충돌 및 추락사고 등 사이버 공격으로 직접적인 피해가 발생한 경우 자위권을 행사할 수 있다.

2. 한국의 입장

국제법상 자위권은 유엔 헌장 제51조에 근거한다. 이 조항은 "무력공격이 발생한 경우" 회원국이 "고유한 권리"로서 개별적 또는 집단적 자위권을 행사할 수 있음을 규정한다. 이는 유엔 헌장 제2조 4항에서 규정하는 일반적인 무력 사용 및 위협 금지 원칙의 예외에 해당한다.

사이버 공간의 등장과 함께 기존 국제법 원칙, 특히 유엔 헌장이 사이버 공간에도 적용되는지에 대한 논의가 활발히 진행되었다. 대한민국을 포함한 다수의 서방 국가들은 유엔 헌장을 포함한 현행 국제법이 사이버 공간에 전면적으로 적용된다는 입장을 견지해 왔으며, 이는 유엔 정보 안보 정부 전문가그룹의 논의 과정을 통해 확인되었다. 한국 역시 이러한 국제적 논의에 적극 참여하며 기존 국제법의 적용 가능성을 지지해 왔다.

대한민국 정부는 국제 파트너들과 마찬가지로 유엔 헌장 제51조에 따른 자위권이 사이버 공간에도 적용될 수 있음을 인정하는 입장을 취하고 있다. 어떤 사이버 공격이 '무력 공격'의 기준을 충족하는지에 대한 명시적인 공식 기준을 발표한 바는 없으나, 국제적 논의와 마찬가지로 공격의 '규모와 효과'를 중요한 판단 요소로 고려할 가능성이 높다. 특히 국가 핵심 기능 마비나 중요 기반 시설 파괴 등 물리적 공격에 상응하는 결과를 초래하는 심각한 사이버 공격이 발생할 경우, 이를 무력 공격으로 간주할 수 있다.

최근 주목할 만한 변화는 2024년 한미 양국이 제6차 한미 외교·국방 장관회의 공동성명에서 특정 사이버 공격을 상호방위조약 제3조 상의 무력 공격과 동등하게 간주할 수 있음을 확인한 점이다. 이는 동맹 차원에서 사이버 공격의 심각성에 대한 인식을 공유하고 공동 대응 의지를 표명한 것으로, 자위권 발동 기준에 대한 해석이나 인식에 영향을 미칠 수 있는 중요한 진전이다.[315]

그러나 자위권을 인정함에도 불구하고, 대한민국 정부는 과거 사이버 공격 발생 시 자위권의 공식적인 발동이나 행사에 매우 신중한 태도를 보여왔다. 주요 사이버 공격의 배후로 북한이 지목되는 경우가 많았음에도 불구하고, 정부의 대응은 주로 방어적 조치 강화, 내부 시스템 복구, 수사 및 책임 규명, 외교적 항의 등에 초점을 맞추었다. 이는 공격 주체에 대한 명확하고 공개적인 증거 확보의 어려움, 공격 행위가 '무력 공격' 기준에 미치지 못한다는 판단, 그리고 무엇보다 군사적 대응으로 이어질 수 있는 자위권 행사가 야기할 수 있는 확전 위험 등을 고려한 결과로 해석된다.

다만, 최근 정책 변화의 흐름 속에서는 더욱 적극적인 대응 가능성이 시사되고 있다. 2024년 국가 사이버 안보 전략에서는 '공세적 방어' 개념을 도입하고, 공격 주체에 대한 '상응하는 책임 부과'를 명시하는 등

---

315) 외교부 보도자료, 2024-11-1

과거의 수세적 입장에서 벗어나 필요시 비례적 대응 조치를 고려할 수 있음을 보인다. 이는 모든 대응이 반드시 제51조 자위권의 틀 내에서 이루어지는 것은 아닐지라도, 사이버 위협에 대한 억지력과 대응력을 강화하려는 의지를 보여주는 변화로 평가된다.

3. 주요국의 사이버 공격 사례

사이버전은 전쟁과 함께 수행되기도 하며, 전쟁과 별도로 수행되기도 한다. 현대전은 하이브리드 전쟁이 대세이다.

1. 에스토니아 사태

에스토니아 정부는 2007년 4월 27일 수도 탈린에 있는 참전 기념 청동 군인상을 수도 외곽의 공동묘지로 이전하겠다고 발표했다. 그런데 이 동상은 러시아가 에스토니아를 50년간 통치한 상징으로 에스토니아 국민에게는 불명예의 상징이었으나, 러시아계 주민에게는 나치와 싸우다 전사한 영웅을 상징했다. 에스토니아는 구소련에서 독립한 뒤 옛 체제를 지우기 위해 구소련의 참전 기념 동상을 이전하기로 한 것이다. 에스토니아의 러시아계 주민들은 이전에 반대해 시위를 벌였고, 이 과정에서 많은 사람이 체포되고 사상자가 발생했다.

이는 결국 에스토니아와 러시아의 외교전으로 비화했고 에스토니아의 대통령궁과 공공 및 금융기관, 통신기업 대상으로 웹사이트를 마비시키는 디도스 공격(DDoS)이 발생했다. 러시아는 에스토니아의 대통령궁과 정부, 기업 웹사이트를 마비시키는 대규모 사이버 공격을 단행했다. 이 공격으로 에스토니아의 국가기능이 3주간 정지됐다. 물론 러시아는 관여를 부인했다.

이 공격으로 에스토니아는 수천만 달러에 달하는 금전적 피해를 보았다. 이처럼 사이버 공격은 사회적 혼란과 물리적 피해가 동반되는 행동이라는 점에서 전쟁의 개념이 변하고 있다. 또한 사이버 공격은 주체 규명이 매우 어렵다는 점에서 문제가 된다.

이 사건으로 에스토니아는 NATO에 지원을 요청했고, NATO는 2008년 5월 에스토니아 수도 탈린에 사이버 이슈를 다루는 'NATO 협동 사이버 방위 센터'를 설립했다.[316] 아울러 NATO는 2013년 '탈린 매뉴얼'을 채택하였다.

2. 러시아의 조지아 공격

우크라이나와 조지아는 NATO 가입을 희망하였지만, 러시아는 조지아에 4만 병력을 보내 이를 차단하였다. 2008년 8월 조지아 전쟁 때 러시아의 사전 사이버 공격으로 조지아의 국가 중추 기관들이 무력화됐다. 조지아 국방부·내무부·외교부의 전산 기능은 러시아군 해커들의 디도스와 악성 바이러스 공격으로 완전히 마비됐다.

언론사와 포털도 예외가 아니었다. 조지아 정부와 군 수뇌부는 전쟁 지휘도, 서방에 원조 요청도 제대로 할 수 없었다. 전쟁 정보가 차단되자 공포에 사로잡힌 국민은 저항할 엄두조차 내지 못했다. 결국 러시아

---

316) 한국은 2022년 5월 5일 아시아 최초로 'NATO 사이버방위센터'에 가입했다.

전투기의 공습 개시 5일 만에 조지아는 백기를 들었다.[317] 러시아의 조지아 침공은 재래식 전쟁과 사이버전이 결합된 하이브리드 전쟁이다.

3. 오차드 작전

2007년 9월 6일 이스라엘 공군이 시리아의 핵시설을 공습한 오차드 작전(Operation Orchard)에서, 이스라엘은 시리아 방공 레이더를 레이저 유도 폭탄으로 제거했고, 항공기로 전자전 공격을 하여 시리아군의 레이다들을 무력화시켰다. 이스라엘은 공습 전 비밀리에 설치한 해킹 장치를 시리아군의 레이다 전자장비 내에 탑재케 하였다가, 이를 작동시켜서 무력화시켰다. 이는 전통적 무력행사와 사이버전이 혼합된 경우이다.

4. 스턱스넷

2010년 '스턱스넷(Stuxnet)' 바이러스로 이란 핵시설의 제어시스템을 공격하여 원심분리기의 20%가량을 '먹통'으로 만들었는데, 경위 파악에만 상당한 시일이 소요되었다.

스턱스넷은 2010년 6월 중순, 이란의 한 컴퓨터가 지속적으로 재부팅되는 문제를 조사하던 벨라루스의 보안업체 바이러스블록아다(VirusBlokAda)에 의해 처음으로 그 존재가 확인되었다. 스턱스넷의 명확한 개발 목적은 이란의 핵무기 개발 프로그램을 방해하거나 최소한

---

317) 세계일보, 2022-3-1

지연시키는 것이었다. 이는 재래식 군사 공격의 대안으로 사이버 공격이 선택되었음을 시사한다.

이 사건은 사이버 위협에 대한 인식을 근본적으로 바꾸어 놓았다. 이전까지 사이버 공격은 주로 정보 탈취나 서비스 방해의 문제로 여겨졌으나, 스턱스넷은 사이버 공간에서의 행위가 재래식 무기 공격과 유사한 물리적 파괴 효과를 낼 수 있음을 보여주었다.

스턱스넷과 같은 사이버 작전에 기존 국제법, 특히 무력 사용과 관련된 법규를 어떻게 적용할 것인가는 중요한 논쟁거리이다. 국제사법재판소(ICJ)의 니카라과 사건 판결과 탈린 매뉴얼 전문가들의 견해를 포함한 지배적인 해석은 '무력 공격'이 '무력 사용'보다 더 높은 수준의 중대성, 즉 "가장 중대한 형태의 무력 사용(most grave forms of the use of force)"을 요구한다. 따라서 스턱스넷이 '무력 사용'에는 해당하더라도, 그것이 유엔헌장 제51조에 따른 자위권 행사를 정당화할 만큼 중대한 '무력 공격'의 기준을 충족하는지에 대해서는 상당한 논쟁이 있다.

스턱스넷의 정황 증거와 정보 유출을 통해 미국과 이스라엘이 배후로 강력히 지목됨에도 공식적인 확인이 이루어지지 않는 상황은 사이버 작전의 중요한 특징을 보여준다. 이러한 책임 규명의 모호성은 국제법 적용을 복잡하게 만든다. 국가 책임 원칙, 대응 조치, 자위권 발동 등 국제법상의 여러 개념은 기본적으로 행위 주체가 '국가'임을 전제로 하기 때문이다.

공격 배후를 명확히 특정하기 어려운 기술적 특성 때문에, 스턱스넷처럼 심각한 피해를 야기한 공격에 대해서도 국제법적 책임을 묻거나 규범을 강제하기 어려운 '회색 지대(grey zone)'가 존재하게 된다. 이는 강력한 사이버 역량을 가진 국가들이 전통적인 전쟁 행위의 문턱을 넘지 않으면서도 상당한 수준의 파괴적, 강압적 행동을 수행하고도 책임을 회피할 수 있는 여지를 제공하며, 결과적으로 국제 사이버 공간의 규범 형성과 집행 노력을 약화하는 요인이 된다.

5. 우크라이나 침략

2015년 러시아는 우크라이나에 대한 DDoS 공격, 콜센터와 에너지 유통 회사 네트워크 마비, 16개 변전소 시스템 방해 공격하여 우크라이나의 기간산업을 교란하였다. 이 공격은 스피어 피싱, 악성코드, Kill-Disk 파괴형 악성코드, SCADA 시스템 조작, 전화 서비스 거부 공격, 펌웨어 파괴 등 다층적인 전술을 사용하여 3개의 지역 전력 배전 회사(Oblenergo)를 마비시켰다. 그 결과 약 22만 5천 명에서 23만 명의 고객이 1시간에서 최대 6시간 동안 정전을 겪었다.

우크라이나 운영자들은 정교한 사이버 공격으로 원격 시스템이 마비되었음에도 수동으로 전력을 복구할 수 있었다. 이는 산업제어시스템(ICS) 환경에서 수동 제어 능력과 잘 훈련된 인력의 중요성을 보여준다. 사이버 공격은 원격 제어 시스템을 성공적으로 침해하고 디지털 복구 도구를 파괴했지만, 시스템이 전적으로 자동/원격 운영에 의존했다면 정전은 훨씬 더 길거나 단기적으로 복구가 불가능했을 수도 있다. 그러나 우크라이나 운영자들은 수 시간 내에 수동으로 전력을 복구하였다. 이는 산업 제어시스템 보안의 핵심 원칙, 즉 시스템 이중화는 수동 예비 메커니즘의 중요성을 보여준다.

우크라이나 전력망 사이버 공격은 단순한 기술적 침해 사고를 넘어, 국가 핵심 기반 시설(CNI)[318]을 대상으로 한 사이버 능력 사용의 중대한 확장을 보여주는 사건이다. 이는 고립된 사건이 아니라, 국가의 전략

---

318) Critical National Infrastructure

적 목표 달성을 위해 사이버 공간을 활용하는 방식의 전환점을 의미한다. 특히 에너지와 같은 필수 서비스를 제공하는 CNI의 디지털화 및 상호 연결성 증가는 효율성을 높이는 동시에 새로운 취약점을 노출시켰으며, 2015년 공격은 이러한 취약점이 어떻게 악용될 수 있는지를 명확히 보여주었다.

우크라이나 전쟁은 러시아가 사이버 작전(스파이 활동, 방해 공작, 파괴, 심리전)을 재래식 군사 행동, 정치적 압박, 허위 정보 캠페인과 통합하여 사용하는 하이브리드 전쟁 모델을 보여준다. 2014년 공격은 크림반도 합병 및 선거 개입과 동시에 발생했고, 2015년 전력망 공격은 지속적인 분쟁과 친우크라이나 활동가들의 크림반도 전력선 공격 이후에 발생했으며, 2022년 사이버 공격은 물리적 침공과 긴밀하게 동기화되었다.

이러한 일관된 시간적 상관관계와 다양한 공격 유형(방해, 스파이, 선전)의 혼합은 사이버가 별개의 영역이 아니라 광범위한 전략적 목표를 지원하기 위해 사용되는 통합된 도구임을 보여주며, 이는 러시아가 수행하는 하이브리드 전쟁 독트린의 핵심 특징이다.

4. 미국의 사이버 안보 전략

2023년 3월 2일, 미국 정부는 '국가 사이버 안보 전략'을 발표하여 북한과 중국, 러시아와 이란을 주요 '사이버 적성국'으로 규정했다. 사이버 공격에 대한 응징은 물론 예상되는 사이버 공격을 근절하기 위해 범죄 단체 및 (배후) 국가 정부의 컴퓨터 네트워크를 선제적으로 해킹할 수 있는 권한을 부여하였다. 이는 사후 대응하는 차원을 넘어, 선제적으로 파괴하는 방식으로 공개적인 전환을 의미하는데, 이러한 대응에는 '군사적 옵션'을 포함한다.

2021년 미국 최대 송유관 업체 '콜로니얼 파이프라인(Colonial Pipeline)'이 랜섬웨어 공격으로 6일간 운영이 중단되어 동부 지역 휘발유값이 7년 만에 최고 수준으로 치솟았다. 이어 세계 최대 정육 업체 JBS SA의 미국 자회사도 랜섬웨어 공격을 받아 3일간 공장 가동이 중단됐다. 모두 러시아 해커 조직들이 공격 배후로 지목됐다. 또한 북한은 약 2조 1,670억 원에 달하는 가상 화폐를 해킹해 빼돌렸는데, 미국 정부는 해킹 조직 라자루스가 블록체인 기반 온라인 게임 '액시 인피니티(axie infinity)'로부터 훔친 8,200억 원 상당의 암호 화폐 가운데 3,000만 달러를 회수해 피해자들에게 돌려줬다.[319]

---

319) 조선일보, 2023-12-29

5. 사이버안보 기본법 도입의 시급성

사이버전은 공격 주체 파악이 쉽지 않고, 파악에도 긴 시간이 걸려 자위권의 행사가 여의치 않다는 문제점이 있다. 여러 국가가 방어책 마련과 정보 교류를 하는 것이 바로 이 때문이다.

우크라이나 전쟁의 사이버전이 보여주듯이 사이버 공격과 방어 및 사이버 정보심리전 수행 모두에서 우크라이나와 서방의 정부는 마이크로소프트, 구글, 스페이스X 등 IT 기업과 민간 전문가와 프로그래머 등과 긴밀하고 신속하게 공조, 협력하여 러시아와의 사이버전에서 우크라이나가 공세적인 위치를 유지하는 데에 지대하게 기여했다.

우리의 경우 민간보다 대응 역량이 부족하고 대응 속도가 느린 정부 기관과 공기업은 외부로부터의 사이버 공격의 빈번한 타격 대상이 되고 있고, 미디어, 은행, 병원, 방위산업 등 대부분의 민간 기관은 정부의 감시와 통제 밖에 있으므로 외부로부터의 사이버 공격에 대한 현황 파악이 쉽지 않다. 반면 외부 인터넷 네트워크와 차단된 북한은 사이버 역량의 대부분을 공격력을 증진하는 데에 쏟을 수 있다.

이러한 상황에서 평시 민간과 정부 간의 사이버 위협 대응 협력을 위한 빈번한 정보 교류, 상호지원 및 인력 파견, 공동연구와 국제협력 공동 진출 등이 획기적으로 활성화될 필요가 있다.[320] 국정원 국가 사이

---

[320] 송태은, "북한의 사이버 공격과 우리의 대응", 외교안보연구소(2022)

버 안보센터는 하루 평균 118만 건이 넘는 외국 해커 공격을 다루고 있는데 이 중 55.6%가 북한 해커들의 공격이다.

대한민국의 사이버 안보 관련 법제는 단일화된 기본법 없이 여러 개별 법률과 대통령령에 분산되어 규정되어 있는 것이 특징이다. 이는 사이버 위협의 다면성에 대응하기 위해 각 부처가 소관 영역별로 법제를 발전시켜 온 결과이지만, 통합적이고 체계적인 대응에 한계를 노출하기도 한다.

한국은 아직도 '국가 사이버안보 기본법'을 채택조차 못 하고 있다. 현재 제정을 추진 중인 법안으로, 분산된 사이버 안보 법체계를 통합하고 범정부 차원의 효율적인 대응 기반을 마련하는 것을 목표로 한다.

주요 내용으로는 대통령 소속 국가 사이버안보위원회 설치, 각 부처의 책임 명확화, 위협 정보 공유 체계 강화, 통합 대응 조직 설치·운영 등이 포함된다. 그러나 국정원(NIS)의 권한 강화 가능성에 대한 우려와 부처 간 역할 조정 문제로 인해 입법 과정에서 논란이 지속되고 있다. 국정원이 사이버 보안의 컨트롤 타워 역할을 하는 구조는 안 된다는 '더불어민주당'의 반대에 직면해 있다.[321]

---

321) 이병호, 61-64쪽

제7장

한국의
독자 핵무장론

1. 한국의 핵무장 배경

1. 북한의 핵·미사일 위협 고도화

한국 내 핵무장 논의를 촉발하는 가장 직접적이고 강력한 요인은 북한의 지속적인 핵·미사일 능력 강화이다. 북한은 핵탄두 소형화, 다양한 사거리의 미사일 개발, 전술핵무기 개발 가능성 등 핵무기 운반 및 투하 수단의 다변화와 고도화를 끊임없이 추구하고 있다.

더욱이 북한은 핵 무력 정책을 법제화하고 핵 선제 사용 가능성을 공언하는 등 공세적인 핵 교리와 태세를 노골화하고 있다. 2022년 9월에는 핵무기 포기 불가 및 선제적 핵 사용 의지를 명시적으로 선언했으며, 이는 한국의 안보 불안감을 극도로 고조시키는 요인으로 작용한다. 이러한 북한의 위협 고도화는 한국이 기존의 방어체계와 동맹에만 의존하는 것의 한계를 절감하게 만들고, 자체적인 핵 억제력 확보라는 선택지까지 고려하게 만드는 핵심 동인이다.

2. 미국 확장억제에 대한 신뢰 저하

북한의 핵 위협이 현실화하고 고도화됨에 따라, 미국의 확장억제 공약에 대한 한국 내 신뢰도는 지속적으로 하락하는 추세이다. 가장 핵심적인 우려는 신뢰도 저하, 즉 북한이 서울에 핵 공격을 감행했을 때 미국이 자국 도시들에 대한 핵 보복 위험을 감수하면서까지 한국을 방어할 것인가에 대한 의문이다. 북한의 ICBM 능력이 고도화될수록 이러한 우려는 더욱 커질 수밖에 없다.

미국은 한미동맹의 방위 공약을 거듭 강조하고 있으나, 일부 한국인들은 과거 북한의 도발에 대한 미국의 대응 방식이나 전반적인 대외 정책 기조 변화를 보며 미국의 공약 이행 의지나 우선순위에 의구심을 표하기도 한다.

특히 미국의 국내 정치 상황 변화는 이러한 불안감을 증폭시키는 주요 요인이다. 예를 들어, 트럼프 대통령과 같이 동맹의 가치에 의문을 제기하거나 방위비 분담금 증액을 강하게 요구할 경우, 미국의 안보 공약이 흔들릴 수 있다는 우려가 있다.

트럼프 행정부 시절 북한을 '핵보유국'으로 지칭하며 사실상 핵 보유를 용인하는 듯한 태도를 보이거나, 김정은과의 직거래를 통해 비핵화보다는 군비 통제로 선회할 수 있다는 관측은 한국의 안보 불안을 더 심화시켰다.

이러한 미국의 확장억제에 대한 신뢰 저하는 단순히 미국의 군사적 능력에 대한 불신이라기보다는, 변화무쌍한 국제 정세와 미국의 국내 정치 상황 속에서 과연 미국이 일관되고 지속적으로 한국 방어에 최우선 순위를 둘 것인가에 대한 장기적인 전략적 불확실성에서 비롯된다. 이는 한국이 자체적인 핵 억제력 확보를 고려하게 만드는 강력한 심리적 동기로 작용한다.

2. 핵무장 필요성의 교훈

우크라이나 침공 이후 북한 노동당 간부들 사이에서 '핵 포기 불가론'이 팽배하였다고 한다. "우크라이나가 핵을 가지고 있었으면 전쟁이 났겠냐? 우크라이나 사태는 핵을 보유해야만 누구도 쉽게 침공하지 못한다는 걸 보여주고 있다"는 것이다.

우크라이나는 1991년 구소련이 붕괴할 당시 자국 영토에 배치돼 있던 소련의 핵무기를 승계받아 핵보유국에 포함됐다. 1천 240개의 전략 핵탄두와 176기의 대륙간탄도미사일(ICBM), 44대의 전략 폭격기, 그리고 대략 2천 개로 추정되는 전술 핵탄두 등이 우크라이나 영토에 남게 된 것이다. 하지만 1994년 부다페스트 양해각서에 합의하면서 우크라이나는 체제 보장과 경제 지원을 받는 대가로 핵무기를 러시아에 반환하고 핵확산금지조약(NPT)에 가입했다.[322]

클린턴 전 미국 대통령은 재임 시절 우크라이나에 핵무기를 포기하도록 설득했던 일을 후회한다고 했다. 우크라이나가 계속 핵무기를 가지고 있었다면 우크라이나를 침공하지 못했을 것이라 하였다.[323]

1994년 12월 러시아, 미국, 영국이 서명한 부다페스트 안전보장 각서도 러시아가 크리미아반도를 침공하면서 휴지 조각이 되었다.

---

[322] dailynk.com, 2022-3-3
[323] 경향신문, 2023-4-6

3. 미국의 확장억제에 대한 불신

"미국은 소련의 핵으로부터 파리를 지키기 위해 뉴욕을 포기할 수 있는가?"

드골 대통령은 미국이 소련 핵에 본토를 희생하면서까지 프랑스를 도울 것이라고는 믿지 않고, 핵무기 독자 개발의 길을 선택했다. 프랑스는 미국이 NATO를 미국과 영국의 구도로 운영하는 것에 반대하였다. 프랑스도 협의 대상에 포함해 달라는 요구는 번번이 묵살당했다.

결국 프랑스는 핵무장에 성공 이후 1966년 NATO를 탈퇴하였고, 43년 만인 2009년이 되어서야 나토에 복귀하였다. 프랑스는 NATO 복귀 시에도 여러 단서 조항을 두어 미국의 리더십에 저항하며 유럽 동맹국들이 NATO에서 역할을 강화하는 데 앞장서고 있다.

예컨대, NATO의 작전에 있어 프랑스는 충분한 재량권 행사를 하고, 프랑스 핵의 독자성 유지한다. 특히, 프랑스는 동맹의 핵 정책을 결정하는 NATO의 '핵 기획그룹'에 여전히 참여하지 않기로 하였다. 아울러 평상시 NATO의 상설 지휘권 하에 프랑스군이 놓이지 않고, 프랑스의 NATO 복귀 이전에 결정된 공동 분담의 의무를 지지 않는 것 등이다.[324]

영국이 브렉시트로 인해 EU와 결별한 상태에서 유럽에서 방위비 분

---

324) 이승근, "프랑스의 NATO 복귀 이후 유럽 안보 질서: 변화와 쟁점", 유럽연구, 제37권 4호(2019), 6-7쪽

담금 문제로 인해, NATO 내 미국 주도권의 약화 가능성이 있다. 이러한 상황에서 NATO에 복귀한 프랑스가 이러한 변수를 적극 활용함으로써 NATO가 유럽인 중심으로 개편될 가능성이 있다.[325] 트럼프가 국제 안보를 '비즈니스'로 만들자, 유럽 국가들은 전략적 자율성을 갖춘 유럽의 리더인 프랑스만 쳐다보고 있다.

한미동맹은 북핵에 '확장억제 전략'으로 대응하고 있다. 확장억제 전략은 북한이 도발했을 경우 곧바로 핵무기로 응징해야 하는데, 문제는 과연 미국이 "서울을 지키기 위해 뉴욕을 희생할 각오가 돼 있는가?" 북한이 핵무기로 미국을 위협할 경우 미국은 핵무기 사용을 주저할 수 있다.

미국은 자신이 서명한 부다페스트 양해각서에 따른 우크라이나 보호에도 실패하였다. 확장억제 의지를 표명하고 있는 워싱턴 선언(2023)도 '선언'일 뿐이다. 워싱턴 선언은 핵 협의그룹(NCG) 신설, 전략핵잠수함(SSBN) 등 미국 전략 자산의 정례적인 한반도 전개 확대, 핵 위기 상황에 대비한 도상 시뮬레이션 등 확장억제의 구체적인 작동 방식이 포함하고 있다는 점에서 의미가 있다. 하지만 선언 자체만으로 '드골의 의심'을 잠재울 수는 없다. 전술핵무기 배치, 나토식 핵 공유도 버튼을 미국이 누른다는 점에서 매한가지다.

우크라이나 전쟁에서 미국이 러시아의 핵 위협 때문에 강력한 지원을 주저하는 것은 장차 한국에서 어떤 일이 일어날 것인지를 보여준다. 러시아가 우크라이나를 침공한 이후 미국은 러시아의 핵 위협을 의식하여 특정 군사 행동을 억제하고 특정 무기 체계 제공을 삼가 왔다. 이러한 미국의 수세적인 행동은 북한의 핵 위협 시 전면적인 개입을 피하

---

325) Id, 19쪽

려 할 것임을 강력히 시사한다.[326]

2022년 가을 우크라이나군이 헤르손(Kherson)을 해방했을 때, 미국 정보부는 러시아군이 헤르손에서 후퇴하는 동안 주력을 잃으면 러시아의 핵 공격의 위험이 커질 것이라고 경고했다. 이에 따라 우크라이나는 후퇴하는 러시아군에 대한 대규모 공격을 포기하여 3만 명의 러시아군은 큰 피해 없이 후퇴했다. 미국 정보당국은 당시 조 바이든 대통령에게 우크라이나가 러시아 군에 포격하면 푸틴이 핵 공격할 확률이 50%가 될 수 있다고 경고한 바 있다.[327]

북한은 중국이나 러시아와 달리, 단 한 번의 재래식 전쟁 패배로도 즉각적인 붕괴에 직면할 것이기 때문에 핵 사용을 주저할 이유가 없다. 러시아와 중국은 우크라이나 전쟁, 대만 전쟁에서 패배하더라도 정권 붕괴의 위험성은 거의 없다. 그러나 북한은 열악한 재래식 전력과 전쟁 지속 능력의 부족 등으로 한국과 미국을 상대로 전쟁하면 정권이 소멸할 가능성이 크다는 사실을 잘 알고 있기 때문에 미국 개입 초기부터 핵 사용 위협을 할 것이다.[328]

미국의 확장 억제 전략은 핵잠수함 전략 폭격기 ICBM 등 전략 핵무기에 의존하는 것으로 한반도 환경에는 적합하지 않다. 따라서 한국의 전술핵 무기급 보유가 현실적으로 필요하다.

---

326) Robert Kelly and Min-hyung Kim, "Why South Korea Should Go Nuclear", Foreign Affairs, Volume 104, Number 1(Jan. 2025), 114쪽
327) Jürgen Nauditt on X: "The Armed Forces of Ukraine allowed a 30,000-strong group of the russian"
328) Kelly & Kim, 117-118쪽

4. 박정희 정부의 사례

1970년 6월 5일 해군 방송선이 북한 경비정에 납북되자 박정희 대통령은 '국방과학연구소'를 창설하였다. 이어서 주한 미군 제7사단 철수가 결정되었다. 박 대통령은 낙후된 무기와 장비로 북한을 대적할 수 없다고 보아 핵무기를 개발하기로 하였다. 1972년 비밀리에 프랑스와 플루토늄 재처리 장비와 기술 전수 계약을 체결하였다. 1974년 프랑스의 도움으로 매년 플루토늄 20kg(히로시마 투하 원자탄 2발 제조 가능)을 제조할 수 있는 재처리 시설 설계도를 완성하였다.

1974년 인도가 비동맹 국가로 최초 핵 실험에 성공하자, 미국은 핵무기 관련 자재 수입 데이터를 면밀히 분석하여 한국이 핵무기 개발에 착수했음을 알아낸다. 미국은 한국이 핵개발에 성공하면 일본도 핵무장을 하게 되고, 이는 동북아 안정에 해가 될 것으로 보았다. 미국은 초기에 프랑스로 하여금 한국에 협력하지 말 것을 요구했지만 프랑스는 이를 거부하였다. 결국 미국 정부는 한국이 핵 개발 강행 시 한미 안보 관계가 전면 재검토될 수 있다고 압박하자, 결국 박 대통령은 프랑스와의 계약을 취소하였다. 박 대통령은 프랑스제 재처리시설 구입을 포기하지만, 핵무기 확보 노력은 포기하지 않았다. 1978년 프랑스와 재처리 시설에 관한 협의를 재개했는데, 카터 미국 대통령이 프랑스 지스카르 데스탱과 담판으로 이를 좌절시켰다. 증언에 따르면 한국의 핵 개발은 전체 공정의 95%가 완료되었고 1981년 상반기 생산이 예정되었다.[329]

한미동맹은 박정희의 핵무기 개발이라는 자주국방 노력 측면에서 보면 일종의 제약이었다. 결국 박정희 대통령은 핵무기 개발이 아니라 한미동맹을 선택했다.[330]

박정희는 플루토늄 추출이 용이한 캐나다 중수로(CANDU)[331]를 월성에 건설하기로 하였다. 월성 원자력 발전소에는 4기의 중수로가 가동되었다. 그 중 월성 원전 1호기는 7,000억 원이 넘는 세금을 투입해서 정비하고 정상 운영 중이었는데, 문재인 정부의 '탈원전' 정책에 따라 2019년 12월 영구 정지되었다.

---

329) 오버도퍼, 119-125쪽
330) 스콧 스나이더(권영근, 권율 옮김), 『기로에 선 대한민국: 패권 경쟁 시대에서의 자주와 동맹』 연경문화사 (2018), 59쪽
331) CANDU(CANada Deuterium Uranium)는 전력 생산에 사용되는 캐나다의 가압 중수로이다.

5. 독자 핵무기 개발 시나리오

　미국이 북핵을 인정하고 국제 제재를 해제한다면, 북한은 명실상부한 핵보유국이 된다. 이 경우 북한은 여론전으로 한국을 협박하면 자중지란에 빠진 대한민국을 손쉽게 접수할 수 있게 된다. 따라서, 대한민국은 생존을 위해 지체없이 핵무장을 해야 한다. 미국의 용인하에 핵무기를 개발한 것이 가장 바람직하겠지만, 그것이 여의치 않을 때 비공개적으로라도 핵무장을 해야 한다.

　첫째, 컴퓨터 시뮬레이션으로 핵 실험을 생략한 후 핵보유국이 된 이스라엘 모델을 참고한다. 정교한 시뮬레이션으로 핵무기 능력을 미리 검증하는 것이다. 필요하다면 저위력 지하 핵 실험도 가능하다.

　한국은 전술형 핵무기 투하가 가능한 F-35, F-15와 F-16 전투기, 현무 미사일을 보유하고 있어서 핵무기의 즉각적인 전술 배치가 가능하다. 핵무기 타격 예정지역은 합동참모본부 작전계획 '기계획 항공임무명령서'(Pre-ATO)에 수록하여 정보판단에 따라 주기적으로 갱신한다. 한국의 역량으로 플루토늄 재처리와 우라늄 농축을 통한 핵무기 제조는 어렵지 않다. 서울대 원자핵공학과 명예교수인 서균렬 교수는 "한국은 1년 6개월 안에 핵무장을 할 수 있다. 우리는 핵 개발과 관련된 모든 기술을 가지고 있다. 기술과 인력 모두 풍부하다. 플루토늄을 추출하기만 하면 된다. 결정만 되면 일사천리로 진행할 능력을 갖추고 있다"라고 언급하였다.[332]

둘째, 핵확산금지조약(NPT) 10조의 '비상사태' 규정에 따라 NPT를 탈퇴한다. NPT 조약에는 '비상사태'라는 특수조항이 있다. NPT 조약 제10조 제1항은 "각 당사국은, 당사국의 주권을 행사하면서, 본 조약상의 문제에 관련되는 비상사태가 자국의 지상 이익을 위태롭게 하고 있음을 결정할 때는 본 조약으로부터 탈퇴할 수 있는 권리를 가진다. 각 당사국은 동 탈퇴 통고를 3개월 전에 모든 조약 당사국과 국제연합 안전보장 이사회에 행한다. 동 통고에는 동 국가의 지상 이익을 위태롭게 하고 있는 것으로 그 국가가 간주하는 비상사태에 관한 설명이 포함되어야 한다."라고 규정한다.

셋째, 핵무기 선제 불사용을 공개 천명한다. 주변국은 물론 북한을 상대로 핵무기를 먼저 사용하지 않는다는 메시지를 전달하여 한국의 핵무기는 '자위권용'임을 선언한다.

---

332) 정성장, 『왜 우리는 핵보유국이 되어야 하는가』 메디치미디어(2023), 117쪽

6. 핵물질 확보 전략

플루토늄탄이 효율성이 좋으나 현실적으로 우라늄탄 개발이 상대적으로 용이하다. 우라늄 농축은 통상 원심분리기를 사용하기에 긴 시간이 걸린다. 하지만 고농축 우라늄을 이용한 핵무기 제조 과정은 단순하며, 플루토늄 핵무기와는 달리 사전에 폭발 시험을 하지 않고도 실전에 사용 가능하다. 미국산 우라늄이나 장비를 사용할 경우만 제외하고 우라늄 농축은 동의가 요구되지 않는다.

히로시마 급 핵폭탄 한 개 제작에 필요한 농축 우라늄의 양은 20kg인데 '레이저 농축법'을 사용하면 약 3.5일이 걸린다. 원자로가 필요한 플루토늄과 달리, 농축 우라늄 핵폭탄 제조에는 원자로가 필요 없다. IAEA는 한국원자력연구원(KAERI)이 2000년 1~3월 적어도 3차례 극비 레이저 농축 실험을 해 0.2g의 농축 우라늄을 제조했으며 평균 농축도는 10%, 최대 농축도 77%인 것으로 파악했다.[333]

동아일보 1976년 3월 23일 기사에 따르면, 충북 옥천에서 대전에 이르는 지역에 우라늄광 800만 톤의 매장량이 발견돼 순 우라늄으로 3,600톤 정도를 자급할 수 있다고 하였다. 국내 매장된 우라늄의 품질은 '저품'이지만 우라늄의 국제 수급 여부에 따라 필요한 경우 개발하여 사용할 수 있다.

---

333) 연합뉴스, 2015-11-4

7. 퍼거슨 보고서로 본 한국의 잠재력 평가

2015년 찰스 퍼거슨 미국과학자협회(FAS) 회장이 제출한 퍼거슨 보고서(The Ferguson Report)는 한국의 핵무장 가능성을 심층 분석하며 국제적인 주목을 받았다. 보고서가 제시한 한국의 핵무장 가능성에 대한 주요 내용은 다음과 같다.[334]

* 신속한 핵무장 가능성: 한국이 NPT를 탈퇴하고 핵무기 개발에 착수할 경우, 기존의 통념(18~55개월 소요)과 달리 1년 안에 소량의 핵무기를 제조할 수 있다.
* 핵분열 물질 확보: 핵폭탄 제조의 가장 어렵고 중요한 요소는 핵분열 물질 확보로 본다. 보고서는 한국이 4~6개월 안에 "단순하고 빠른 재처리 시설"을 건설하여 매주 약 1kg, 연간 50kg의 플루토늄 생산이 가능하다.
* 단기간 핵무기 제조역량: 핵탄두 1개에 4~8kg의 플루토늄이 필요하다고 가정할 때, 한국은 재처리 시설 건설 후 6개월 이내에 3~6개의 핵무기를 제조할 수 있는 플루토늄을 확보할 수 있다.
* 월성 원전의 잠재력: 월성 원전에 비축된 사용후핵연료는 약 4,330개의 핵폭탄 제조에 필요한 양의 플루토늄을 제공할 수 있다.

---

334) Ch4_Ferguson.pdf - https://npolicy.org/books/East_Asia/Ch4_Ferguson.pdf

* 핵심 부품 보유: 한국은 핵폭탄 기폭 장치로 사용될 수 있는 고속 스위칭 장치인 크라이트론(krytron) 기술을 보유하고 있다.
* 핵무장 추진 동기 변화 가능성: 과거에는 한국이 미국의 핵우산과 국제 비확산 체제 옹호로 핵무기를 추구하지 않을 것이라는 관점이 지배적이었으나, 국가 안보가 위협받을 경우 핵무기를 추구할 가능성이 있다.
* 국제 제재 및 극복 가능성: 핵무장 시 국제적 제재 가능성을 인정하면서도, 1998년 인도의 사례처럼 한국도 경제적 어려움을 극복할 수 있을 것으로 예상했다. 특히 한국의 경제 규모와 원자력 산업에서의 중요도 때문에 다른 국가들이 강력한 제재를 가하기 어려울 것으로 분석했다.
* 미국의 잠재적 입장 변화: 동북아 안보 상황에 따라 미국이 한국과 일본의 핵무기 개발을 암묵적으로 환영할 수도 있다고 지적하며, 이것이 역내 안정 및 미국의 비확산 정책에 중대한 영향을 미칠 수 있다고 보았다.
* 효율적인 핵물질 확보 방안: 핵분열 물질 확보를 위해 우라늄 농축 시설보다 사용후핵연료 재처리 시설이 더 빠르고 실현할 수 있는 선택이라고 평가했다.
* 핵무장의 긍정적 파급 효과: 한국이 핵무장을 결정하면 북한의 대남 핵 우위 붕괴, 남북 군사력 균형을 통한 한반도 안정성 증진, 미국과 일본 본토의 안보 강화 효과를 전망했다. 또한, 안보에 대한 자신감을 바탕으로 개성공단 재가동 등 남북 대화 및 교류 협력의 적극적 재개도 가능할 것으로 예상했다.

8. 핵무장 시 예상되는 제재의 분석과 파급 효과

1. 핵확산금지조약(NPT) 탈퇴의 효과

1998년 당시 NPT[335] 미가입국이었던 인도와 파키스탄과 달리, 한국은 NPT의 핵심 당사국이다. 따라서 한국의 핵무장 추진을 위한 NPT 탈퇴 또는 위반은 국제 조약에 대한 직접적인 위반 행위가 된다. 이러한 법적 지위의 차이는 국제사회의 대응 방식에 질적인 차이를 가져올 가능성이 높다.

인도와 파키스탄의 핵 실험에 대한 제재는 주로 미국 국내법(글렌 수정법)이나 핵 실험을 규탄하는 안보리 결의에 기반했지만, 한국의 경우에는 'NPT 조약 의무 위반'이라는 보다 강력하고 보편적인 법적 근거를 갖게 된다.

---

335) 핵확산방지조약(Non Proliferation Treaty, NPT) 혹은 핵확산금지조약은 핵 비보유국이 핵무기를 보유하는 것과 보유국이 비보유국에 대하여 핵무기를 양여하는 것을 동시에 금지하는 조약이다. 핵무기가 무분별하게 제조, 사용되는 것을 막기 위해 1968년 채택된 조약이다. 1970년 발효되어 25년 후 존폐를 논의하기로 하였고, 1995년에 무기한으로 연장되었다. 이 조약으로 핵보유국을 기존 5개국으로 동결하였다. 현재 인도, 파키스탄, 이스라엘, 남수단 4개국을 제외한 모든 국가가 비준한 상황이다. 대한민국은 1975년 4월 23일에 가입했고, 북한은 당초 비준했다가 탈퇴했다.

이는 국제사회가 보다 통일되고 강력하며 법적으로 정당화된 규탄과 제재를 할 가능성을 높인다. 즉, 1998년 핵 실험 이후 보였던 일부 강대국(영국, 프랑스, 러시아)의 유보적인 태도나 제재 완화 과정에서의 지정학적 고려가 한국의 경우에는 적용되기 어려울 수 있다. NPT 체제 자체에 대한 공격으로 간주할 수 있기 때문에, 제재 연합이 더 광범위하게 형성되고 유지될 가능성이 크다.

2. 예상되는 제재

(1) 제재 유형

한국이 핵무장을 추진할 경우, 다음과 같은 포괄적이고 강력한 제재에 직면할 것으로 예상된다.

첫째, 경제 및 금융 제재이다. 한국 정부 및 관련 기관/기업의 해외자산 동결, 국제 금융 시스템(SWIFT) 접근 제한[336], 국제금융기구의 지원 중단, 한국과 금융 거래 금지, 핵 프로그램 관련자 및 지원 기관 제재, 한국과 거래하는 제3국 기업과 금융기관에 대한 2차 제재 가능성이 크다.

둘째, 무역 제재이다. 군용 물자 및 이중용도 품목에 대한 전면적인 금수 조치, 반도체, 자동차, 선박 등 한국의 핵심 수출 품목에 대한 광

---

[336] 국제은행 간 통신협회(Society for Worldwide Interbank Financial Telecommunication, SWIFT)는 은행 간의 국제 금융 거래를 중개하는 벨기에의 협동조합이다. 전 세계적인 금융기관 1만여 개가 참여하는 스위프트에 속하지 못한다는 것은 곧, 세계 금융 시장과 무역 거래에서 차단된다는 의미이다. SWIFT에서 배제되면, 수출업체나 무역업자들은 빨리 대금을 받지 못하거나 결제가 지연될 위험이 크기 때문에 해당 은행과 거래를 중단할 가능성이 커지게 된다.

범위한 무역 제한 또는 금지 조치, NSG[337], MTCR[338] 등 모든 수출 통제 체제에서 즉각적인 회원 자격 박탈 또는 축출될 것이다.

셋째, 기술 이전 제한이다. 원자력, 항공우주, 첨단 컴퓨팅, 인공지능 등 첨단 기술 분야에서의 모든 협력 중단 및 기술 이전 차단. 이는 한국의 연구개발 및 첨단 산업 경쟁력에 심각한 타격을 줄 것이다.

넷째, 원자력 에너지 부문 제재이다. 미국과의 원자력협정을 포함한 모든 국제 원자력 협력 협정 파기, 우라늄 농축 서비스 및 핵연료 공급 중단으로 국내 원자력 발전소(발전량의 약 30% 차지) 가동 중단 위협, 아랍에미리트(UAE) 원전 수출과 같은 한국의 원자력 수출 산업 완전 붕괴가 예상된다.

(2) 제재의 강도 및 영향

제재의 강도는 한국의 핵 프로그램을 완전히 좌절시키고 경제 전반에 심각한 비용을 부과하는 것을 목표로 할 가능성이 높다. 고도로 세계화되고 무역 의존적인 한국 경제에 미치는 영향은 파괴적일 수 있다.

핵심 수출 산업(기술, 제조업)이 글로벌 시장과 공급망에서 차단될 위험에 처하며, 이는 금융 위기, 대규모 자본 유출, 원화 가치 폭락 등을 유발할 수 있다. 에너지 안보 역시 심각하게 위협받을 것이다.

경제 제재와 예방적 공격의 인적, 경제적 비용은 핵무장에 대한 한국 국민의 선호를 약화할 수 있지만, 적대적인 국제 반응이 오히려 민족주의를 자극하여 지지 수준을 일정 부분 유지하게 할 가능성도 있다.

---

337) 핵 공급국 그룹(Nuclear Suppliers Group)을 의미하며, 핵무기 확산을 방지하기 위한 다자간 수출 통제 체제이다.
338) MTCR(Missile Technology Control Regime)은 미사일 기술 확산을 막기 위해 설립된 다자간 수출 통제 체제이다. 1987년 미국을 포함한 7개국이 설립했으며, 현재는 35개국 이상이 회원으로 참여하고 있다.

(3) 외교적 고립

NPT 탈퇴는 즉각적인 외교적 고립을 초래할 것이다. 국제사회에서 쌓아온 신뢰와 명성, 소프트 파워가 심각하게 훼손될 것이며, 책임 있는 민주주의 파트너의 지위를 상실하게 된다. 북한처럼 IAEA에서 축출될 가능성도 있다

(4) 동맹 파탄

한미상호방위조약 파기, 주한 미군 철수, 확장억제 공약 폐기 등 동맹 관계의 완전한 붕괴로 이어질 가능성이 매우 높다. 이는 한국이 북한 및 주변 강대국들의 위협에 독자적으로 맞서야 하는 최악의 안보 상황을 초래할 것이다.

한국의 핵무장 시나리오에서 주목해야 할 독특한 측면은 바로 민간 원자력 부문에 대한 제재이다. 한국은 세계적인 원자력 발전 강국이자 원전 수출국으로서, 국내 전력 생산의 상당 부분(30% 이상)을 원자력에 의존하고 있다. 이는 1998년 당시 상대적으로 미미한 민간 원자력 프로그램을 가졌던 인도나 파키스탄과는 확연히 다른 점이다. 한국이 NPT를 탈퇴하고 핵무장을 추진할 경우, 국제사회, 특히 미국을 비롯한 핵연료 공급국들은 핵연료 공급 계약 및 원자력 협력 협정을 파기할 가능성이 매우 높다.

이는 한국 내 원자력 발전소 가동 중단으로 이어져 국가 에너지 안보에 심각한 위기를 초래하고, 반도체, 철강 등 에너지 다소비 산업의 경쟁력까지 위협할 수 있다. 또한, 한국의 원전 수출 길도 완전히 막히게 될 것이다.

이처럼 한국의 강점인 민간 원자력 역량이 역설적으로 핵무장 시나

리오에서는 치명적인 아킬레스건으로 작용하며, 국제사회에 강력한 제재 수단을 제공하게 된다. 이는 1998년 인도/파키스탄 사례에서는 찾아볼 수 없었던 한국만의 취약점이다.

3. 인도, 파키스탄 제재와의 유사점과 차이점

(1) 유사점

한국이 핵무장을 추진할 경우, 1998년 인도와 파키스탄에 적용되었던 제재의 핵심 요소들이 유사하게 나타날 가능성이 높다. 미국은 글렌 수정법 또는 NPT 위반을 겨냥한 유사 법률에 따라 포괄적인 제재를 주도할 가능성이 높다. 국제 금융 기구 대출 차단, 군사 및 이중 용도 품목 거래 제한, 금융 제재, 외교적 규탄 등 1998년에 사용되었던 다양한 제재 수단들이 동원될 것이다. 또한 유엔 안보리 결의를 포함한 광범위한 국제적 비난과 압박에 직면할 것이다.

(2) 차이점

그러나 여러 요인으로 인해 한국에 대한 제재는 1998년 인도와 파키스탄 사례보다 훨씬 더 가혹하고 포괄적이며 지속적일 가능성이 높다.

첫째, NPT 위반의 심각성이다. NPT 당사국의 조약 위반은 비당사국의 핵 실험보다 국제 규범에 대한 더 심각한 도전으로 간주되어, 보다 강력하고 통일된 국제적 대응을 정당화한다. 인도와 파키스탄은 핵 실험 당시 NPT 밖에 있었고, 지금도 미가입 상태이다.

둘째, 제재 범위의 확대이다. 한국의 발달한 민간 원자력 부문(핵연료

공급 중단, 원전 수출 차단 등)과 글로벌 공급망에서의 핵심적 역할(첨단 기술 분야 제재)은 1998년 인도와 파키스탄 사례에는 없었던 추가적인 제재 표적과 수단을 제공한다.

셋째, 동맹 파기의 전략적 비용이 많이 든다. 제재는 단순한 경제적 압박을 넘어, 한미동맹 파기 및 미국의 안보 공약 철회라는 치명적인 전략적 결과와 결부될 것이다. 이는 인도나 파키스탄이 겪지 않았던 종류의 비용이다.

넷째, 제재가 지속될 가능성이 크다. 1998년 인도와 파키스탄 제재는 지정학적 변화로 비교적 빨리 완화되었지만, 민주주의 동맹국의 NPT 탈퇴라는 충격적인 사건은 비확산 체제 수호를 위한 국제사회의 정치적 의지를 더 강하게 결집해 제재가 더 오래 지속될 가능성이 있다. 물론, 한국 경제의 중요성으로 인한 막대한 글로벌 경제적 파급 효과가 역으로 제재 완화 압력으로 작용할 수도 있지만, 초기 충격과 장기적 고립의 위험은 매우 크다.

9. 한국 핵무장의 내부 난관

필자는 한국의 독자 핵무장의 필요성을 찬성하면서도, 독자 핵무장은 실현이 어렵다고 생각한다. 두뇌, 기술, 의지를 갖추어도 진영 논리에 따른 반대가 가장 큰 장애물이다. 즉, 핵무장의 장애물이 외부에도 있지만 한국 내부에 더 큰 장애물이 있다.

1998년 핵 실험으로 강력한 제재를 받은 파키스탄은 중국과의 전략적 동반자 관계 강화를 통해 위기를 극복하였다. 미국 주도의 제재에 직면할 때마다 파키스탄은 중국과의 협력을 통해 경제적, 군사적 지원을 확보하려 했고, 이는 양국 관계를 더 밀착시키는 결과를 낳았다.[339] 또한 파키스탄 지도부는 핵무기를 인도의 위협에 맞서 국가 생존을 보장하는 필수 불가결한 요소로 간주했기 때문에, 제재로 인한 경제적, 외교적 고통을 감수하면서까지 프로그램 개발을 최우선 순위로 추진했다.

인도 정부도 핵 실험 결정 당시 경제적 파장을 예상하고 감수할 준비가 되어 있다고 할 정도로 국가적 결기를 보여주었다. 인도의 사례는

---

339) "The China-Pakistan Nuclear Deal: A Realpolitique Fait Accompli", NTI, 2011-12-10

제재를 통해 시작된 국제적 압력이 역설적으로 인도의 핵 지위를 사실상 인정하고 국제 핵 질서에 편입시키는 결과로 이어졌다. 미국의 제재는 9/11 테러 이후 미국의 전략적 우선순위 변화, 인도의 전략적 가치 부상, 미국 내 경제적 이해관계 등 지정학적 및 경제적 요인으로 인해 비교적 단기간 내에 완화 및 해제되었다. 강대국의 전략적 이해관계가 비확산 규범보다 우선시되었다.[340]

이에 반해 한국은 사정이 다르다.

첫째, 한국은 파키스탄과 같이 중국과 같은 대안적 동맹이 없고, 인도와 파키스탄과 같이 제재를 감내할 만한 '결기'도 부족하다.

둘째, 장기적인 핵 개발 프로그램을 추진할 리더십 부재도 문제이다. 잦은 정권 교체로 일관성 있는 핵 안보 정책을 추진할 수 있는 사람이 없는 것이 가장 큰 문제다. 한국의 주요 정책이 각종 시민단체, 일부 정당의 반대로 제대로 추진되는 것이 없다는 사실도 장애요인이다.

셋째, 여론조사에서 나오는 핵무장에 대한 높은 지지율도 고강도 제재로 인한 피해의 실상을 알고 나면 급격히 낮아질 것으로 본다. 제재 초기의 충격과 장기적 고립의 공포는 한국 사회를 분열시킬 것이고, 북한이 소위 '시민단체'라는 조직들을 배후에서 조종하여 혼란을 선동할 가능성도 매우 크다. 천안함, 세월호, THAAD 사태를 떠올리면 쉽게 알 수 있다.

인도와 파키스탄의 핵무장 및 제재 사례는 참고 자료로서 가치가 있지만, 한국의 독특한 전략적, 법적, 경제적 상황을 고려할 때 그 적용에는 명확한 한계가 있다. 한국의 핵무장 추진은 1998년 인도와 파키스탄 사례와는 비교할 수 없을 정도로 심각한 국제적 제재와 고립, 그리

---

340) Aniruddha Saha, "In the Shadow of Sanctions? US-India Relations and the S-400 Purchase", 2021-1-29, https://www.e-ir.info/2021/01/29/in-the-shadow-of-sanctions-us-india-relations-and-the-s-400-purchase/

고 동맹 상실이라는 파국적인 결과를 초래할 가능성이 압도적으로 높다. 한국의 안보를 확보하기 위한 최선의 방안은 자체 핵무장이지만, 국가 내부 여건이 이를 허용하지를 않는다. 한국 특유의 당략 갈등, 시민단체의 선택적 반대가 국가 안보의 발목을 잡는다.

결국 한미동맹의 틀 안에서 확장억제 실행력을 지속적으로 강화하고, 북한의 비핵화를 위한 외교적 노력을 병행하며, 국제사회와의 긴밀한 공조를 통해 비확산 체제를 유지·강화하는 데 집중하는 것이 안타깝게도 유일한 방안이다.

10. 핵 추진 잠수함 도입 논의

1. 왜 핵 추진 잠수함인가

핵 추진 잠수함은 고속으로 장기간 은밀한 작전이 가능하며 SLBM[341]탑재가 가능한 전략무기 수단이다. 북한뿐만 아니라 중국, 러시아 등 주변국에 대비할 수 있는 비대칭적 전략 무기체계이다. 핵 추진 잠수함은 한국과 같은 강소국이 군사 대국에 대항할 수 있는 '고슴도치 전략'의 핵심 수단이다. 여기에 SLBM까지 탑재하면 건드리기 어려운 나라가 된다. 지금 북한이 가고 있는 길이다.

한국원자력연구원은 2027년까지 70MW급 선박용 소형모듈원전(SMR)을 개발 중이므로 이를 핵추진잠수함에 활용할 수 있다. 2015년 개정된 한·미 원자력협정은 한국이 미국산 우라늄을 20% 미만으로 저농축하고자 할 때는 고위급 위원회 협의를 통해 서면 약정으로 합의해야 가능하지만, 비핵국가로서 후속 조치에 어려움이 많음으로 고농축 우라늄으로 가야 한다. 참고로 미국, 영국은 고농축우라늄, 러시아, 중국, 인도는 저농축우라늄을 연료로 사용한다.

---

341) 잠수함 발사 탄도 미사일(Submarine-Launched Ballistic Missile, SLBM)

2. 브라질의 경우

1950년대 이래로 브라질 정부는 핵기술 습득을 위해 미국과 협력을 추진했지만, 미국은 브라질 최초의 원자력 발전소에 연료를 공급하기를 거부했다. 브라질은 프랑스의 기술지원으로 2036년경 6,000톤 핵 추진 잠수함인 '알바로 알베르토(Alvaro Alberto)' 호를 건조할 계획이다. 유엔 안전보장이사회 상임이사국 5개국 외에 인도, 호주에 이어 핵 추진 잠수함을 건조하는 세 번째 국가가 된다.[342] 브라질은 1998년 NPT에 가입하였다. 브라질 핵 추진 잠수함의 건조는 브라질 대통령 룰라와 당시 프랑스 대통령 니콜라 사르코지 간 2008년 협정으로 이루어졌다. 브라질은 잠수함에 원자로를 통합하고 핵 추진과 관련된 장비를 획득하기 위해 프랑스로부터 기술 이전을 확대하고자 노력해 왔지만, 프랑스는 핵확산에 대한 우려로 인해 신중한 태도를 보이고 있었다.

LA급 공격용 핵잠수함(USS Pasadena, SSN 752) 부산항 입항(US PACOM)

---

342) https://www.lemonde.fr/en/international/article/2024/03/27/france-to-help-brazil-develop-nuclear-powered-submarines_6659812_4.html

3. 호주의 경우

2021년 9월 미국, 영국, 호주 등 3개국은 '오커스(AUKUS) 동맹'을 체결하고, 호주에 핵 추진 잠수함 기술 전수를 결정하였다. 미국, 영국의 지원으로 호주에서 8척의 핵 추진 잠수함을 건조하기로 하였다. 미국의 호주에 대한 핵잠수함 기술 전수는 인도·태평양에서 힘의 균형을 맞추려는 미국의 전략적 선택이다. 미국과 영국은 호주와 핵 추진 기술을 공유하는 데 따른 위험이 중국의 공격적인 공격에 대비해 헤지 할 만한 가치가 있다고 판단하였다. 호주는 미국, 영국과 함께 '앵글로 섹슨 국가'의 한 축이다. 이러한 동질성, 친밀감과 지정학적 요인이 호주의 원자력 추진 잠수함 보유에 한몫했다.

반면 한국은 한미동맹을 강조하지만, 호주나 일본과 달리 중국과 완전히 대립각을 세울 수 없다. 이러한 현실적인 여건을 고려할 때 미국이 한국에 핵잠수함 기술을 전수하는 것은 불가능하다. 미국이 한국에 핵잠수함 기술 지원을 하려면 최소 세 가지 조건을 갖춰야 한다. 첫째, 중국이라는 적을 공유하고, 둘째, 함께 적과 싸울 수 있어야 하며, 셋째, 자국의 패권 유지에 맹방이어야 한다. 하지만 경제적 국익을 위해서 중국과 균형 외교를 도모할 수밖에 없는 것이 한국이 처한 현실이다. 이것이 결국 핵 추진 잠수함 도입에 발목을 잡고 있다.[343]

---

343) 서울신문, 2023-4-9

4. 자체 개발 가능하다

 2017년에 개정된 「한미 원자력협정」에 따라서 우리나라는 20% 저농축 우라늄 235를 농축할 권리를 부여받았지만, 평화적인 목적으로만 사용해야 한다는 제약이 따른다. NPT 체제에서 해군 추진용 원자로(naval propulsion reactor)는 금지 사항이 아니다. 다만 핵무기 전용 방지를 위해 핵물질의 사용에 대한 보고의무를 가진다. 브라질과 같이 한국도 프랑스와의 협력으로 핵 추진 잠수함을 개발할 수 있다. 프랑스와의 협력은 한미 원자력협정상 제한사항이 아니기 때문이다. 우리나라 잠수함의 원조는 독일 HDW 사의 209급 잠수함이다. 프랑스와의 핵 추진 잠수함 협력은 한국 잠수함의 기술을 한 단계 업그레이드 해줄 수 있지 않나 생각해 본다.

 저농축 우라늄(90% 이하)도 핵 추진 잠수함에 연료로 사용이 가능하지만, 짧은 교체 주기로 재처리, 폐기 등 후속 처리가 요구되어 한국과 같은 비핵무기국에게는 비폭발성 군사용으로 적합하지 않다. 따라서 고농축 우라늄(HEU, 90% 이상)을 연료로 사용하고 INFCIRC/153의 14항을 활용하는 방안을 고민해야 한다. 고농축 우라늄을 필요로 하는 잠수함 핵연료를 국내에서 생산한다면, 아직 잠수함 연료로 전환되지 않은 핵 물질의 비축을 구축할 기회가 생기고, 국제 사회가 대응할 기회를 얻기 전에 이를 전용할 수 있다.

5. 오커스는 어떻게 NPT 위반을 회피했나?

 2021년 9월, 미국, 영국, 호주는 AUKUS(오커스) 안보 협정을 체결하고, 이를 통해 미국과 영국의 핵 추진 잠수함 기술을 호주에 이전하기로 합의하였다.

이 협정은 비핵무기국인 호주가 핵 추진 기술을 도입하는 첫 사례로, 국제 핵 비확산 체제(NPT)의 원칙에 대한 도전으로 간주한다. 유엔 주재 중국 대표부는 미국과 영국이 NPT의 목표와 목적을 명백히 위반하고 있다고 비난하며, 이러한 이중 기준은 국제 핵 확산 체제의 권위와 효과를 손상할 것이라고 하였다. 한편, IAEA 사무총장인 라파엘 그로시(Rafael Grossi)는 AUKUS 파트너들이 "최고 수준의 비확산 및 안전 조치 기준이 충족되도록 하는 데 전념하고 있다"라고 믿고 있으며, "지금까지 3개국이 보여준 참여와 투명성에 만족한다"라고 밝혔다.[344]

핵 추진 잠수함은 일반적으로 고농축 우라늄을 연료로 사용한다. 저농축 우라늄은 핵 추진 잠수함에 연료로 사용할 수 있지만, 짧은 교체 주기로 재처리, 폐기 등 후속 처리가 요구되어 비핵무기국에게 비폭발용 군사 용도로 적합하지 않다.

NPT는 비핵무기국이 군사적이 아닌 목적(예: 해군 추진 시스템)으로 핵 물질을 사용할 수 있도록 예외를 허용하고 있다. 즉, INFCIRC/153의 14항은 해군 핵 추진을 포함한 금지되지 않은 군사 활동에 일상적인 안전 조치 활동을 적용하지 않도록 규정하고 있다. 그러나 지금까지 어떤 국가도 14항(안전 조치 협정)에 따라 합의를 체결하지 않았다.[345] 캐나다가 1980년대에는 시도했다가 추진하지 않았다.

AUKUS 협정은 이 조항을 활용하여, 호주에 고농축 우라늄 연료를 제공하면서도 이를 '비핵무기 목적'으로 간주하여 NPT 위반을 회피하고 있다. 우리나라도 핵추진 잠수함을 개발 시 이를 참고할 필요가 있

---

344) Julian Borger, "Aukus nuclear submarine deal loophole prompts proliferation fears", The Guardian, 2023-3-14
345) John Carlson, "IAEA Safeguards, the Naval "Loophole" and the AUKUS Proposal", Vienna Center for Disarmament and Non-Proliferation (VCDNP), 2021-10-8, 2-3쪽

다. 브라질-프랑스 협력은 2036년 결과물이 나올 것으로 예상된다.

NPT는 비핵무기국이 핵물질의 비폭발적 군사적 사용을 금지하지 않으며, 핵물질이 그러한 비군사적 사용의 경우, 국제원자력기구(IAEA)가 무기 프로그램을 위한 핵물질 생산에 연료가 전용되지 않도록 하는 일상적인 안전 조치가 일시적으로 적용되지 않는다는 것을 의미한다. 제14조 규정에 따라 일상적인 안전 조치 절차는 핵 폭발물과 같은 금지된 사용과 달리 금지되지 않은 군사 활동에 사용되는 핵 물질에는 적용되지 않는다. 이를 적용하면 기밀 군사 정보가 노출되기 때문이다. 그러나 비폭발적 사용 의무는 계속 적용되며, 군사적 사용이 종료되면 안전 조치가 다시 적용된다. 해당 국가는 IAEA와 협의하여 IAEA에 해당 물질에 대해 알리고 궁극적으로 안전 조치로 복귀하도록 해야 한다.[346]

확산 우려를 완화하기 위해 호주는 자국 영토에 훈련용 원자로를 두지 않고 대신 미국과 영국에서 잠수함 승무원을 훈련하기로 합의했다. 호주는 사용 후 핵연료를 농축하거나 재처리하지 않을 것이며, 미국과 영국이 제공하는 핵분열성 물질은 수명 기간 연료를 재공급할 필요가 없는 용접된 유닛으로 제공된다. 호주는 무기로 사용할 수 있도록 사용 후 연료를 화학적으로 재처리하는 데 필요한 장비를 획득하지 않기로 약속했다. 이것은 핵연료가 핵무기 사용으로 전용되는 것을 막으려는 조치이다.

또한 국제원자력기구(IAEA)는 핵물질의 민간 사용을 감시할 책임이 있으나, 군사용 목적의 핵물질에는 직접적인 사찰 권한이 없다. AUKUS의 경우, 고농축 우라늄 연료가 잠수함에 탑재되는 순간부터

---

[346] AUKUS Nuclear-Powered Submarine Deal - Non-proliferation Aspects, https://vcdnp.org/home/, 2021-9-28

IAEA의 사찰 범위를 벗어나게 된다. 이에 따라, 호주는 무기급 핵물질을 보유하면서도 국제 사회의 감시를 받지 않는 전례 없는 사례가 되며, 이는 핵 확산 가능성을 실질적으로 증가시키는 결과를 초래할 수 있다.

AUKUS 협정은 NPT가 의도하지 않았던 방식으로 핵무기급 물질의 이전을 가능케 하였다. 이는 다른 비핵무기국들 역시 '핵 추진 잠수함 개발'을 명분으로 고농축 우라늄을 확보하려는 시도를 자극할 수 있다. 따라서 이번 사례는 NPT 체제를 약화하고, 핵 확산의 새로운 경로를 열어주는 위험한 선례로 평가된다. 특히 중동, 동북아 등 핵무기 비보유국 간 긴장이 존재하는 지역에서 이와 유사한 시도가 나타날 가능성이 있다.

국가는 핵 추진 잠수함 프로그램을 핵 능력을 개발하기 위한 구실로 사용할 수 있다. 국가가 고농축 우라늄이 있어야 하는 잠수함 연료를 국내에서 생산한다면, 아직 잠수함 연료로 전환되지 않은 핵 물질의 비축을 구축할 기회가 생기고, 국제 사회가 대응할 기회를 얻기 전에 이를 전용할 수 있다.[347]

---

347) Alexander Hoppenbrouwers, "The non-proliferation considerations of nuclear-powered submarines", European Leadership Network, 2024-10-29

맺음말

 이 책에서 우리는 국제법상 국가의 고유한 권리인 자위권이 한반도의 특수한 안보 상황에서 어떻게 이해되고 적용되어야 하는지를 여러모로 살펴보았다. 유엔 헌장에 명시된 자위권은 대한민국의 헌법적 가치인 국토방위 및 국민 보호 의무와 직결된다. 그러나 70년 이상 지속된 불안정한 정전 체제와 북한의 지속적인 군사적 위협 및 핵무기 개발은 자위권 문제를 단순한 법적 권리를 넘어 국가 생존의 핵심 과제로 부상시켰음을 확인하였다.

복합적인 안보 환경 속 자위권의 재정립

 한국이 자위권을 실질적으로 행사하기 위해서는 강력한 국방력이 필수적이다. 특히 국지 도발 시 군사적 대응의 신속성과 절제성은 정치적, 전략적으로 매우 중요하다. 천안함 피격 사건과 연평도 포격 도발에서 나타난 바와 같이, 적시에 반격 기회를 상실하면 위기관리의 주도권을 적에게 빼앗길 우려가 크다. 따라서 적보다 양적, 질적으로 우위를 점할 수 있는 군사력 확보가 필수적이다.[348] 북한의 핵·미사일 위협과 재래식 군사력에 대응하고 미래 안보 도전에 대처하기 위한 지속적인 국방력 강화가 절실하다. 첨단 전력 확보는 물론, 독자적인 감시·정찰 능력 강화와 효과적인 작전 개념 발전이 뒷받침되어야 한다.

동시에 한국의 자위권은 한미동맹이라는 구조적 틀 안에서, 그리고 주변 강대국들의 전략적 이해관계 속에서 복잡하게 작동한다. 전시 작전 통제권, 주한 미군의 역할, 중국의 전량외교, 일본의 안보 정책 변화, 북러 군사 협력 심화 등은 자위권 행사에 새로운 도전 과제를 제시한다. 특히 '강한 자에게 유연하고 약한 자에게 무자비한' 중국의 전량외교 기조를 염두에 두고 정교한 국가·군사 전략을 수립해야 한다. 또한 사이버 공격과 같은 새로운 안보 위협은 전통적인 자위권 개념으로는 대응하기 어려운 영역이므로, 관련 법제 정비와 국제 공조 강화를 통해 대응 역량을 시급히 확보해야 한다.

과거 북한의 도발 사례들은 한국의 자위권 행사와 교전규칙 운용에 중요한 시사점을 제공한다. 2010년 연평도 포격 도발은 자위권과 교전규칙에 대한 이해 부족이 위기관리의 허점으로 작용할 수 있음을 보여주었다. 반면 특정 사건에서는 지휘관의 단호한 결단이 효과적인 자위권 행사로 이어지기도 하였다. 대북 유화 정책이 자위권 행사에 걸림돌이 되지 않도록 유의하고, 유엔 안보리에 대한 자위권 행사 보고 의무를 충실히 이행하여 북한의 군사적 무모성을 국제사회에 적극적으로 알리는 것 또한 중요하다.

---

348) 박정이, 『국가안보 패러다임의 변환』 백암(2019), 349쪽

국가 존립을 위한 근원적 질문: 희생에 헌신 대한 감사와 보답

궁극적으로 진정한 강국은 단순히 군사력과 경제력만으로 이루어지지 않는다. 국가 시스템의 공정성에 대한 국민적 신뢰와 국가를 위한 희생과 헌신에 대한 합당한 예우가 그 바탕이 되어야 한다.[349] 하지만 '서해수호의 날'[350]이 제정되었음에도 서해를 용감하게 지켜낸 젊은 영웅들과 그 유족들이 정당한 예우를 받지 못하고 오히려 비난의 대상이 되는 현실은 안타까움을 자아낸다.

탈북자 출신 동아일보 주성하 기자의 "전사증이 뭐길래… 북한군은 왜 목숨을 내거는가?" 기사는 이러한 현실을 명확하게 보여준다.

"우크라이나 전쟁에서 전사한 북한 군인들의 유족들은 새로운 핵심 계층으로 부상하여 노동당 간부 임용, 핵심 엘리트 양성 기관 특례 입학, 생필품 및 물자 보급에서의 우선권, 심지어 평양 거주 우선권과 주택까지 부여받는다. 반면, 한국 사회에서는 나라를 위해 헌신한 영웅들의 유족들이 충분한 보상을 받지 못하고, 심지어 서울에서 변변한 방 한 칸 마련조차 어려운 수준의 보상에 머무는 현실이다. 일반 시민과의 보상 차이도 크지 않으며, 취업이나 생필품 공급과 같은 실질적인 혜택 또한 미미한 것이 현실이다. 불필요한 공항이나 도로 건설에 천문학적인 국민의 혈세를 낭비하면서도, 정작 나라를 위해 모든 것을 바친 영웅들에게는 왜 이렇게 인색한 것인지 깊이 고민해 봐야 한다."[351] 주성하 기자의 질문은 우리 사회에 근본적인 반성과 국가의 존재 이유를

---

349) 김광일, "이재명 재판과 표현의 자유", 조선일보, 2024-11-11
350) '서해수호의 날'은 매년 3월 넷째 금요일로 지정된 기념일로, 서해에서 북한의 도발로 희생된 서해수호 55 영웅과 참전 장병의 헌신을 기리기 위해 지정되었다.
351) 주성하, "전사증이 뭐길래… 북한군은 왜 목숨을 내거는가", 동아일보, 2025-5-10

묻고 있다.[352]

희생과 헌신에 대한 감사와 보답은 외국인이라고 하여 예외가 될 수 없다. 부산광역시 남구 대연4동에 가면 '유엔 기념공원'이 있다. 그곳은 한국 전쟁에서 전사한 11개국 약 2,300명의 유엔군 장병을 기리고 유해가 안장된 유엔군 묘지이다. 미군 전몰자 36,516명의 명단 비도 있다. 멋진 묘목과 조용한 분위기로 필자는 부산에 가면 가끔 가보곤 한다. 이승만, 윤보선, 박정희, 이명박, 박근혜 전 대통령의 기념식수가 있다. 윤석열 전 대통령도 2023년 7월 27일 위령탑을 참배하고 유엔군 전몰 장병들을 추모했다. 이 땅에서 공산주의자 침략에 목숨을 바친 영령들에 최소한 기본적인 예의는 갖추어야겠다. 그들의 희생이 있었기에 오늘의 한국이 있다.

리더의 자격

자위권은 궁극적으로 국민의 의지와 정신력에 의해 발현된다. 대통령부터 일선 장병, 그리고 생업에 종사하는 온 국민이 굳은 정신으로 단결하고, 국가를 위해 희생한 이들에게 합당한 예우가 이뤄질 때 비로소 그 누구도 넘볼 수 없는 강한 대한민국이 된다.

한국의 특수한 안보 환경 속에서 국가의 최고 지도자에게 요구되는

---

[352] 군인과 경찰이 전사, 순직을 해도 보상이 터무니없이 적은 이유는 '헌법' 규정 때문이다. 헌법 제29조 제2항에 따르면 군인 등의 국가배상청구권이 제한된다. "군인·군무원·경찰공무원 기타 법률이 정하는 자가 전투·훈련 등 직무집행과 관련하여 받은 손해에 관해서는 법률이 정하는 보상 외에 국가 또는 공공단체에 공무원의 직무상 불법행위로 인한 배상은 청구할 수 없다."
헌법 제29조 제2항을 구체적으로 법률에 반영한 것이 국가배상법 제2조 제1항 단서이다. 군인 등의 국가배상 청구 제한 규정은 1967년 국가배상법 개정을 통해 처음 도입되었다. 당시 입법의 주된 이유는 베트남 전쟁 파병으로 인한 사상자 증가와 이에 따른 국가의 재정적 부담을 우려했기 때문이었다.
헌법 제29조 제2항의 폐지 또는 전면 개정, 그것이 어렵다면 최소한 다른 법률에 따른 보상 수준을 실질적인 손해배상액에 근접하도록 대폭 상향 조정해야 한다는 주장이 꾸준히 제기되고 있지만 그뿐이다.

최고의 덕목은 바로 솔선수범이다. 특히 국군 통수권자인 대통령에게는 병역의무를 이행한 경험이 필수적인 자격이 되어야 한다. 이는 대통령이 위기 발생 시 군의 실제 상황을 보다 현실적으로 이해하고, 책임감 있는 판단을 내릴 수 있는 기반이 되기 때문이다. 병역의무 이행은 국가 안보를 더욱 굳건히 하고, 국민에게 신뢰를 주는 리더십의 중요한 표상이 될 것이다.

참고문헌

1. 논문 및 단행본

- 강선주, "중견국 외교 전략: MIKTA의 외연 확장을 중심으로", 정책연구과제, 2014-14, 국립외교원 외교안보연구소
- 고영주, 장영관, 『대통령이 된 간첩』 북저암(2024)
- 구로다 가쓰히로(조양욱 옮김), 『날씨는 맑으나 파고는 높다』 조갑제닷컴(2017)
- 구로다 가쓰히로, 『누가 역사를 왜곡하는가?』 7분의 언덕(2022)
- 국방부 군사편찬연구소, 『국방사건사』 제 1집(2012)
- 권영대, 『폭침 어뢰를 찾다』 조갑제닷컴(2016)
- 권혁철, "선제적 자위권 행사 사례 분석과 시사점", 국방정책연구 제28(4)권 (2013)
- 기윤서, 『한반도 교전규칙』 한국학술정보(2013)
- 김경민, 『김경민 교수 북핵, 일본 핵을 말하다』 가나북스(2013)
- 김계동 외, 『현대 한미관계의 이해』 명인문화사(2019)
- 김덕기, "중국의 서해와 동중국해 내해화를 위한 군사 활동 증가와 한국의 대응 전략에 관한 소고", 한국해양안보논총, 제5권 제1호(2022년 6월)
- 김동욱, "조약의무 이행을 위한 사법부 판결과 행정부의 상관관계에 관한 연구: 1965년 한·일 청구권 협정을 중심으로", 부경법학 제12권(2021년 12월)

- 김동욱, "천안함 사태에 대한 국제법적 대응", 해양전략, 제146호(2010년 6월)
- 김동욱, "독도 현안과 국제법적 대응", Strategy 21(2014년 겨울호)
- 김동욱, 『한반도 안보와 국제법』한국학술정보(2010)
- 김성만, 『천안함과 연평도』상지피앤아이(2011)
- 김은영, "북한의 사이버상 영향력 공작에 대한 탐구적 연구", 사이버안보연구, 창간호 (2024)
- 김태우, 『북핵을 넘어 통일로』명인문화사(2012)
- 김태현, "국제 위기 흥정 이론과 북미 관계: 제1차 북핵 위기(1993~94)의 사례", 한국과 국제정치, 제40권 1호(2024)
- 김창준, 권성진, 박성수, "대남 도발에 대한 강경 도발의 실효성", 한국군사학논집 제78 제2권(2022)
- 김충남, 문순보, 『민주시대 한국 안보의 재조명』오름(2012)
- 김충남, 『대통령의 안보리더십』플래닛미디어(2022)
- 노석조, 『강한 이스라엘 군대의 비밀』메디치(2018)
- 대한민국 정부, 『천안함 피격 사건 백서』2011
- 돈 오버도퍼, 『두 개의 한국』길산(2015)
- Lerner, Mitchell(김동욱 옮김), 『푸에블로호 사건: 스파이선과 미국 외교정책의 실패』높이깊이(2011)
- 미치시타 나루시게(이원경 옮김), 『북한의 벼랑 끝 외교사』한울(2014)
- 박수유, "남한의 민주화와 정보화를 활용한 북한의 대남혁명전략 변화", 신아세아, vol.30(3), 2023
- 박수유, 『남한의 민주화에 대한 북한의 대남 인식과 전략: 1980년~1990년대를 중심으로』, 박사학위논문(2022), 북한대학원대학교
- 박시영, 『1960-70년대 북한의 군사적 모험주의 연구: 위협인식과 전략적 선택』박사학위논문(2015), 북한대학원대학교
- 박영준, "일본제국 전쟁사에 비추어본 21세기 일본의 안보전략 평가", 동북아역사리포트, vol.62(2024)
- 박은식, 『당신을 설득하고 싶습니다』기파랑(2024)
- 박정이, 『국가안보 패러다임의 변환』백암(2019)

- 박철희 외, 『일본의 집단적 자위권 도입과 한반도』 서울대 출판문화원(2016)
- 박희도, 『돌아오지 않는 다리에 서다』 샘터(1988)
- 배준형, "일본의 해양전략과 해상자위대 전력 운용 변화 분석", 한일군사문화연구, 제36권(2022)
- 브루스 클링너, "북한의 핵 위협에 대하여 한미동맹에게 가용한 군사적 옵션은 무엇인가: 가능성과 한계", 한국국가전략, 제3권 제1호(2018)
- 송제완, 『북한의 침투 및 도발, 그 끝은 어디인가』 렛츠북(2024)
- 송태은, "북한의 사이버 공격과 우리의 대응", 외교안보연구소(2022)
- 스나이더, 스콧(권영근, 권율 옮김), 『기로에 선 대한민국: 패권경쟁 시대에서의 자주와 동맹』 연경문화사(2018)
- 심상민, 임정희, "한국형 3축 체계의 국제법적 검토", 아산정책연구원, 이슈브리프 2022-27
- 안준형, "UN 헌장 제51조 상의 '무력공격'에 이르지 않는 소규모 적대행위에 대한 무력대응 가능성과 그 국제법적 한계", 국제법학회지, 제64호 4권, 2019
- 앤드류 에릭슨 & 라이언 마틴슨(곽대훈 옮김), 『중국의 해양 그레이존 작전』 박영사(2021)
- 양준석, "1968년 푸에블로호사건 초기 한국 정부의 미국에 대한 대응 전략", 군사 제105호(2017)
- 여영무, "9·11 후 대테러 전쟁과 국제법적 문제", 인도법논총 제25호(2005)
- 역사비평 편집위원회, 『갈등하는 동맹』 역사비평사(2010)
- 오동룡, 『일본 방위 정책 70년과 게이단렌 파워』 곰시(2016)
- 오동룡, 『일본자위대』 곰시(2019)
- 오병홍, 『나비와 천안함』 지성의 샘(2016)
- 옹진군, 『연평도 포격사건 백서』 2012
- 윤 연, 『바다, 해군 그리고 나』 애경(2022)
- 윤웅렬, 『상처투성이의 영광』 황금알(2010)
- 윤태영, 『위기관리 리더십』 진영사(2019)
- 윤태영, "해외 안보위기관리와 교전규칙: 주요국 사례와 시사점", 2011년 한국국제정치학회 자료집

- 이국종, 『골든아워 1』 흐름출판(2018)
- 이대근, 『귀속재산연구: 식민지 유산과 한국 경제의 진로』 이숲(2019)
- 이동관, 『도전의 날들』 나남(2015)
- 이미숙, "군사협상과 군사도발 병행 형태를 통해 본 북한의 대남전략", 통일정책연구 제20권 2호(2011)
- 이병호, 『좌파 정권은 왜 국정원을 무력화시켰을까』 기파랑(2024)
- 이상복, 『풍운의 별 박정인 장군의 귀감 리더십』 유페이퍼(2024)
- 이상호, "북한 사이버 심리전의 실체와 대응방향", 한국정치외교사논총, 제33권 제1호(2011)
- 이상현, 조윤영, "미국의 세계전략과 주한 미군: 80년대 말 철군 논의와 한반도 안보의 연계성에 관한 고찰", 한국정치외교사논총, 제26호 1권(2004)
- 이신재, 『한 권으로 읽는 북한사』 오름(2016)
- 이신재, 『푸에블로호 사건이 대미 인식과 협상전략에 미친 영향』, 박사학위논문(2013), 북한대학원대학교
- 이정훈, 『천안함 정치학』 글마당(2012)
- 이종현, 『스모킹 건』 맥스미디어(2015)
- 이춘근, 『미중 패권 경쟁과 한국의 전략』 김앤김북스(2016)
- 이호령, "북한의 복합도발 특징과 함의", 글로벌 NK 논평, 2024.
- 자이한, 피터(홍지수, 정훈 옮김), 『21세기 미국의 패권과 지정학』 김앤김북스(2018)
- 장성효, 『되돌아보다』 한솜미디어(2022)
- 전석진, "대북확성기 방송 재개에 따른 법적 쟁점 고찰", 법제(2024년 9월호)
- 정성장, 『왜 우리는 핵보유국이 되어야 하는가』 메디치미디어(2023)
- 정성윤, 『푸에블로호 피납 사건과 한국의 대응』 선인(2023)
- 정민정, "한국 군함 사격통제레이더의 일 초계기 조준 여부 공방에 관한 법적 쟁점과 대응 방안", 중앙법학, 제21집 제4호(2019)
- 정원웅, "해군 방송선 납북사건: 잊혀진 I-2호정의 교전과 그 승조원", 군사, 제106호(2018)
- 정창현, 『곁에서 본 김정일』 김영사(2000)

- 조갑제 편, 『황장엽 비록 공개: 어둠의 편이 된 햇볕은 어둠을 밝힐 수 없다』 월간조선사(2001)
- 주재우, 『불통의 중국몽』 인문공간(2024)
- 중앙일보사, 『발굴자료로 쓴 한국 현대사』 중앙일보사(1996)
- 차두현, "윤석열 정부의 대북정책 제언", 아산정책연구원, 이슈브리프, 2022-17
- 차상철, 『한미동맹 50년』 생각의 나무(2004)
- 찰스 프리처드(서보혁, 김연철 옮김), 『실패한 외교』 사계절(2008)
- 천영우, 『대통령의 외교안보 어젠다』 박영사(2022)
- 최정준, "전장의 불확실성 해소방안 고찰: 제1연평해전과 연평도 포격전 사례를 중심으로", 한국과 국제사회, 제6권 5호(2022)
- 최희식, "전후 일본 외교에서 나카소네 외교의 의미", 일본공간 제23호(2018)
- 카펜터, 테드 게일런 & 밴도, 더그(유종근 옮김), 『한국과 이혼하라』 창해(2007)
- 클라이브 해밀턴(김희주 옮김), 『중국의 조용한 침공』 세종서적(2021)
- 테일러 프레이벨(장성준 옮김), 『중국의 영토 분쟁』 김앤김북스(2021년)
- 한용섭, "전시작전통제권 환수 문제 고찰", 이수훈, 『조정기의 한미동맹: 2003-2008』 경남대학교 극동문제연구소(2009)
- 한용섭, 『우리 국방의 논리』 박영사(2019)
- 한철용, 『진실은 하나』 팔복원(2010)
- 해상자위대 간부학교, 『지휘관, 관료를 위한 국제법규』 2004
- Heather, Denniss(이민효 옮김), 『사이버전과 전쟁법』 연경문화사(2017)
- Walt, Stephen(김성훈 옮김), 『미국 외교의 대전략』 김앤김북스(2021)

2. 외국 자료

- Ashley Deeks, "Unwilling or Unable': Toward an Normative Framework for Extra-Territorial Self-Defense", VJIL, vol.52, no.3(2012)

- Carlson, John. "IAEA Safeguards, the Naval "Loophole" and the AUKUS Proposal", Vienna Center for Disarmament and Non-proliferation (VCDNP), 2021-10-8

- Dinstein, Yoram, War Aggression and Self Defense, Cambridge university press(2017)

- Duan Xiaolin, The Evolving Definition of China's Core Interest and its Implications, Master's Thesis, Univ. of Macau, 2012

- Charles D. Ferguson, How South Korea could acquire and deploy nuclear weapons?, 2015

- Garwood-Gowers, Andrew, "Case Concerning Oil Platforms(IRAN vs. USA): Did the ICJ miss the Boat on the Law on the Use of Force?", Melbourne Journal International Law, vol.5(1), 2004

- Gates, Robert, Duty: Memoirs of a Secretary at War, Alfred a Knopf Inc(2014)

- Harris, David, Cases and Materials on International Law, 6th edition(Thomson, 2004)

- Hornung, Jeffrey, "Get Ready: China-Japan Tensions Set to Flare over East China Sea", The National Interest, 2015-8-12

- Hoppenbrouwers, Alexander, "The non-proliferation considerations of nuclear-powered submarines", European Leadership Network, 2024-10-29

- JCS, Peacetime Rules of Engagement for US Forces

- Kelly, Robert & Min-hyung, Kim, "Why South Korea Should Go Nuclear", Foreign Affairs, Volume 104, Number 1(Jan. 2025)

- Kretzmer, David, "The Inherent Right to Self-Defence and Proportionality in Jus Ad Bellum", The European Journal of International Law Vol. 24 no. 1(2013)

- LI Hao, JIIA Strategic Comments(No.14): Key Points of China's New

Defence White Paper, 2019-9-13

- Miles Maochun Yu, "The 1979 Sino-Vietnamese War and Its Consequences", 2022-12-20, Hoover Institute

- Nolte, Georg, "Multipurpose Self-Defence, Proportionality Disoriented: A Response to David Kretzmer", The European Journal of International Law Vol. 24 no. 1(2013)

- Mearsheimer, John, "Why the Ukraine Crisis Is the West's Fault", Foreign Affairs, Sept./Oct.(2014),

- NTI, "The China-Pakistan Nuclear Deal: A Realpolitique Fait Accompli", 2011-12-10

- Ronzitti, Natalino, "The Report of the UN High-Level Panel and the Use of Force", The International Spectator, Volume 40, Issue 1(2005)

- Schmitt, Michael, "Cyber Operations and Jus ad Bellum Revised," Villanova Law Journal, Vol. 56(2011)

- Schmitt, Michael, Tallinn Manual 2.0 on the International Law Applicable to Cyber Operations, Cambridge University Press (2017)

- Thayer, Carlyle. "Vietnam's Strategy of Cooperating and Struggling with China over Maritime Disputes in the South China Sea", Journal of Asia Security and International Affairs, vol.3(2), 2016

- UN, A/HRC/55/73 (Anatomy of a genocide)

- UNC Press Release(2020-5-27)

- Upeniece, V. "Conditions for the lawful exercise of the right of self-defence in international law", SHS Web of Conferences 40, 01008 (2018)

- VCDNP, AUKUS Nuclear-Powered Submarine Deal - Non-proliferation Aspects, 2021-9-28

- 中國人民解放军國防大[战略(2020版)第八章 战赂威慑]

- 高井三郎, "考察:竹島奪回 対馬防衛作戦竹島砲爆撃作戦は可能か?", 軍事研究 3月号(2009)